KB169439

징비록,
못 다한
이야기

일러두기

• 본문에 나오는 날짜는 모두 음력을 기준으로 했다.

징비록, 못 다한 이야기

류성룡의
혁명적 리더십

KBS 징비록 제작팀 · 최희수 · 조경란 지음

글항아리

책머리에

사극이 인기를 끌고 있다. 영화 「왕의 남자」에서 시작된 역사 드라마와 영화 열풍은 2015년에도 여전하다. 많은 사람이 드라마와 영화를 통해 중고등학교 시절 배웠던 역사상을 떠올리며 흥미로워한다. 그러나 한 편으로는 역사학 전문가와 이해 당사자들로부터 거센 비난을 받기도 한다. 역사가 어려운 이유다. 드라마 「징비록」이 시작되기도 전부터 이해관계가 있는 문중들은 지대한 관심을 보여왔다. 일방적인 어느 한쪽의 입장으로 드라마를 만들 수 없는 까닭이기도 하다. 한 편의 드라마로 해당 시대를 총체적으로 이해할 수 있도록 그려내기란 쉽지 않은 일인 것이다.

사극이란 드라마다. 다시 말하면 픽션이다. 역사적 사실만 가지고 만들면 그것은 다큐멘터리이지 드라마가 아닐 것이다. 드라마이기 때문에 극적인 상황을 만들고자 불가피하게 가상의 인물 설정과 허구적 갈등, 반전의 요소들을 집어넣게 된다. 따라서 드라마 자체로 역사상像을 재현, 고증, 복원하는 것은 어렵다. 객관적이고 총체적인 역사상을 추구하는 학문 영역과는 다른 것이다. 다만 커다란 틀에서 당시 역사의 모습을 반영하고 그 안에서 어떤 메시지를 시청자들에게 심어주는

가가 사극이라는 역사 콘텐츠가 갖는 의미일 것이다.

역사학을 연구하는 학자들도 자신의 시각에서 역사상을 재구성한다. 임진왜란에서 가장 중요한 역할을 한 인물을 꼽으라고 하면 이순신이나 류성룡을, 선조나 광해군을, 이항복이나 이덕형과 같은 인물을 거론할 수도 있다. 결국 역사상의 입체적인 이해는 시청자들이 얼마만큼 다양하게 임진왜란과 관련된 콘텐츠를 접했는가에 따라 달라질 수 있는 것이다. 드라마 「징비록」은 철저하게 류성룡의 입장에서 임진왜란을 바라본다. 이것은 정철이나 이산해, 윤두수의 입장과는 다를 수밖에 없다. 역사를 기록하는 관점도 마찬가지다. 가까운 예로 광해군대에 기록된 『선조실록』의 내용과 인조반정 이후에 새롭게 작성된 『선조수정실록』의 입장은 전혀 다르다.

이제까지 임진왜란에 대한 이해는 이순신을 중심으로 해왔다고 해도 과언이 아니다. 드라마 「불멸의 이순신」의 인기가 보여주듯 이순신이 없었다면 임진왜란이라는 조선 최대의 난국을 극복하지 못했을 것이라는 게 중론이다. 그러나 이순신이 당시 해군참모총장이었다면, 류성룡은 국방부 장관이자 합동참모본부장이었다. 이순신이 야전사령관이었다면, 류성룡은 국방 정책을 결정하고 지원하는 총지휘자의 역할을 담당했던 것이다. 결국 임진왜란 극복사를 제대로 이해하려면 이순신과 류성룡을 균형 있게 바라보아야 한다.

류성룡과 『징비록』을 보는 시각은 그간 그의 리더십에 초점이 맞춰져왔다. 조선 4대(또는 5대) 명재상, 하늘이 내린 재상 등으로 칭송하기도 하고, 임진왜란 내내 의정부 정승으로서 막중한 역할을 수행하면서 한 번도 유배를 가지 않은 대단한 인물로 묘사되어왔다. 이 같은 평가는 타당하다. 그러나 내면을 좀더 들여다볼 필요가 있다. 류성룡이 시행한 거의 모든 정책은 그의 철저한 현실 인식에서 비롯되었다. 현실 인식은 현상에 대한 분석, 그 현상이 나타나게 된 배경과 원인에 대한 분석, 또 분석을 통해 문제를 발견하면 유교적 명분론에 입각해서 해결책을 제시하는 능력이다.

류성룡이 올린 수많은 시무책에는 여느 신하들이 올린 대책과는 달리 매우 구체적인 사항들이 언급되어 있다. 이는 그만큼 현실에 대한 철저한 연구가 있었음을 입증한다. 명백한 근거를 들어 주장하고 그에 대한 반론이 제기되면 그 반론은 어디에서부터 비롯된 것인지까지 비판했다. 예를 들어 공물에 대한 개혁 조치로 작미법을 들고 나왔을 때 이해 당사자들은 거세게 반발했다. 그러나 류성룡은 방납업자, 아전, 수령 등이 안고 있는 문제들을 일일이 거론하면서 반박했다. 즉 류성룡의 진가는 명재상이자 뛰어난 리더로서의 면모에도 있지만, 그의 말과 행동이 결코 공론空論에 그치지 않고 철저한 현실 인식을 바탕으로 문제의 본질을 정확히 파악한 경세가經世家였다는 점에 있다.

이 책은 류성룡이 지닌 경세가로서의 진면목을 그가 문제에 봉착했을 때 어떻게 해결했는가를 보면서 찾아보려 했다. 드라마 「징비록」의 자문을 수행하면서 류성룡이란 인물이 지닌 리더로서의 진정한 가치가 바로 문제 분석과 그 대안을 제시하는 능력에 있음을 찾게 된 것이다. 사극을 보는 시청자들 입장에서는 궁금한 점이 많이 생긴다. 왜 저런 장면이 나왔을까, 저 장면의 배경은 무엇일까 하는 의문과 또 그다음에는 어떻게 진행될까 하는 것이다. 즉 드라마에서 표현되지 않는 내용에 대한 궁금증이 아닐까 싶다. 이 책의 집필 의도는 바로 그런 궁금증을 해소해보려는 데 있다.

책은 크게 5장으로 구성했다. 1장 '왜는 쳐들어올 것인가'에서는 임진왜란이 발발하기 전에 벌어진 외교관계에서의 문제점과 조선의 대응 논의를 다루었다. 2장 '나랏님께서 우리를 버리고 가시니 우리는 어떻게 살라는 것입니까'에서는 임진왜란 발생 초기에 조정의 피란과 요동으로의 내부內附(요동으로의 도주)를 둘러싼 갈등에 대해 다루었다.

3장 '하늘의 뜻 아닌 게 없다'에서는 명의 원군과 분조의 활동, 그리고 전세 역전의 기회에서 생긴 여러 사건을 다루었다. 4장 '조종의 기업을 재조하셔야 합니다'에서는 국난 극복을 위한 여러 개혁 조치의 배경과 내용에 대해 다루었고, 5장 '화의를 주장하여 나라를 그르친다'에서는 왜와의 강화를 둘러싼 갈등 및 명과의 갈등, 그리고 류성룡에 대한 공격과 파직 이후 류성룡의 생활에 대해서 다루었다.

이 책을 쓰면서 몇 가지 사항에 주의를 기울였다. 첫째, 각 장절은 임진왜란 과정에서 벌어진 주요한 갈등 장면들을 중심으로 편성했다. 드라마의 극적 전개와 호흡을 같이하고자 함이다. 그리고 그 갈등 장면에서 표출된 내용은 오늘날까지도 시사점을 준다고 본다. 둘째, 해석보다는 사료를 중심으로 내용을 제시하고자 했다. 각 이해 당사자가 무슨 생각을 하고 있었는지 파악하는 데 사료만큼 좋은 것은 없기 때문이다. 셋째, 이 책은 역사 연구서가 아니라 드라마 「징비록」의 애청자들을 대상으로 한다. 그렇기 때문에 기존 연구 성과를 참고하고 사료에서 추출한 내용을 중심으로 구성했다. 『징비록』과 류성룡에 대해 호기심을 갖는 사람들이 그 가치를 잘 이해할 수 있도록 노력했다.

역사는 '현재와 과거의 끊임없는 대화'라는 말이 있다. 조선시대에 『징비록』은 류성룡의 자기 변호서에 지나지 않는다는 혹독한 평가를 받기도 했다. 시대가 바뀌면 그 평가도 달라진다. 류성룡과 『징비록』이 그러하다. 오늘날 『징비록』이 각광을 받는 이유는 바로 지금 일어나고 있는 현안들에서 찾을 수 있다. 그렇기 때문에 『징비록』은 그 책 제목에서 드러나듯이 궁극적으로는 과거에 대한 반성과 미래를 대비하자는 역사서다. 즉 현재 역사학에서 추구하는 학문의 정신과 일치하는 것이다. 역사적 교훈을 얻고 오늘의 우리를 되돌아보며, 미래에는 어떻게 해야 하는가를 알려주는 일은 역사학자들의 임무다. 그러나 역사학의 성과들이 대중에게 쉽게 다가설 수 없음 또한 자명한 사실이다. 그 일을 역사 콘텐츠가 대신 해주고 있다.

역사 콘텐츠의 역할은 역사학의 연구 성과들을 대중에게 좀더 다가서기 쉽게 만들어 전파하는 작업이다. 역사 드라마 제작진들은 바로 이 임무를 맡고 있다. 『징비록』은 대중에게 그리 널리 알려지지 않은 책이었다. 비로소 드라마를 통해 널리 알려지게 된 것이다. KBS 대하드라마 제작진과 함께 작업하면서 느꼈던 것은 이들이 결코 상업적인 성공만을 위해서 일하지 않는다는 것이다. 그들이 가진 대하드라마 사극 및 그 드라마에서 표출되는 장면들에 대한 강한 자부심과 우리 역사에 대한 깊은 애정은 힘들지만 늘 즐거운 마음으로 작업에 임할 수 있도록 해준 원동력이다. 아울러 대본 독회에서 만난 「징비록」의 배우들 또한 열정적인 자세로 이 드라마에 임하고 있음을 느낄 수 있었다.

이 책의 탄생은 이러한 배경에서 비롯되었다. 책을 집필하는 데 많은 분의 도움을 받았음은 말할 나위가 없다. 한국국학진흥원에서 만든 〈스토리테마파크〉 서비스는 공식 기록에는 없는 임진왜란 당시의 많은 내용을 참고할 수 있게 해주었다. 안동 하회마을 충효당 종택의 차종손 어르신께서는 드라마 제작진이 방문했을 때 많은 도움을 주셨다.

최근 『징비록』의 번역과 해설을 담은 연구 성과들이 속속 나왔다. 해당 연구자분들에게 지면을 빌려 감사드린다. 드라마 자문을 진행하는 내내 필자들의 의견을 경청해주고, 책의 출판을 독려해주신 KBS 김형일 CP와 드라마 「징비록」의 김상휘 PD, 정형수 작가, 그리고 KBS 미디어의 신지선씨에게 감사드린다. 글항아리의 이은혜 편집장은 숨가쁜 출판 일정 속에서 게으른 필자들의 더딘 원고를 기다려주며 좋은 책을 만들기 위해 노력을 아끼지 않았다. 끝으로 역사콘텐츠학과라는 전국 유일의 학과에서 강의를 들어주며 새로운 길을 개척해나가고 있는 학과 학생들에게 감사의 뜻을 보낸다. 힘들 때마다 필자에겐 큰 힘이 되어주었다. 이 책이 역사학과 역사 콘텐츠, 전문가와 대중 간의 간극을 좁혀나가는 데 조그마한 보탬이라도 되었으면 한다.

2015년 2월

자하관 연구실에서

최희수, 조경란

차례

「태평회맹도太平會盟圖」, 비단에 채색, 112.0×63.0cm, 보물 제668-3호, 1604, 권경민 기탁, 국립진주박물관.

1604년(선조 37) 음력 10월 28일 새벽 경복궁 신무문 밖에서 공신회맹제가 거행되었다. 선조는 왜란 중에 공을 세운 신하 63명에게 호성, 선무, 청난공신이란 칭호와 회맹제, 연회를 베풀어주었다. 당시 안동에 머물렀던 류성룡도 이 회맹제에 참석하란 어명을 받았으나, 녹훈을 취소해줄 것과 병이 들어 참석할 수 없다는 것을 상소하고, 참석하지 않았다. 류성룡 외에도 이산해, 정탁, 이운룡, 남절 등이 병 또는 상중이라는 핑계로 불참했다. 이들은 한결같이 공신으로 책봉되기에 부끄럽다고 했다. 공신회맹제에 참석한 이항복도 "부끄러운 심정"이라고 했다.

서장

나는 지난날을 징계하여 후환을 경계한다

– 류성룡과 『징비록』

하늘이 내린 재상, 류성룡의 생애

류성룡柳成龍(1542~1607). 하늘이 내린 재상이라고 칭송받는 인물이다. 조선조 역대 재상들 중에서도 오랜 기간 관직에 있었고, 당쟁의 와중에 한 번도 유배를 가지 않은 인물이다. 그는 관료였을 뿐만 아니라 퇴계 이황의 학맥을 잇는 성리학자였고, 의서를 집필한 의학자이기도 했다. 본관은 풍산豐山, 자는 이현而見, 호는 서애西厓이고, 시호는 문충文忠이다. 경상도 의성의 외가에서 태어났고, 간성군수 류작柳綽의 손자이자 황해도 관찰사 류중영柳仲郢의 차남, 겸암 류운룡柳雲龍의 친동생이다.

어렸을 때부터 신동이라 알려졌으며, 퇴계 이황의 문하에 들어가 학문을 수양했다. 한때 양명학 서적을 구입해 읽기도 했지만, 스승의 양명학 비판에 따라 그 스스로도 양명학에 대해 비판적 입장을 견지했다. 1564년 명종 때 사마시司馬試에 합격했고, 1566년 별시 문과를 거쳐 승문원 권지부정자가 되었다. 이듬해 예문관 검열과 춘추관 기사관을 겸했고, 1569년(선조 2)에 성절사 서장관으로 명나라에 다녀왔다. 이후 이조 정랑이 되어 이준경李浚慶의 관직 삭탈이 부당함을 주장했고, 인성 대비의 상례 때 예조의 주장이 아닌 류성룡의 주장에 따라 시행됨으로써 그 탁월함을 인정받았다.

동인과 서인이 갈라설 무렵 류성룡은 김효원을 변호하여 동인에 가담했다. 그 이후에는 경연 검토관, 직제학, 부제학, 도승지, 대사헌, 대제학 등의 요직을 맡으며 순탄한 관직생활을 이어갔다. 고향에서 어머니의 병간호를 위해 자청해 상주 목사로 부임했고 그 뒤에는 예조판서와 형조판서, 다시 예조판서를 역임했다. 1589년 정여립의 옥사 당시 서인 정철이 동인 이산해와 류성룡 등을 제거하고자 했으나 선조의 반대로 뜻을 이루지 못했다. 왕은 오히려 이산해, 류성룡 등을 위로했으며 이들을 처벌해달라는 상소를 올린 유생들을 단죄했다.

정철의 건저의(세자를 세우자는 논의) 사건 때 정철의 처리 문제를 놓고 동인은 강경파와 온건파로 갈라지는데, 이때 류성룡은 정승을 역임한 고관을 차마 죽일 수 없다며 선처를 호소했다. 이 때문에 정여립의 난 때 당한 일을 잊었냐며 온건파에 대해 분개한 이산해, 정인홍 등과 갈등을 빚게 되고 끝내 남인과 북인으로 갈라서게 되었다. 국내 문제에서만 갈등을 빚은 것이 아니었다. 좌의정 재직 시절 일본이 그들의 군사를 명나라로 들여보내겠다는 국서를 보냈는데 영의정 이산해는 이를 묵살하자고 했으나 류성룡은 이 사실을 중국에 보고해야 한다고 주장해 서로 간의 이견을 그대로 노출시켰다. 당시 류성룡의 주장대로 중국에 사실을 보고함으로써 뒷날 명나라가 조선에 대한 의심을 풀게 했다.

1591년 왜의 조짐이 심상치 않음을 감지한 선조가 대비책을 마련하고자 유능한 장수를 천거하라고 했을 때 류성룡은 권율·이순신 등을 뽑아 추천했고, 이들은 나중에 임진왜란을 극복하는 데 결정적인 기여를 하게 된다. 1592년 임진왜란이 발발하자 4도 도체찰사四道都體察使가 되어 당쟁과 전란 속에서 조정을 총지휘했다. 한양을 버리고 피란하면서부터 어디로 갈 것인지 방황하는 조정 대신들에게 일목요연하게 피란의 방향을 제시했고, 평양성만은 지켜야 한다고 건의했으며, 요동으로 넘어가겠다는 임금에게 '대가가 압록강을 건너면 이 나라는 더 이상 조선이 아니다'라며 강하게 반대했다. 아울러 명나라 원군에 대한 지원과 외교를 담당해 전세를 역전시키는 데 결정적인 기여를 했다.

또한 임진왜란 전부터 왜의 동태가 심상치 않음을 알아차리고 왜에 통신사를 파견해 그 현황을 파악해야 한다는 주장을 관철시켰으며, 왜의 군사적 도발을 막기 위해서는 국가 방어 체계와 군사제도의 개혁이 필요함을 역설했다. 체계적인 방어를 위해 진관제의 복구를 청하는 한편, 정예병을 양성하고자 훈련도감을 설치하고 군사 훈련이 가능하도록 『기효신서』를 도입했다. 아울러 지방의 군사들을 조직화하기 위해 속오군을 편성하고 부대의 지휘 체계를 일원화할 수 있도록 노력을 기울였다. 나아가 군비 확충과 공납의 폐단 등을 방지하고 민생을 안정시키고자 작미법을 시행할 것을 건의했으며, 둔전의 설치, 황무지의 개간, 대외 무역의 시행 등을 주장해 실현시켰다.

한편 명나라와의 외교 갈등이 빚어질 때마다 류성룡은 해결사 역할을 했다. 명나라 대군이 원병으로 왔을 때 군량미를 책임지기 위해 동분서주했으며, 명나라가 왜와 조선이 원치 않는 강화를 맺을 때 결사적으로 반대했다. 또한 명나라가 조선이 자강하지 않는다며 분할역치를 주장하고 나섰을 때도 명의 사신을 설득해서 그 논의를 중지시켰다. 그러나 결국 명나라와의 관계에서 류성룡의 관직생활도 마감하게 된다. 1598년 명나라 장수 병부주사兵部主事 정응태丁應泰가 조선이 일본을 끌어들여 명나라를 공격하려 한다고 본국에 무고한 사건이 일어나자 사태의 진상을 해명하러 보내는 진주사를 거절했다는 이유로 정인홍 등 북인의 탄핵을 받아 관직을 삭탈당했다.

탄핵을 받은 이후 고향인 안동 하회마을에 칩거하면서 학문 연구에 몰두했고 정경세와 같은 문인들을 배출했다. 그리고 탄핵당한 지 2년 만에 복권되어 조정에서 여러 차례 불렀으나 일체 응하지 않고 저술활동에 전념했다. 그리하여 탄생한 역작이 바로 『징비록』이다. 『징비록』 외에도 『근폭집』 『군문등록』 『녹후잡록』 등 다양한 저술을 했다. 1604년에는 호성扈聖공신에 이름을 올렸으나 사양했고, 충훈부에서 공신들의 초상화를 그리기 위해 보낸 화사도 돌려보냈다. 선조가 내린 봉조하의 녹도 사양했다. 이후 1607년 5월 6일 66세로 생을 마감했다.

류성룡은 당파 중에 동인, 뒤에는 남인으로 분류되지만, 그가 관직생활을 하면서 당색을 직접적으로 내비친 적은 없었다. 사안에 따라서 비록 당색은 다르지만 설득해야 할 사람은 설득했고, 싸워야 할 사람들과는 싸웠다. 선조가 영변에서 요동 내부內附의 뜻을 밝혔을 때 서인인 윤두수와 힘을 합해 대가大駕가 요동으로 건너가는 것을 막았고, 같은 동인인 이산해와는 정철의 처벌 문제를 놓고 서로 대립하기도 했다. 즉 당론에 따라 움직인 인물이 아니었던 것이다. 그러한 이면에는 철저한 현실 인식이 있었다. 어렸을 때부터 지방관이었던 아버지와 할아버지를 찾아다니면서 목도한 조선의 현실을 뼛속 깊이 새기고, 조정 대신으로서 해야 할 일들을 차례대로 실행했던 것이다. 철두철미하게 준비한 그의 명분과 논리 앞에서는 그 누구도 반론을 제기하지 못했다.

류성룡이 실행한 개혁들은 그가 관직에서 퇴출된 이후 차례대로 없어졌다. 그만큼 그의 개혁 내용은 기득권층의 이해관계를 철저히 벗어나 있었던 것이다. 그러나 병농일치제 하의 군사제도를 혁신하고 정예병을 기르기 위한 훈련도감 설치는 구한말 신식 군대인 별기군의 창설 때까지 조선군의 근간으로 존재했다. 그가 도입한 군사훈련 교본인 『기효신서』는 그 필요성을 인정받아 정조대의 『무예도보통지』로 발전했다. 또한 공납의 폐단을 없애고 백성의 민폐를 덜기 위해 시행한 작미법은 그 정신을 이어받은 몇몇 대신에 의해 몇 차례 시행되다가 숙종 연간에 대동법이라는 이름으로 전면적으로 시행되었다. 이렇듯 그의 정책들은 주요한 개혁 때마다 단골 메뉴가 되었다. 그의 현실 인식과 대책들이 조선 사회에 뿌리 깊게 내린 폐단들을 제거하는 기본적인 단서를 제공했던 것이다.

동아시아의 베스트셀러, 『징비록』

『징비록懲毖錄』은 선조 때 류성룡이 임진왜란에 대해 쓴 책이다. 류성룡이 탄핵받고 고향인 하회마을로 낙향해서 집필을 시작해 1604년(선조 37)에 완성했다. 현재 국보 제132호로 지정되어 있다. 징비란 『시경詩經』 「소비편小毖篇」의 "나는 지난일을 징계하여 후환을 경계한다予其懲而毖後患"에서 나온 구절이다. 그러므로 책 제목을 이렇게 지은 것은 임진왜란에 있었던 일들을 기록해 조선이 다시는 그러한 비극을 겪지 않도록 하겠다는 의지의 표현이다.

『징비록』은 쉽게 이해하자면 임진왜란 전란사로서 역사서다. 1592년(선조 25)부터 1598년(선조 31)까지 7년에 걸친 전란의 원인, 전황 등을 기록했다. 『징비록』의 첫 부분에서 류성룡은 수많은 인명의 살상과 토지의 황폐화를 야기한 참혹한 전쟁을 회고하고, 다시는 같은 전란을 겪지 않도록 여러 실책을 반성해 앞날을 대비하는 반성의 기록을 남긴다고 적고 있다. 이처럼 뚜렷한 목적의식을 갖고 저술되었다는 점에서, 이 책은 우리나라에서 쓰인 여러 기록문화 중에서도 독보적인 책이라고 할 수 있다.

이 책의 내용은 임진왜란 발발 전의 왜의 동향, 그리고 임진왜란의 발발과 그 경과를 시간적 흐름에 의거해 서술하고 있다. 동시에 곳곳에 조정과 대신들의 실정 그리고 그에 대한 반성, 백성의 상태에 대해 적고 있다. 자세히 살펴보면 권1에는 임진왜란 전 일본국 사신이 국서를 가지고 조선에 오면서부터 시작해 왜의 조짐을 이상하게 여긴 조선 조정의 대책들, 통신사의 파견, 그리고 임진왜란의 발발과 초기 전황, 임금의 피란과 전쟁의 급박한 전개, 명나라 원군의 도착과 패전, 이순신의 승전을 비롯한 조선군과 의병들의 활약상 등이 기록되어 있다. 권2에는 명나라의 2차 원군과 전세의 만회, 왜와의 강화 교섭, 이순신 사태 등 내부의 분열, 명나라와의 갈등, 이순신의 복귀와 전사 등이 기록되어 있다.

『징비록』은 초본 『징비록』과 간행본 『징비록』의 두 가지가 전해온다. 간행본은 16권본과 2권본이 있는데 16권본은 『징비록』 2권과 『근폭집』 3권, 『진사록』 9권, 『군문등록』과 『녹후잡기』로 이루어져 있고, 2권본은 『징비록』과 『녹후잡기』로 구성되어 있다. 이 『징비록』은 일본으로 건너가 1695년 『조선징비록』이라는 이름으로 간행되었다. 그 후 『조선징비록』은 19세기 말 일본에 체류했던 중국 학자 양수경을 통해 청나라에도 소개되었다.

『징비록』이 이처럼 일본과 중국으로부터 초유의 관심을 끈 이유는 임진왜란이 조선과 왜의 전쟁이 아닌 동아시아 세계대전이었기 때문이다. 잘 알려져 있다시피 임진왜란 전에 명나라는 이미 쇠퇴의 길로 접어들고, 황제의 명은 그 힘을 잃어가고 있었다. 동아시아 세계질서의 중심인 중국 황제 권력의 쇠퇴는 곧 힘의 공백이었고, 그 힘을 도요토미 히데요시가 차지하고자 했던 것이다. 실제 왜가 명나라를 치겠다고 공언한 것이 바로 그 이유였다. 일본에서는 오랜 기간의 분열기를 종식시킨 도요토미 히데요시가 절대 권력을 장악하고 외부로 눈을 돌리고 있었다. 또한 만주에서는 누르하치가 만주족을 통일하면서 힘의 공백을 메우기 위해 노력하고 있던 시기다. 누르하치가 임진왜란 때 조선에 원군을 보내겠다고 한 것도 그러한 이유에서였을 것이다. 『징비록』에서는 단순히 조선과 왜의 관계만을 언급한 것이 아니라 이러한 거시적인 관점에서 외교관계와 힘의 역학관계를 논하고 있는 것이다.

동아시아 전체에 지대한 영향을 미친 임진왜란에 대해 각국은 나름의 평가를 하기 위해 노력했다. 조선은 조선대로 전쟁의 결과를 놓고 절치부심했으며, 왜는 왜대로 자신들의 대륙 진출 가능성을 타진했던 이 전쟁에 대한 평가가 중요했을 것이다. 명나라는 결국 임진왜란 때 원군을 보낸 후유증으로 멸망의 길로 치달았고, 당시 이 전쟁에서 아무런 피해도 입지 않은 청나라가 힘의 공백을 메우는 세력으로 성장하고 있었던 것이다. 아울러 『징비록』에서는 중국과 왜의 주요한 인물들에 대한 평가도 빠뜨리지 않고 있다. 특히 중국의 사신으로 우리나라, 왜와의 교섭 중심에 섰던 심유경에 관한 류성룡의 평가는 의외다. 심유경은 강화교섭을 하면서 왜의 사절과 짜고 자신의 황제를 속이는 등의 행각을 벌인 인물이나, 그에 대한 류성룡의 평가는 매우 관대하다. 즉 인물을 객관적으로 평가하려고 노력했던 것이다.

이 같은 『징비록』의 가치에도 불구하고, 여전히 이 책이 류성룡 개인의 반성보다는 자신을 내친 조정에 대한 항변, 자신을 변호하기 위한 것이라는 시각이 강하다. 즉 기록의 중립성 문제에 대한 비판이 있어온 것이다. 물론 『징비록』 곳곳에는 스스로의 훈공을 강조하거나, 자기 행동의 합리화를 한 측면이 엿보인다. 그럼에도 『징비록』의 서술이 갖는 몇 가지 특징을 정리해보면, 첫째 류성룡 자신이 붕당의 피해를 입은 사람임에도 불구하고 당색을 드러내 비판하거나 논의를 부추긴 내용이 없다는 것, 둘째 자신을 무한히 신뢰하다가도 자신의 뜻을 따르지 않는다고 일종의 밀당을 했던 선조에 대한 비난 섞인 내용이 없다는 것, 셋째 모든 문제의 근원을 파고들어 그 근본적인 대책을 모색하고 있다는 점 등을 꼽을 수 있다. 이러한 특징들이 앞서의 비판에도 불구하고 『징비록』의 가치를 높여준다고 생각된다.

1장

왜는 쳐들어올 것인가

1절

일본과의 화의를 잊지 마소서

임진왜란 발발과 『징비록』의 서막

하회마을 옥연정사.

1604년 겨울 초입, 싸락눈이 날린다. 사방이 칠흑 같은 어둠에 잠겨 있는데 사랑채에서만 낮은 불빛이 새어나오고 있다. 촛농이 흘러내린다. 일렁이는 촛불에 의지해 글을 쓰고 있는 류성룡.

신숙주申叔舟가 죽음을 앞두고 성종에게 아뢰었다는 말을 인용하면서 류성룡은 『징비록懲毖錄』(국보 제132호)의 첫 장을 시작하던 중이었다. 류성룡은 전쟁 내내 '주화오국主和誤國'(화의和議를 주장해 나라를 잘못 이끌었다)한다는 비난을 들었음에도 불구하고 종전 후에 전쟁을 돌이켜보면서 '화의'를 떠올렸다. 주화오국에 대한 반성이었을까, 아니면 변명이었을까? 류성룡은 왜 징비懲毖의 글에서 화의를 그 시작으로 삼았을까?

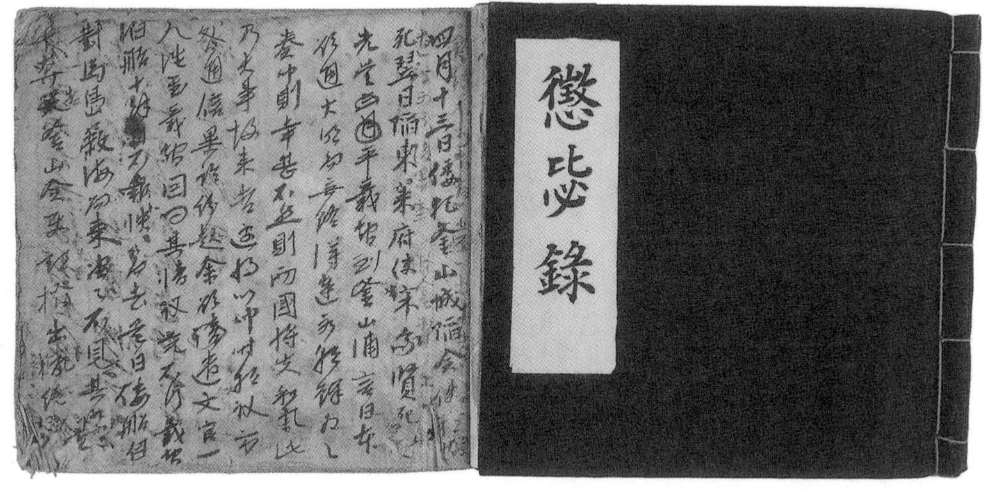

『징비록』, 류성룡, 26.4×27.4cm, 국보 제132호, 유교문화박물관.

조선이 일본과 교류하기 시작한 것은 나라가 세워지면서부터였다. 일본에서 보내오는 사신을 일본국왕사日本國王使라고 했는데, 명나라로부터 책봉을 받은 아시카가 정권 곧 무로마치 막부室町幕府(1336~1573)에서 보낸 사신들이었다. 1392년 조선이 건국되었을 무렵 일본에서는 남북조를 통일했다. 1403년(태종 3) 태종은 명나라로부터 조선의 왕으로 책봉받았고, 이듬해에 일본 막부의 전前 쇼군將軍인 아시카가 요시미쓰足利義滿는 명으로부터 '일본국왕 원도의日本国王源道義'라고 책봉을 받았다.(당시 쇼군은 아들인 아시카가 요시모치足利義持였다.)

두 나라가 명에서 책봉을 받자 조선과 일본도 교린관계를 맺었고 사신들이 왕래했다. 아시카가 요시미쓰가 '일본국왕 원도의'라고 책봉을 받았기 때문에 조선은 일본에서 오는 사신을 일본국왕사라 했고, 일본은 원씨源氏 일가가 왕으로서 통치하는 것으로 알고 있었다. 한편 조선에서 일본으로 보내는 사신은, 두 나라 사이에 신의信義를 통하는 사절이라는 의미로 통신사通信使라 했다.

조선은 일본과의 교린 외교를 통해 고려 말부터 출몰했던 왜구를 제어하려 했지만 무로마치 막부가 일본 전역을 장악하지 못한 상황에서는 그 뜻을 이룰 수 없었다. 이에 조선은 왜구를 통제하기 위해 막부 외에 일본의 주요 지방 호족들과도 교류를 해나갔다. 따라서 조선 초에는 막부가 보내는 일본국왕사에서부터 지방 호족이 보내는 사신들까지, 일본에서 오는 사신이 매우 다양했다. 조선 조정에서는 이들에게 관직을 내리기도 했고, 이들이 공물을 가져오면 그에 대한 답례품을 주어 그들을 회유했다. 세조대에는 대마도對馬島(쓰시마 섬) 도주에게 숭정대부崇政大夫 판중추원사判中樞院事 대마주 병마 도절제사對馬州兵馬都節制使란 품계와 관직을 내리기도 했다.

「장운도掌運圖」에 실린 대마도의 모습, 44.4×34.6cm, 19세기, 국립민속박물관. 「장운도」는 우리나라를 중심으로 천하의 해운로海運路를 표시한 지도첩으로 신숙주의 『해동제국기』의 '해동제국총도'를 그대로 옮겨 그렸다.

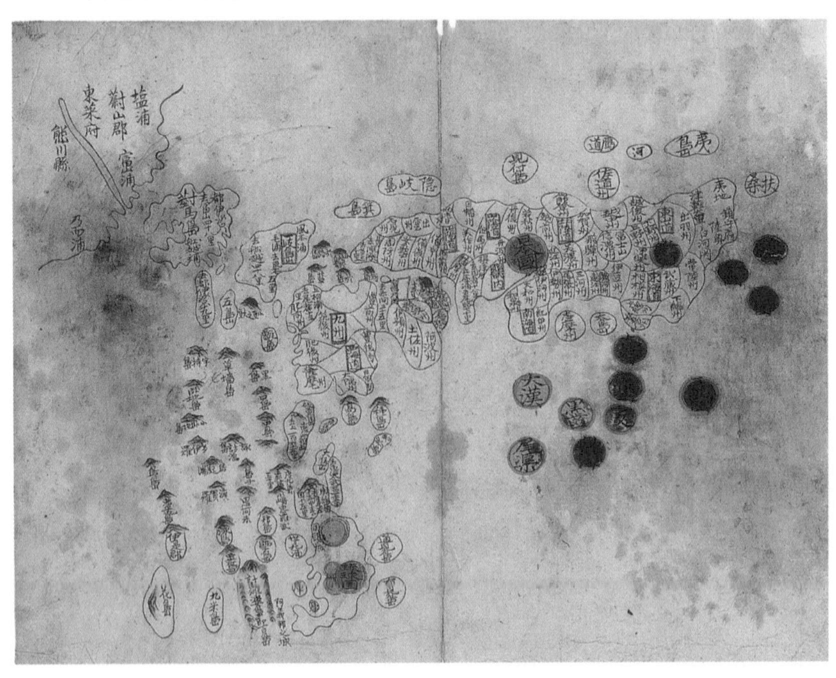

우후죽순격으로 일본 사신이 찾아오자 이들의 체류 비용과 답례품을 준비해야 하는 조정의 부담도 크게 늘어났다. 세종대에 일본과의 관계를 정비했는데, 왜구를 토벌하자 일본의 지방 호족과 그들이 보내는 사신에 대한 통제도 훨씬 더 수월해졌다. 세종 이후부터는 교류 대상자를 가능한 한 막부와 일부 지방 호족으로 한정시켰다.

조선은 일본의 교류 당사자에게만 그 이름을 새긴 도서圖書라는 도장을 주어서 조선에 올 때 그 도장이 찍힌 외교 문서인 서계書契를 지참하게 했다. 특히 막부의 장군(일본국왕)에게는 상아로 만든 통신부通信符를 지급했다. 조선으로 들어오는 배 역시 그 길목에 있는 대마도주가 발행한 문인文引이라는 증명서를 지참해야 했다. 이처럼 조선이 도서 등을 발급해 일본의 교류 대상자를 통제한 것은, 명나라가 일본이나 시암 등에 감합부勘合符를 발행해 이것을 지닌 사절만 공식 사신으로 인정했던 것과 유사하다. 일본과 조선의 교린관계는 표면상으로는 대등했지만 그 이면에는 한 나라가 상대국의 교류 대상자를 한정하는 것에서 보듯이 불평등이 내재되어 있었다.

조선은 부산포富山浦(부산)·제포薺浦(내이포, 창원 웅천)·염포鹽浦(울산) 등 삼포三浦에 왜관倭館을 설치하고 그곳에 한해 일본의 체류와 무역을 허락했다. 이후 세종대에 계해약조癸亥約條를 맺어 1년 동안 삼포에 들어오는 일본의 배 곧 세견선歲遣船, 배를 타고 오는 일본인들(격군格軍), 체류하고 있는 일본인들에게 조선 조정이 지급하는 식량(세사미歲賜米)의 양, 체류 기간 등을 제한시켰다.

왜관에 일본인이 머물게 되면서 그들과 조선인 사이에는 크고 작은 분쟁이 끊임없이 일어났다. 특히 밀무역에 대해 조선 조정이 단속을 강화하자 1510년 삼포의 왜인들은 대마도주의 도움을 받아 삼포왜란三浦倭亂을 일으켰다. 왜란을 진압한 조선은 대마도와 교류를 단절했다. 교류가 끊기자 대마도는 무로마치 막부를 통해 조선에 교류를 재개해줄

「초량왜관도草梁倭館圖」, 종이에 채색, 조선시대, 국립중앙박물관. 왜관은 조선에 온 일본인들의 통상, 외교를 수행한 곳이자 거류지역이었다. 부산포의 왜관은 임진왜란으로 인해 폐쇄되었다가 1607년에 다시 설치되었고 1678년 초량으로 옮겨졌다.

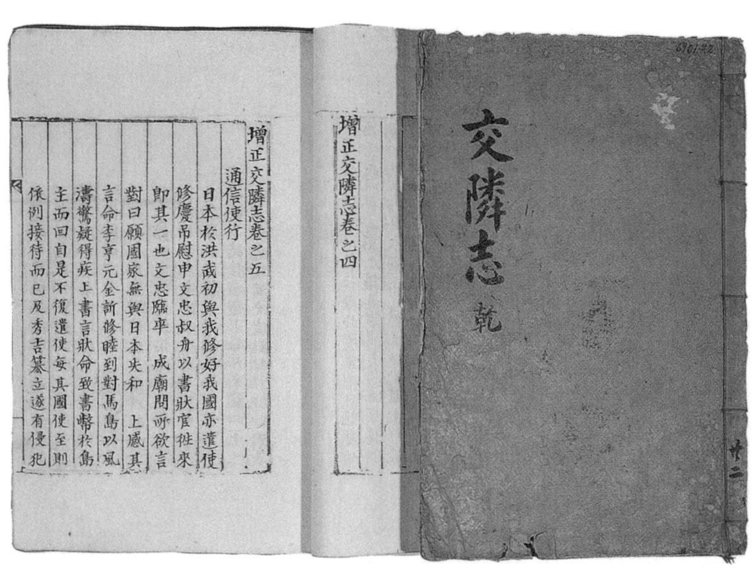

交隣志 乾

增正交隣志卷之四

增正交隣志卷之五

通信使行

日本於洪武初與我修好我國亦遣使修慶吊慰申文忠叔舟以書狀官往來即其一也文忠臨卒 成廟問所欲言對曰願國家無與日本失和 上感其言命李亨元金訢修睦到對馬島以風濤驚疑得疾上書言狀命致書幣於島主而回自是不復遣使每其國使至則依例接待而已及秀吉簒立遂有侵犯

『증정교린지』, 조선시대, 국립중앙박물관. 조선시대에 중국을 제외하고 일본 등 인접국들과의 외교관계를 적은 책이다.

것을 요청했다. 일본국왕사 호추弸中가 두 차례에 걸쳐 조선을 다녀간 끝에 1512년 조선은 대마도와 임신약조壬申約條를 맺었는데, 이로써 폐쇄했던 3포 가운데 제포만 다시 열었다.

이런 와중에도 왜구의 침탈과 왜관에 거주하던 왜인들과의 충돌은 계속해서 발생했다. 이에 조선은 항구를 폐쇄하고 교류를 단절했다가 대마도주의 간청에 따라 다시 약조를 맺어 교류를 허용하는 일을 되풀이했다. 1544년(중종 39) 사량진왜변蛇梁鎭倭變이 일어나자 1547년(명종 2) 정미약조丁未約條를 맺었고, 1555년 을묘왜변乙卯倭變이 일어나자 1557년 대마도와 정사약조丁巳約條를 맺었다.

이러한 교류의 역사를 자세히 살펴보면, 조선에 온 일본 사신들은 많았던 반면 조선에서 일본으로 간 사신들을 발견하기란 쉽지 않다. 일본과의 화의를 잃지 말라고 당부했던 신숙주는 1443년(세종 25) 정사正使 변효문卞孝文, 부사副使 윤인보尹仁甫와 함께 서장관書狀官으로 일본

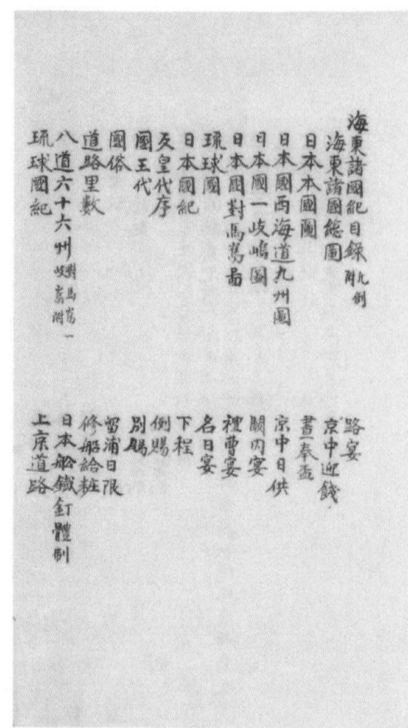
海東諸國紀目錄 附凡例
海東諸國總圖
日本本國圖
日本國西海道九州圖
日本國一岐嶋圖
日本國對馬島圖
琉球國
日本國紀
天皇代序
國王代
國俗
道路里數
八道六十六州
琉球國紀
路宴
京中迎餞
晝奉盃
京中日供
闕內宴
禮曹宴
名日宴
下程
例賜
別賜
留浦日限
修船給粧
日本船鐵釘體制
上京道路

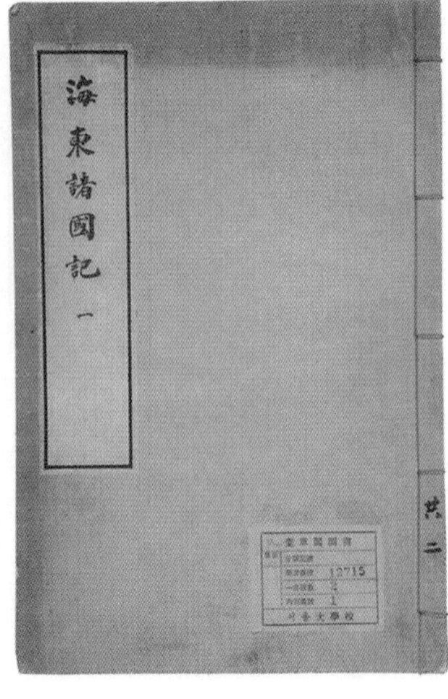

『해동제국기』, 신숙주, 1471, 규장각한국학연구원. 1443년 서장관으로 일본에 다녀온 신숙주가 왕명을 받들어 편찬한 책이다. 일본의 지세와 국정, 외교 연혁 등을 상세히 기록했으며, 해동제국은 조선 동쪽에 있는 일본, 대마도, 일기도, 유구국 등을 두루 다루었다는 의미다.

에 다녀왔다. 이 사행으로 조선과 일본은 계해약조를 체결했고, 신숙주는『해동제국기海東諸國記』라는 일본 관련 책을 저술하게 되었다. 그러나 1479년(성종 10) 이형원과 이계동을 정사와 부사로 하여 사신을 보낸 것이 조선에서 일본으로 보낸 사신의 마지막이었다. 그들은 대마도까지 갔다가 "(일본의) 병란이 그치지 않았다"는 말을 듣고 되돌아왔으며, 1460년(세조 6)에 보낸 사신들이 풍랑을 만나 익사한 적이 있기 때문에 조선은 일본에 더 이상 사신을 보내지 않기로 결정했다.(『성종실록』 13년 4월 19일) 이후 조선은 사신을 보내지 않았고 일본에서만 조선에 사신을 보내는 일방통행이 이뤄졌다.

교류에는 정보도 포함된다. 쌍방 간의 교류라면 정보도 양자 간에 주고받음으로써 어느 정도 균형을 이룬다. 그러나 조선과 일본처럼 일방통행만 있는 경우라면 정보는 한쪽 방향으로만 흘러 심한 불균형이 초래된다. 이 불균형을 조선은 대마도를 통해 해결했지만, 왜구 침탈과 왜변의 배후에 대마도가 있었다는 것을 고려하면, 대마도에서는 이해관계에 따라 조선에 전할 정보를 왜곡할 수도 있었다. 일본으로 사신을 보내지 않는 이상, 조선은 신숙주가 일본을 다녀오면서 작성했던 『해동제국기』와 같은 책을, 그리고 그 책에 담긴 정보를 얻을 기회는 잃어버리는 셈이었다.

그러던 중 1587년 조선의 사신을 일본에 보내줄 것을 청하는 일본의 사신이 조선에 왔다.(『선조수정실록』 20년 9월 1일) 이전에 대마도에서 보내오던 사신들과는 다른 성격의 사신임을 입증이라도 하듯이 사신 다치바나 야스히로橘康廣(유즈타니 야스히로柚谷康廣)는 부산포에서 한양으로 오는 길에 자신을 맞이하는 고을의 수령을 농락하는 등 온갖 기행을 일삼았다. 마침내 한양에 도착한 그는 관백關白(일본에서 왕을 내세워 실질적인 정권을 잡았던 막부의 우두머리)의 서신을 올렸다.

서신을 보낸 도요토미 히데요시平秀吉는 누구인가? 조선이 처음 교린관계를 맺었던 원씨(무로마치 막부)가 아니라면 왕조가 바뀐 것인가? 이 왕조가 아직 명으로부터 책봉을 받지 않았다면 여기에 사신을 보내야 하는가? 그동안 일본에서 얼마나 많은 사신이 왔든 간에, 통신사를 청하는 일본국 사신이 온 순간 조선에서는 상대국에 오래도록 사신을 보내지 않았다는 것과 아울러 그동안 일어난 일본의 정황을 파악하지 못했다는 점을 깨달았다. 조선에서 보내는 통신사는 나라 사이에 신의를 통하는 사절이라는 의미를 띠고 있었다. 사신을 보내지 않았다는 것은 신의를 통하지 않았다는 의미이고, 그런 점에서 조선은 일본과 이미 화의를 잃은 셈이었다.

隱岐州
出雲州
石見州
長門州
周防州
安藝州
備後州
備中州
讚岐州
阿波州
土左州
豊前州
豊後州
筑前州
筑後州
肥前州
肥後州
薩摩州
大隅州
日向州
風本浦
五島
種島
大島
國頭城
九米島
阿義那
伊是那

「해동제국총도」, 『해동제국기』, 신숙주, 17.6×12.3cm, 하버드대 하버드 옌칭 도서관. 신숙주가 그린 것으로 세계에서 가장 오래된 인쇄본 일본지도로 알려져 있다.

동평관東平館

일본과 유구에서 온 사신들이 묵던 객관客館(숙소)으로, 왜관이라고도 한다. 조선 초 왜구에 대해 회유 정책을 펼쳐 수많은 '왜객倭客'이 왕래하자 태종은 민무구 형제의 집에 동·서평관의 왜관을 설치했다. 세종대에 사신의 왕래를 억제하면서 서평관을 폐쇄하고 동평관만 남겨두었다. 일본 사신은 두모포(성동구 옥수동)에서 배를 내려 광희문(중구 광희동)을 통해 낙선방(중구 인현동)에 있는 동평관으로 들어가곤 했다.

2절

물길이 어두워 사신을 보낼 수가 없다

통신사 파견을 둘러싼 논의

1587년(선조 20) 9월 창덕궁 인정전.

일본국사 다치바나 야스히로가 통신을 청하는 국서를 가지고 왔지만 선조는 사신을 맞고 싶지 않았다. 신하들이 화외化外(교화가 미치지 않는 곳)의 사신일지라도 예로써 맞이해야 한다고 하자, 선조는 마지못해 통신을 청하는 도요토미 히데요시의 국서를 일본국사 야스히로에게서 받는다. 마침내 국서를 읽은 선조는 크게 노하여, 물길이 어두워 통신사를 보낼 수 없다는 서계를 보내 통신을 거절하도록 한다.

일본의 통신사 요구에 조선은 물길이 어두워 사신을 보낼 수 없다는 내용의 서계를 보내 거절했다. 조선은 왜 거절했을까? 『징비록』과 『선조수정실록』(20년 9월 1일)에서는 이때 사신이 가지고 온 서신이 매우 거만하여 "지금 천하는 짐朕의 손아귀에 돌아왔다"라는 말이 있었다고 했다. 게다가 조선에서는 다치바나 야스히로를 사신으로 보낸 도요토미 히데요시平秀吉를 '자신의 임금을 시해하고 나라를 찬탈한 인물'로 알고 있었다.

——「동궐도」에 그려진 인정전 일대, 273.0×576.0cm, 국보 제249호, 1830년 이전, 고려대 박물관. 선조는 인정전에서 일본 통신사를 맞았다.

일본 무로마치 막부의 쇼군 아시카가씨는 가마쿠라 막부의 원씨源氏(미나모토)를 계승한다는 의미로, 자신의 성씨 외에도 원씨를 썼고 조선에 보내는 국서에도 원씨를 칭했다. 조선은 무로마치 막부의 장군이 명나라로부터 일본국왕으로 책봉받았기 때문에 아시카가씨가 칭한 원씨를 일본왕의 성씨로 간주하고 있었다. 도요토미 히데요시는 일본 고대의 유력 성씨인 다이라씨(평씨平氏)를 자칭하고, 조선에 보내는 서신에 평수길이라고 썼다. 센고쿠시대戰國時代를 단순한 병화兵禍 정도로만 알고 있었던 조선은 평수길이 원씨를 시해하고 왕위를 찬탈한 것으로 이해했다.

한편 짐朕은 황제가 스스로를 칭할 때 쓰는 표현이다. 진시황이 중국을 통일한 뒤 그 자신이 복속한 각 나라의 왕들 위에 있음을 널리 떨치기 위해 황제皇帝와 짐이라는 호칭을 고안해냈다.(『사기』「진시황본기」) 황제는 왕보다 우위에 서서 왕을 책봉하는데, 이 호칭과 위계질서는 중국이 맺는 외교관계에도 그대로 적용되었다. 중국은 다른 나라와 관계를 맺으면서 그곳 왕들을 책봉해주고 조공을 받았다. 조공-책봉관계는 마치 동심원처럼 중국이 중심이고 책봉을 받는 나라들은 주변에 있는 세계를 형성했다. 책봉을 받는 제후국들은 중국과의 친소親疏에 따라, 책봉받은 관작에 따라 동심원 안팎에 그 위치가 정해졌고, 이로써 위계를 형성했다. 동심원에서 바깥으로 갈수록 중국의 교화가 미치지 않는 이적夷狄이었다.

명나라와 조선도 이런 관계에 놓여 있었다. 조선 역시 이 동심원에서 자신보다 더 바깥쪽에 위치한 나라들과의 관계에서 다시 그 자신이 중심이 되고 다른 나라들은 주변으로 위치짓는, 또 다른 동심원을 그리는 관계를 맺었다. 조선의 주변이 된 나라는 곧 일본과 유구, 여진 등이었다. 조선은 다른 나라들보다 명나라에 더 가까이 있다고 여겼으며, 명에 가까이 다가가려는 노력을 기울였다. 중종, 선조처럼 정변이

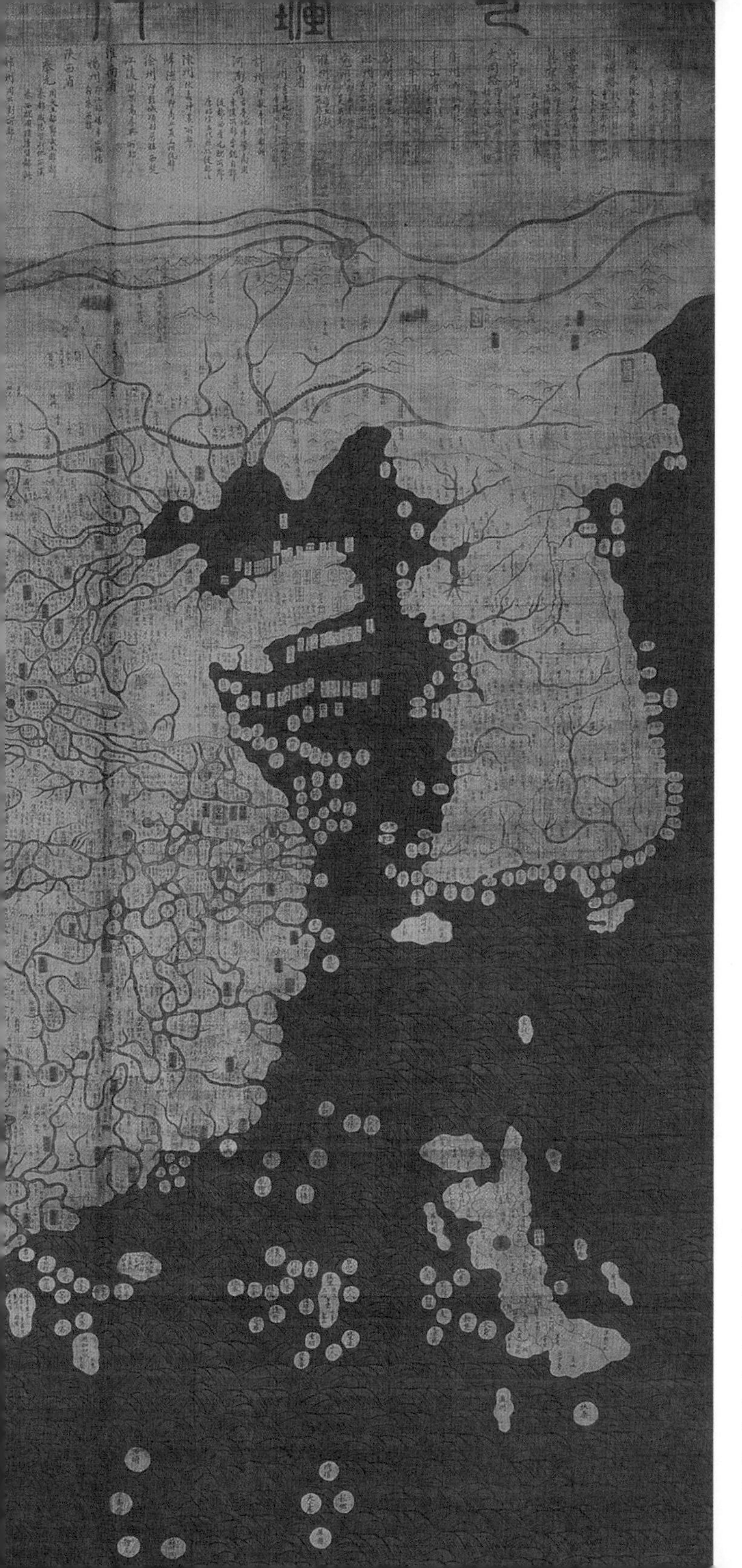

「혼일강리역대국도지도混一疆理歷代國都之圖」, 1402, 일본 류코쿠대학. 중국을 중앙에 놓고 동쪽에는 조선과 일본을, 서쪽에는 유럽·아프리카·아라비아 등을 그려 당시 조선의 중국 중심의 대외 인식도를 보여준다.

「진공선도」, 종이에 채색, 84.5×45.5cm, 도쿄국립박물관. 유구에서 중국으로 공물을 실어 나르던 배다. 유구국은 중국이나 조선에 조공을 하는 입장이었지만, 언제 노략질하며 돌변할지 몰라 조선은 이들을 경계했다. 이들은 특히 배를 다루는 기술이 뛰어나 바다 위에서의 활약이 대단했다.

나 방계 혈통이 왕이 된 경우라면 정통성에 못 미치는 명분을 채우기 위해 명나라와의 관계를 개선하는 데 더 심혈을 기울였다. 조선에서는 충효의 가치를 중시하는 유학, 특히 성리학을 정치 이념으로 삼으면서 가족 간의 질서가 군신 간의 관계, 나라 간의 관계에까지 영향을 미쳤는데, 16세기 들어서는 책봉과 조공을 받는 군신관계를 부자관계와 동일시할 정도였다.

이런 국제적인 정세와 관련해서 당시 주목할 만한 사건이 종계변무宗系辨誣다. 곧 종계를 변명한다는 말로서, 명에 알려진 조선 태조의 종계宗系와 악명惡名을 고치는 것으로 건국 초부터 당시까지 우리의 가장 큰 외교 현안이었다. 종계는 이성계가 이인임의 아들이라는 것, 악명은 태조(이성계)가 공양왕을 시해하고 왕이 되었다는 것이다. 고려 말 윤이와 이초가 명 태조에게 아뢴 내용이 명 태조의 유훈이 되어 그대로 『명 태조실록』과 『대명회전大明會典』에 기록되었다. 그런데 태종이 명으로부

『대명회전』.

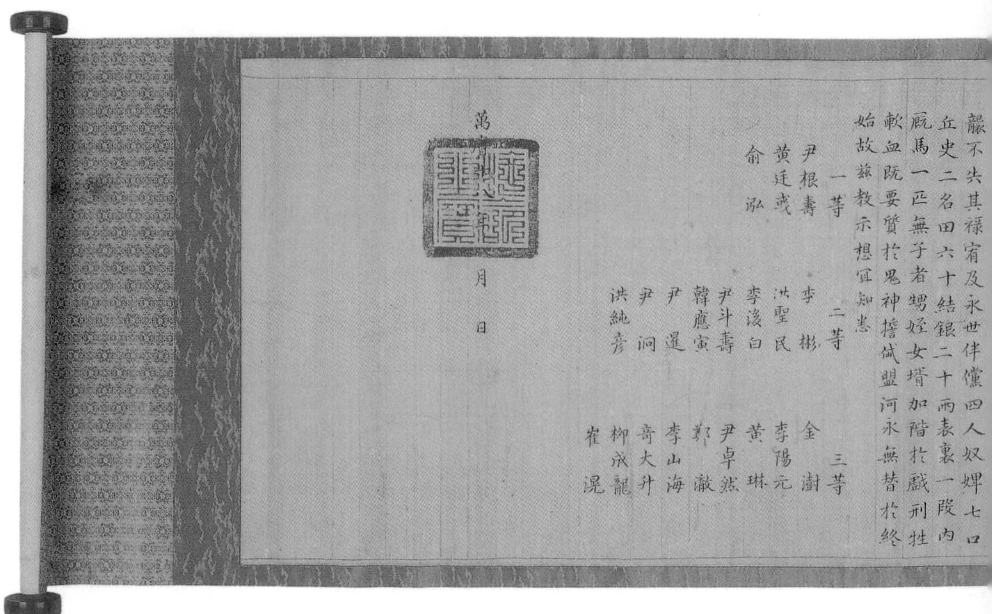

龍不失其祿宥及永世伴儻四人奴婢七口
丘史二名田六十結銀二十兩表裏一段內
廐馬一匹無子者甥姪女壻加階於戲刑牲
歃血既要質於鬼神帶礪盟河永無替於終
始故玆教示想宜知悉

一等
尹根壽
黃廷彧
兪泓

二等
李彬
洪聖民
李後白
尹斗壽
韓應寅
尹暹
尹泂
洪純彦

三等
金澍
李陽元
黃琳
尹卓然
鄭澈
李山海
奇大升
柳成龍
崔滉

萬曆 月 日

터 책봉을 받으면서 오갔던 명 사신들을 통해 이 내용이 조선에 알려졌다. 태종은 사신을 보내 이를 정정해줄 것을 요구했으며 명 영락제는 정정을 약속했다. 이때는 성과물이 없던 터라 명나라에서는 『대명회전』을 다시 편찬할 때 고쳐주었다. 문제는 명이 다시 편찬한 『대명회전』을 조선에 반포하지 않았다는 데 있었고, 그렇기에 조선은 더 애가 탔다. 선조는 여러 차례 사신들을 보내 태조의 악명이 수정된 부분의 사본 및 해당 권 등을 받아왔으며 마침내 1589년에는 윤근수를 보내 『대명회전』 전질을 받아왔다.

조선은 명에 종계변무를 하면서 끊임없이 태조의 즉위는 시역弑逆이 아니라고 주장했다. 이는 대외적으로는 조선이 '충忠'이란 가치를 지키는 나라임을 내세우고, 대내적으로도 혁명 시도를 용납하지 않으며 왕에 대한 '충'을 강조하는 것이었다. 태종 때부터 선조 때까지 조선이 명

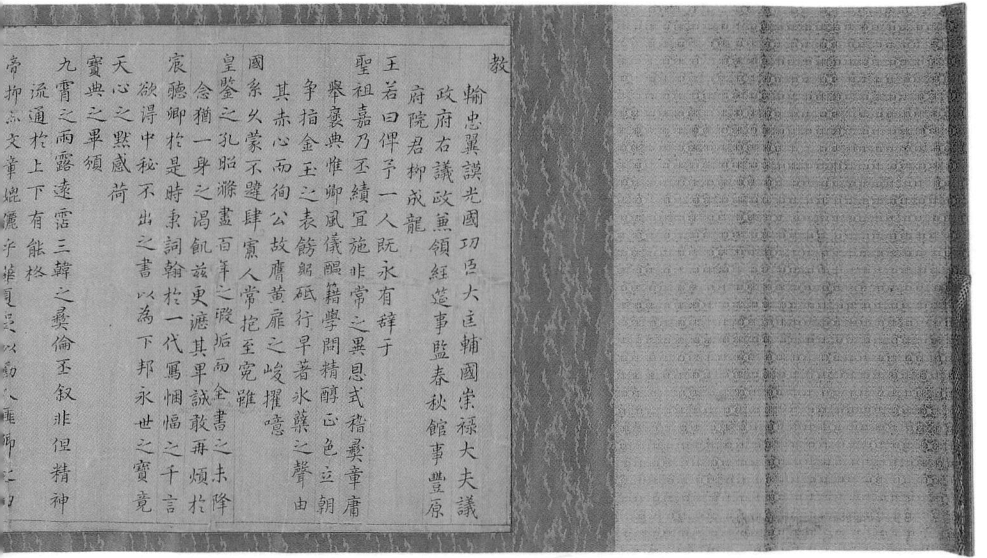

教
輸忠翼謨光國功臣大匡輔國崇祿大夫議
政府右議政兼領經筵事監春秋館事豊原
府院君柳成龍
王若曰俾予一人既永有辭于
聖祖嘉乃丕績宜施非常之異恩式稽彝章庸
擧褒典惟卿風儀醞籍學問精醇正色立朝
爭指金玉之表飭躬砥行早著氷蘗之聲由
其赤心而徇公故膺黃扉之峻擢噫
國系久蒙不韙肆寡人常抱至冤雖
皇鑒之孔昭滌盡百年之瑕垢而全書之未降
念猶一身之渴飢玆更遡其卑誠敢再煩於
宸聽卿於是時秉詞翰於一代寫悃愊之千言
欲得中秘不出之書以為下邦永世之寶竟
天心之默感荷
寶典之畢頒
九霄之雨露遠霑三韓之彝倫丕敘非但精神
流通於上下有能格
帝抑亦文章婉麗乎華夏是以動人

교서, 42.5×114.8cm, 보물 제460-3호, 유교문화박물관. 종계변무가 성공하고 난 뒤 류성룡을 광국공신 3등에 책봉한다는 내용이다.

나라에 종계와 악명의 수정을 요구했던 것은 유교질서로 통치되는 나라임을 인정받으려는 뜻이었다. 그런 인정은 유교질서가 지배하는 국제관계 속에서 조선의 자리를 위치짓는 것이었다.

조선은 일본의 원씨가 명으로부터 일본국왕으로 책봉을 받았으므로 그동안 일본과 교린관계를 맺어왔다. 그럼에도 일본은 끊임없이 왜구를 보냈고, 왜변을 일으켰다. 통신사를 요청하는 일본의 평씨 왕은 원씨 국왕을 시해하고 그를 대신한 자라는 의심을 사는 인물인 데다 참람하게도 짐을 자칭하고 있었다. 게다가 사신이 와 있는 중에 손죽도에서는 왜변이 일어났다. 이렇게 무지한 이적夷狄에게 통신사를 보내야 하는가라는 문제로 조정은 의견이 분분했다.

성종대 이후로 조선은 일본에 통신사를 보내지 않은 채 '조선의 번국藩國'인 대마도를 중계 삼아 교류해왔다. 대마도와의 교류가 만족스러운 것은 아니었지만 그렇다고 일본 본국에 통신사를 보낼 정도까지는 아니었다. 오히려 일본에 통신사를 보낸다면 명과의 관계에 악영향을 미칠 수 있을 터였다. 시역한 나라와의 통교는 이성계의 악명, 곧 시역과 찬탈을 정정하기 위해 오래도록 애쓴 것을 한순간에 물거품으로 만들 수 있었다. 그동안 유교의 가치를 신봉하고 유교질서로 통치해오던 조선을 명나라가 부정할 수도 있는 문제였다. 이런 위험부담을 안고 통신사를 보낼 만한 이유나 명분을 찾지 못한 조선 조정은 다치바나 야스히로에게 물길이 어두워서 사신을 보낼 수 없다는 내용의 서계를 주어 귀국하도록 했다.

야스히로가 귀국하여 보고를 올리자 도요토미 히데요시는 크게 화를 내며 그와 그 일족을 몰살했다.(『징비록』, 『선조수정실록』) 야스히로가 조선에 왕사로 오게 된 배경에는 히데요시의 조선 침략 의지와, 이를 막거나 유예시켜보려는 대마도주 부자의 노력이 있었다. 1585년 관백에 취임한 도요토미 히데요시는 이듬해에 규슈를 정벌하고, 대마도주 소 요시시게宗義調에게 서한을 보내 조선을 칠 것을 언급했다. 그러자 1587년 5월 소 요시시게는 가신 야나가와 시게노부柳川調信와 유즈타니 야스히로를 사쓰마에 있는 히데요시에게 보내 조선으로의 출병 대신 조선에서 공물이나 인질을 받을 것을 제안했다. 도요토미 히데요시는 이런 제안을 단번에 거절하며 조선 국왕의 입조入朝를 요구했다. 이듬해 6월 소 요시시게가 양자인 소 요시토시宗義智, 平義智를 데리고 알현한 자리에서도 도요토미 히데요시는 조선 국왕의 입조를 요구했으며, 이 일이 성사되지 않는다면 바로 출병하겠다는 뜻을 드러냈다. 같은 시기에 히데요시는 사쓰마 번의 시마즈 요시히로島津義弘에게 유구의 입조도 요구했다. 여기서 히데요시가 조선은 대마도에, 유구는 사쓰마에 복속되어 있다고 생각하고 이것을 확인하려 한 것은 아닌가, 혹은 이러한 요구를 빌미 삼아 조선과 유구국을 복속시키려고 한 것은 아닌가

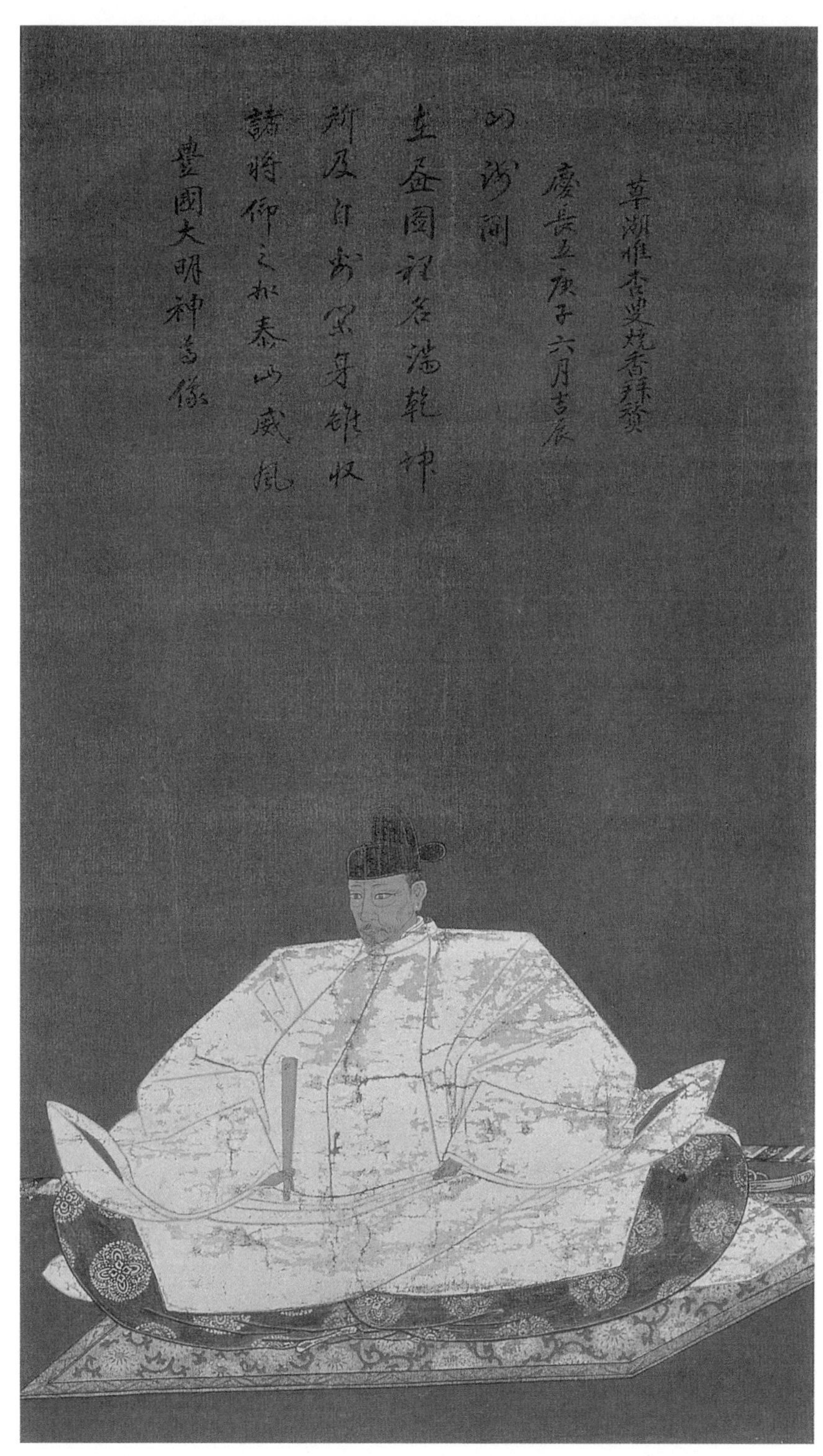

「도요토미 히데요시 화상」, 36.3×24.0cm, 1600, 일본 사가현립나고야성박물관.

하는 의심이 든다.

당시 일본에는 포르투갈, 에스파냐, 네덜란드 상인들이 왕래하고 있었다. 1513년 포르투갈인 알바레스 등이 중국 광동 지역으로 들어온 이래 서양에서 온 상인들은 명의 복건福建, 절강浙江, 영파寧波 등지로 이동하면서 중국 연해민들과 밀무역을 하며 명에 끈질기게 통상을 요구해왔다. 명은 1557년 포르투갈인이 마카오에 거주, 교역하는 것을 허락했다. 명은 이들을 포르투갈의 한역어인 불랑기佛狼機라 부르기도 하고 남만南蠻이라고도 일컬었다. 남만은 중국 중심의 국제질서 속에서 남쪽에 있는 야인이라는 말로, 이전에는 주로 동남아 지역을 가리켰는데 이때에 이르러서는 포르투갈인을 비롯해 서양인들까지 포함하게 되었다. 그동안 알고 있던 나라들 너머의 나라들이었고, 그동안 알고 있던 중국 중심의 국제질서와는 동떨어져 있는 곳들이었지만 명은 그들을 자국 중심의 국제질서관으로 인식했다. 그러면 일본은 이들을 어떻게 바라보았을까?

1543년 다네가 섬種子島 영주는 표류하고 있던 포르투갈 선박의 상인으로부터 조총 한 자루를 선물로 받았다. 이 조총은 센고쿠시대라는 일본의 특수한 상황과 맞물리면서 전국에 빠른 속도로 보급되었다. 마침내 조총수를 대거 양성한 오다 노부나가織田信長와 도요토미 히데요시에 의해 센고쿠시대가 종식되었다. 일본의 역사와 질서가 바뀐 것이다. 중국 중심의 세계질서 너머에서 그 질서에 지배받지 않았던 나라들과의 교류, 그리고 그 교류의 산물로 바뀐 일본. 이 정도면 조총의 위력을 이용했던 도요토미 히데요시의 세계관을 자극하고도 남지 않았을까? 게다가 불완전하게 복속한 영주들을 완전하게 복속시키고 자신에 대한 도전을 잠재워 일본 안팎으로 위세를 떨칠 필요가 있던 히데요시라면 더 자극받지 않았을까? 그가 이웃 나라에 짐이라 칭하고 사절을 보내 입조를 요구한 것은 명나라 중심의 중국적 세계질서에 대한 도전이었다. 그러나 이는 사실상 세계질서의 중심을 명에서 일본으로 바꿔놓는 것에 불과했다. 일본은 남만인들의 새로운 질서 곧 기리시탄(천주교인)에 대해서도 수용하지 못하고 금지했다(1587년 기리시탄 금교령). 새로운 질서에 자극은 받았지만 도요토미 히데요시는 유가적 세계질서를 크게 벗어나지 못하는 한계를 보였고, 이로 말미암아 그의 구상은 명에 대한 반역으로 비춰져 나라 안팎에서 반발을 불러일으켰다. 히데요시의 다음 수순은 명나라 정벌 전쟁이었다. 이 전쟁을 공언하며 실행에 옮기는 시발점은 조선과 유구의 복속이었다.

그의 야망으로 일본 내 영주들이 결속되었던 반면 일부 영주는 망연자실했다. 고니시 유키나가小西行長나 시마즈 요시히로, 소 요시시게 같은 영주들은 중계 무역으로 부를 축적했는데, 이는 일본과 해외의 평화를 담보로 했다. 조선은 계해약조 이래로 대마도와 약조를 맺어 조선으로 오는 일본의 사행선을 대마도를 통해 관리해왔다. 물산이 부족한 대마도는 이에 수반되는 중계 무역으로 살아가고 있었다. 그런데 전쟁이 발발하면 조선과의 교류나 중계 무역이 모두 중단될 뿐 아니라 전쟁의 전초기지가 되어 물자와 인력이 전쟁에 징발될 것이었다. 실제로 임진왜란이 일어났을 때 대마도에서는 5000명이 병사로 징발되었는데, 당시 대마도의 인구를 고려하면 아주 높은 수치다. 조선 출병군 15만8000여 명을 낸 영주들 가운데서도 각 군의 지휘를 맡은 영주를 제외하고는 가장 많은 병사를 출정시켰다. 대마도주 입장에서는 사활이 걸린 문제였기에 전쟁을 막아야 했고, 출병을 유예시켜야 했다. 조선 국왕의 입조를 조건으로 출병은 미뤄졌지만 대마도 입장에서 조선에 입조를 요청할 순 없었다.

대마도가 조선에 대해 신하를 자처한 이래로 조선은 대마도를 조선의 번국으로 여겼고, 일본 본국에 대해서는 중국 중심의 세계질서관을 투영해 변방에 위치한 교린국으로 인식하고 있었기 때문이다.(『징비록』,

北京
南京

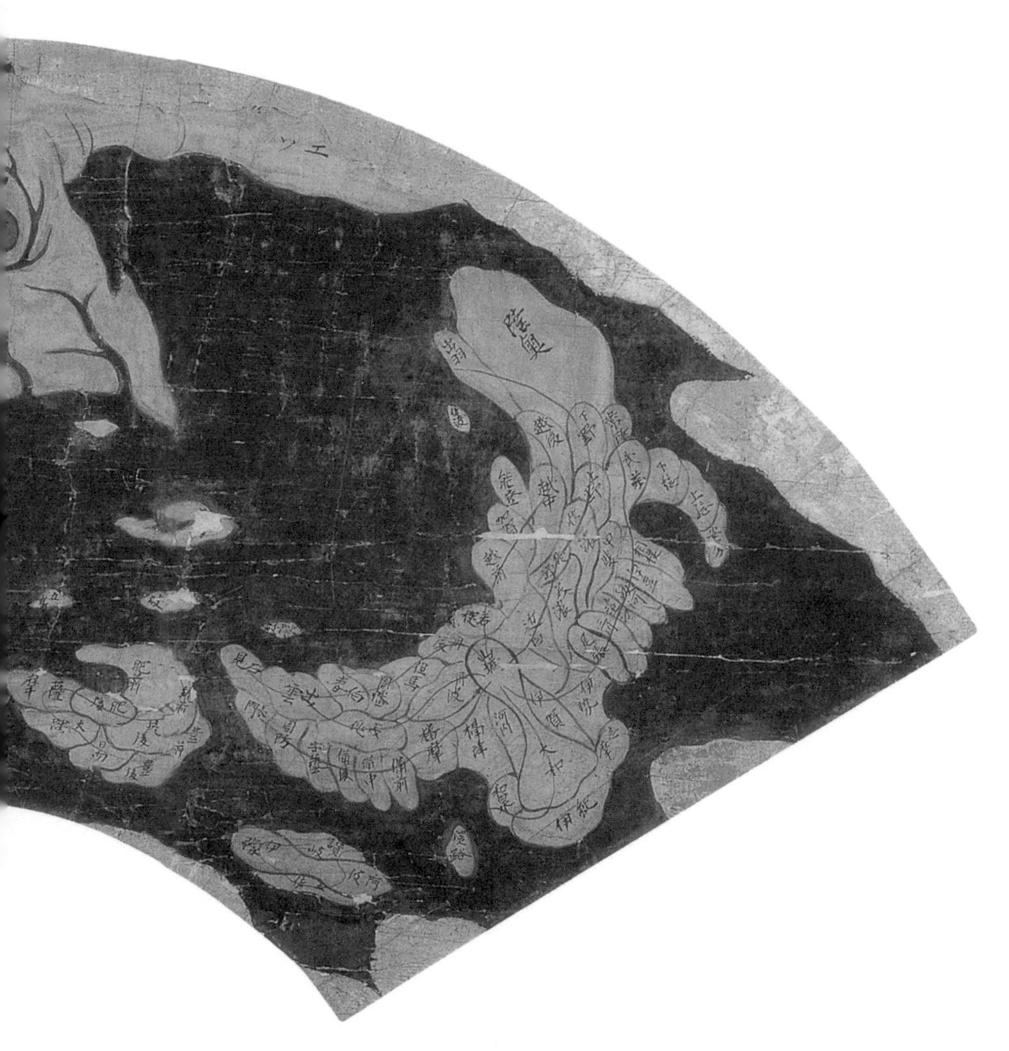

도요토미 히데요시가 지녔던 세계지도 부채, 오사카 성 덴슈카쿠天守閣.

『세종실록』 원년 5월 계유일) 소 요시시게는 자신과 같은 입장에 있던 고니시 유키나가와 의논하여 도요토미 히데요시의 요구인 조선 국왕의 입조를 숨기고 대신 통신사 파견 요구로 접근했다. 히데요시의 서한을 전할 사신인 일본국왕사로는 자신의 가신인 다치바나 야스히로를 보냈다. 그러나 야스히로가 조선 조정으로부터 거절받고 빈손으로 돌아오자, 히데요시는 야스히로가 조선 편을 들어 자신의 뜻이 관철되지 못했다고 의심해 그 일족을 멸했다.(『선조수정실록』 20년 9월 1일)

3절

반드시 병화兵禍가 있을 것입니다

통신사 보고를 둘러싼 갈등

1590년(선조 23) 2월 28일.

창덕궁 인정전에서 헌부례獻俘禮가 거행되고 있다. 정해년에 왜변을 일으켰던 왜구와 그때 조선인으로 왜구의 길잡이를 했던 반민叛民 사화동을 소 요시토시와 겐소玄蘇가 쇄환해와 선조에게 포로로 바쳤다. 왜구와 사화동은 헌부례가 끝나자 한양성 밖에서 참수된다. 조선 국왕은 왜변을 일으켰던 왜구와 반민을 쇄환하는 조건으로 통신사를 허락한 터였다. 이에 일본 사신 소 요시토시는 선조에게 조총과 공작새를 바친다.

도요토미 히데요시는 소 요시시게에게 조선 국왕의 입조를 다시 요구했다. 이에 대마도에서는 소 요시토시를 조선에 보내 통신사 파견을 요청하도록 하고, 파견될 통신사의 길을 인도하도록 했다. 이때 사신으로

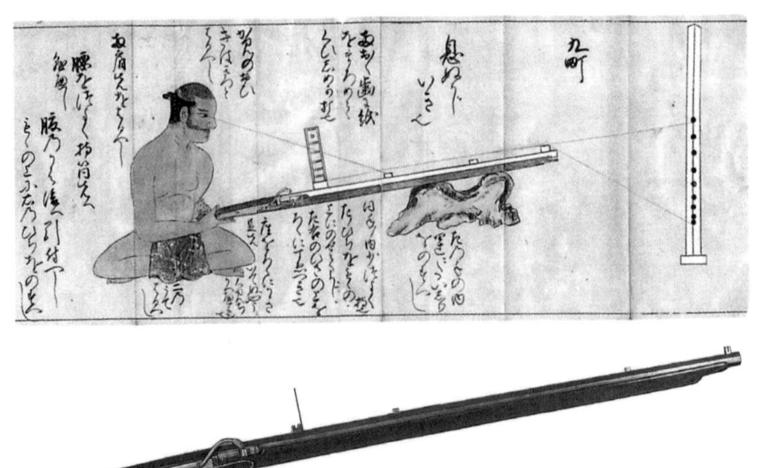

조총, 길이 200.0cm, 17세기, 일본 오사카 성 덴슈카쿠.

온 소 요시토시는 조선 조정에 조총을 바쳤다. 일본군의 주력 무기인 조총을 조선에 바친 것을 두고 여러 가지 생각을 할 수 있지만, 그동안 대마도주가 조선과 일본 사이의 전쟁 발발을 막아보려 한 것의 연장선상에서 이해할 수 있는 행동이었다.

그런데 소 요시토시의 사신행에 관해서는 『선조실록』과 『선조수정실록』의 기록이 조금 차이가 난다. 『선조수정실록』은 1589년 12월에 소 요시토시가 사신으로 왔다고 했다. 한편 『선조실록』은 언제 왔는지에 관해서 밝히진 않았지만, 1590년 8월 선조를 알현하고 하정례賀正禮를 행했다는 기록이 나온다. 하정례는 일본 사신이 대궐의 정전 뜰에서 정전 안에 있는 조선 왕에게 숙배하는 의식이다. 실록의 기록을 모두 인정한다면 두 가지 설이 가능하다. 하나는 12월에 왔다가 8월에야 이들이 선조를 알현할 수 있었다는 것이고, 다른 하나는 12월에 왔지만 되돌아갔다가 이듬해 8월에 다시 왔다는 것이다. 12월에 소 요시시게가 사망했으므로 소 요시토시가 왔다가 다시 돌아갔을 가능성은 있다. 그런데 이때 소 요시토시도 도요토미 히데요시를 따라 평씨를 칭했기 때문에, 조선에서는 도요토미 히데요시가 대마도주 소씨에게서 그 자리를 빼앗아 자신의 일족인 소 요시토시에게 준 것으로 이해했다.(『징비록』)

소 요시토시가 와서 통신사를 청하며 자신이 직접 길을 인도한다고 하니 조선 조정에서는 또다시 의견이 분분했다. 게다가 3년 전에 일어난 정해왜변丁亥倭變에 대한 책임을 묻는 것은 통신사 파견에 앞서 조정이 해결해야 할 과제였다. 그리하여 소 요시토시에게 정해왜변 때 조선을 침략한 왜구와 그 왜구의 길잡이가 되었던 조선인들을 쇄환해줄 것을 요구하면서, 이에 응하는 일본의 태도를 보고 사신 파견을 논의하겠다고 했다. 일본 사신들은 본국으로 돌아가 포로 116명과 반민 사화동, 왜구 수장 3인을 쇄환해왔다.(『선조수정실록』 22년 7월 1일) 이들을 조선 국왕에게 바치는 헌부례(전쟁에서 승리하거나 반란을 진압한 뒤 돌아와 포로를 종묘나 조상의 영묘靈廟에 바치고 승전을 고하는 의식)가 1590년 2월 28일 창덕궁 인정전 앞에서 거행되었다.(『선조실록』 23년 2월 28일) 사화동과 왜구는 신문을 받은 뒤 한양성 밖에서 처형되었다.

다치바나 야스히로의 출현으로 조선 조정의 일부 인사는 야스히로를 보낸 일본은 더 이상 우리가 알던 그 일본이 아니며, 조선에 오는 왜인들을 통해 얻은 일본에 관한 정보는 한계가 있다는 사실을 깨닫게 되었다. 그리하여 이전과 달리 일본에 사신을 보내야 할 필요성이 대두되었지만, 조정에서는 통신사를 보내야 할 명분을 찾지 못했다.

『징비록』에서 류성룡은 “대개 원씨는 망한 지 이미 10여 년이 되었지만, 여러 섬의 왜인들이 해마다 우리나라에 와서도 그 나라의 법령이 엄함을 두려워하여 그 사실을 발설하지 않았기 때문에 우리 조정은 그 정황을 알지 못했다”고 함으로써 조선 조정이 일본에서 일어나고 있는

「동래부사접왜사도東萊府使接倭使圖」, 종이에 채색, 81.5×460.0cm, 18세기, 국립중앙박물관.
일본 사신들이 왜관에 도착해 조선 국왕에게 하정례를 하는 장면이 그려져 있다.

변화를 알아차리지 못했음을 적고 있다. 류성룡은 1589년 9월 예조판서가 되어 사신의 파견, 영접, 사신이 오가면서 지참하는 문서들을 모두 맡아보았다. 일본의 정세가 변하고 있다는 것을 감지한 그는 통신사를 보낼 것을 적극 주장했다. 그의 의견에 동조해 변협邊協도 선조에게 "사신을 파견해 그 나라의 정세를 살피고 오는 것 또한 잘못된 계책은 아닐 것입니다"라고 아뢰었다.(『징비록』, 『선조수정실록』 22년 7월 1일)

포로들과 반민이 쇄환되어 오자 선조는 1589년 11월 정사 황윤길黃允吉, 부사 김성일金誠一(성균관 사성), 서장관 허성許筬(허균의 형, 성균관 전적), 종사관 차천로車天輅를 통신사로 보낼 것을 결정했다. 헌부례가 끝나자 통신사 일행은 소 요시토시와 함께 1590년 3월 6일 한양을 출발해 4월에는 부산포를 떠났다. 통신사 일행은 5월 대마도에 도착했는데 한 달가량 머물면서 선위사宣慰使를 기다렸으나 선위사의 영접을 받지 못했다. 선위사와 동행하지 못한 채 6월에 일기도一岐島와 하카타博多·나고야郞古耶 등을 거쳐 7월에 교토에 들어가 소켄 사摠見寺라는 곳에 머물렀다.

교토에 도착한 통신사 일행은 그러나 도요토미 히데요시를 만나지는 못했다. 히데요시가 도산도東山道로 호조씨北条氏를 정벌하러 출정했기 때문이다. 호조씨는 오다와라小田原 성에서 달 동안 농성을 벌인 끝에 히데요시에게 항복했다. 그렇지만 승전한 히데요시가 돌아왔음에도 불구하고 통신사 일행은 여전히 그를 만날 수 없었다. 이번에는 궁실을 수리한다는 핑계였다. 몇 달 뒤인 그해 11월에 이르러서야 만남이 이뤄져 선조의 국서를 전할 수 있었다. 그러나 즉시 답서를 써주지 않아 답서를 받는 데 또 시일이 걸렸다. 통신사 일행이 교토에서 나와 사카이에 머무르고 있었을 때에야 도요토미 히데요시의 답서를 받을 수 있었다.(『선조수정실록』 24년 3월 1일, 『학봉집』 부록 제2권 「김성일 행장」) 그러나 답서에는 통신사 일행이 결코 수용할 수 없는 내용과 표현이 담겨 있었다. 통신사 일행은 답서가 "도리에 어긋나고 오만하다"면서 일본 측에 수정을 요구했다.

요청한 것은 즉, 조선 국왕 전하를 격이 낮은 "합하閤下"라고 칭한 것, 조선에서 준 선물을 속국의 조공물인 "방물方物"이라고 한 것, 통신사 사행에 대해 상국을 알현하는 "입조入朝"라고 표현한 것 등이었다. 또 "대명국으로 한번 뛰어들어가一超直入大明國 (…) 귀국 곧 조선이 선구가 되어貴國先驅"라는 구절은 일본이 "명나라를 침략하고 조선을 그 선구로 삼겠다取大明 朝鮮先驅"는 뜻이 아닌가라며 반발했다. 이에 겐소 등은 '합하'와 '방물' 같은 표현은 고치겠다고 약속했지만, 입조와 선구에 관한 내용은 명나라에 입조한다는 의미로 해석 가능하다면서 수정을 거부했다. 『조선왕조실록』과 『국조보감國朝寶鑑』 『재조번방지再造藩邦志』 등에서는 이때의 답서가 수정되었다고 했지만 『국조보감』에 수정되지 않은 국서가 게재되어 있는 것으로 미루어 고쳐지지 않았을 가능성도 있다.

이 같은 일본 측의 답서에서 조선통신사에 대한 도요토미 히데요시의 이해가 어떠했는가를 엿볼 수 있다. 조선 국왕의 입조를 요구하던 히데요시는 조선에서 온 통신사 사행을 '입조'로 보고 그들이 자신을 만나기 위해 기다리는 것에 개의치 않았다. 그리고 통신사 일행을 만나는 자리에 일본의 모든 영주가 아닌 몇몇 영주와 가신들만 배석시켰을 뿐 아니라 심지어는 예복을 편복便服으로 갈아입기까지 했다. 그러나 히데요시의 의중을 알지 못한 채 조선 통신사들은 조정에 "볼품없는 외모와 방약무인한 태도를 가진 인물"로 보고했다. 이처럼 조선과 일본은 서로에 대해 잘 몰랐고, 알 수 있는 정보조차 자의적으로 해석해버렸다. 이것은 비단 조선과 일본뿐만 아니라 통신사 일행 사이에서도 마찬가지였다.

「근강명소도회 조선빙사」, 1811, 개인. 조선의 정사선 正使船이 돛을 펴고 항해하는 모습이다. 정사가 탄 배임을 표시하는 '正'자가 나부끼고 있으며, 사행단과 선원들의 모습이 자세히 그려져 있다. 이로써 황윤길 일행의 통신사행 모습도 짐작해볼 수 있다.

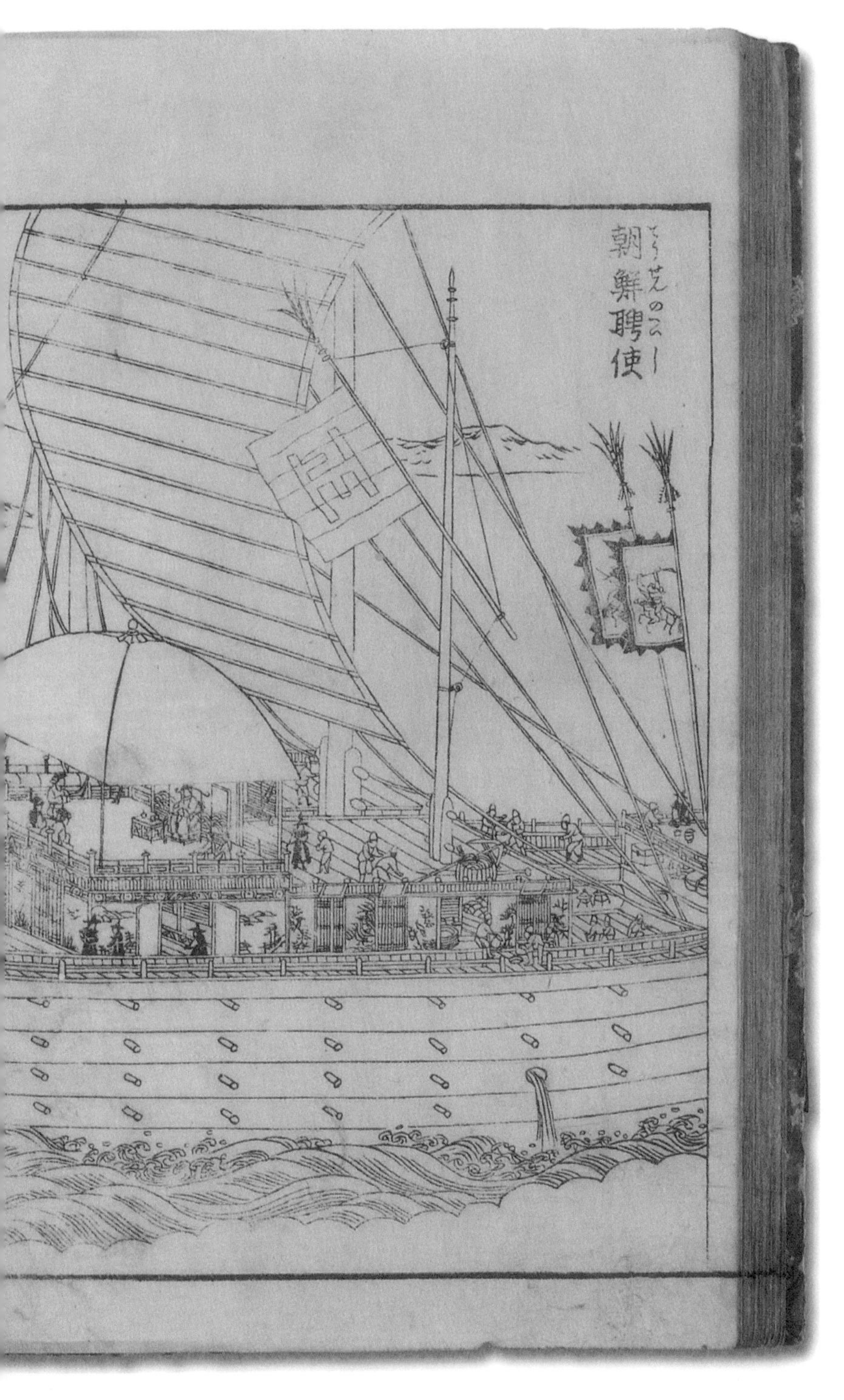
朝鮮聘使

4절

명에 보고해야 합니다

왜의 침략 계획을
명에 보고할 것인가에 대한 논의

1591년(선조 24) 3월 창덕궁 인정전.

일본을 다녀온 통신사들이 선조에게 복명復命했다. 선조가 도요토미 히데요시를 만난 소감과 일본의 정세, 특히 병화의 조짐에 대해 물었다. 정사 황윤길은 히데요시를 위험한 인물이라고 하면서 반드시 병화가 있을 것이라 아뢰었고, 부사 김성일은 히데요시를 볼품없는 인물이라고 하면서 병화의 정상을 발견하지 못했다고 아뢰었다.

통신사 일행이 조선에 돌아온 것은 1591년 1월이었다. 부산포에 이르자마자 정사 황윤길은 “반드시 병화兵禍가 있을 것입니다”라고 아뢰었다. 3월 한양에 도착한 통신사는 선조 앞에서 일본 사행에 대한 보고를 올렸다. 선조가 일본의 정세를 묻자 황윤길은 또다시 “반드시 병화가 있을 것입니다”라고 했다. 서장관 허성도 황윤길과 같은 대답을 했

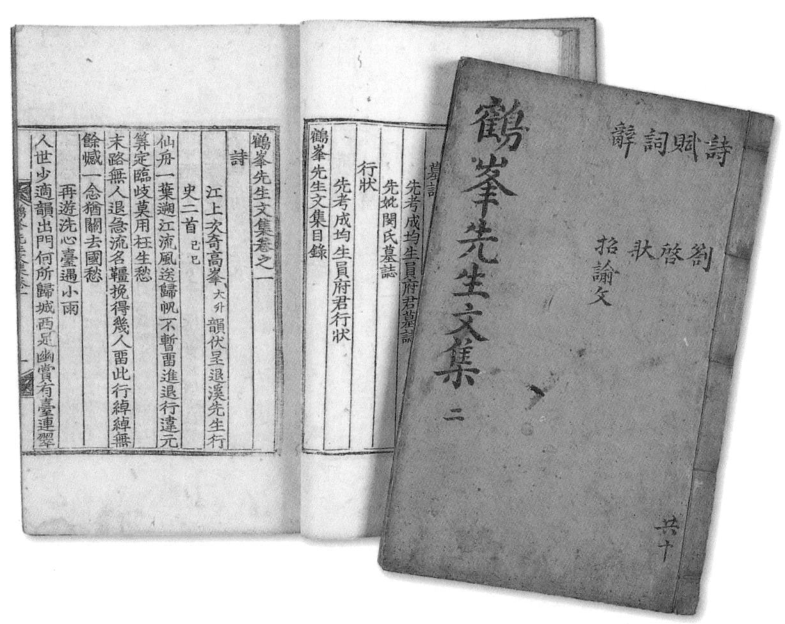
鶴峯先生文集卷之一
詩
江上次奇高峯大升韻伏呈退溪先生行史二首 己巳
仙舟一葉溯江流風送歸帆不暫留進退行達元
筭定臨岐莫用枉生愁
末路無人退急流名韁挽得幾人留此行綽綽無
餘憾一念猶關去國愁
再遊洗心臺遇小雨
人世少適韻出門何所歸城西足幽賞有臺連翠

墓誌
先考成均生員府君墓誌
先妣閔氏墓誌
行狀
先考成均生員府君行狀
鶴峯先生文集目錄

鶴峯先生文集 二
詩 賦 詞 辭
劄 啓 狀
招諭文

『학봉선생문집』, 22.0×32.3cm, 1851, 의성 김씨 지촌종택 기탁, 유교문화박물관. 임진왜란 시기 조정의 주요 인물 중 한 명이었던 김성일의 문집이다.

다. 반면 부사 김성일은 "그러한 정상은 발견하지 못했습니다"라고 아뢰면서 이어 "황윤길이 장황하게 아뢰어 인심을 동요되게 만드는데, 사의에 매우 어긋납니다"라고 했다.(『국조보감』 권30, 『선조수정실록』 24년 3월 1일)

류성룡은 이때 김성일과 나눈 대화를 『징비록』에 기록해두었다. 류성룡이 "그대의 말이 정사 황윤길의 말과 같지 않으니 만약 전쟁이 일어나면 어찌할 것인가?"라고 묻자 김성일은 "저라고 어찌 왜인들이 끝내 움직이지 않으리라는 것을 알 수 있겠습니까? 황윤길의 말이 몹시도 중대하여 경향 각지가 놀라고 미혹될 것이기에 이를 풀고자 할 따름입니다"라며 대답했다는 것이다. 류성룡은 김성일이 황윤길과 다른 의견을 낸 것은 민심이 동요할 것을 염려했기 때문이라고 했다.

통신사가 귀국한 뒤 복명이 달랐던 것에 대해 실록의 찬자는 "이때 김성일이 말마다 황윤성과 달랐던 까닭은 일본에 사신으로 갔을 때 노약한 황윤길이 겁에 질려서 사신의 체모를 잃고 행동한 것에 대단히 분개했기 때문"이라고 했다. 또 "당시 조헌이 화의를 극력 공격하면서 왜적이 기필코 나올 것이라고 주장했기 때문에 대체로 윤길의 말을 주장하는 이들에 대해 모두가 '서인이 세력을 잃었기 때문에 인심을 요란시키는 것이다'라고 하면서 구별하여 배척했다"고 했다.(『선조수정실록』 24년 3월 1일) 즉 똑같이 일본을 다녀왔는데도 보고가 달랐던 것은 이를 목격한 이들의 생각이 달랐고 처한 입장 또한 같지 않았기 때문이다.

당시 당색으로 보자면 황윤길은 서인이었고 김성일은 동인이었다. 동서인으로 갈린 것은 심충겸의 전랑銓郎(이조정랑) 임명 사건 때문이었지만, 그 이면에는 명종대 외척 정치의 청산과 외척의 정치 참여에 대한 시각차가 있었다. 동인은 외척 정치를 청산하고 그들의 정치 참여를 제어하자는 입장이었고, 서인은 외척의 정치 참여는 청산하되 사림화된 외척의 정치 참여에 대해서는 어느 정도 허용하자는 입장이었다. 외척 정치에 대해 이처럼 상반된 주장이 펼쳐진 것은 동인이 원칙과 현상을 별개로 여겨 원칙을 지키다보면 현상이 따라 변할 수 있다고 생각한 반면, 서인은 원칙과 현상을 하나로 여겨 원칙과 현상이 함께 변한다고 생각했기 때문이다. 이러한 견해차는 일본에 대한 시각에서도 그대로 드러났다.

동인의 스승인 이황은 일본에 대해 기미교린羈縻交隣(조선과 일본 간에는 조선 국왕과 일본 국왕 사이에 적례敵禮관계를 지향하는 '대등對等교린'과 대마도주를 대리인으로 하는 지방 세력과의 '기미교린'이라는 이중 구조를 가진 독특한 교린 체제가 성립했다)을 주장했다. 즉 일본이 이적이긴 하지만 그들을 교화·순응시킬 수 있다고 여겼고, 전쟁을 막기 위해서는 화친할 필요가 있다고 했다. 여기에 대마도를 조선의 번국으로 인식하고 이를 적극적으로 이용할 것을 주장했다. 김성일 역시 스승의 영향을 받아 일본은 난폭하며 곧 전쟁을 일으킬 듯 보이지만 조선이 지속적으로 교류해 가르친다면 비록 병화의 빌미가 보인다 해도 막을 수 있다고 생각했던 듯하다. 류성룡도 "왜적은 반드시 군사를 출동시키지 않을 것이며, 설사 출동시킨다 하더라도 두려워할 것이 없다"고 말했다.(『선조수정실록』 23년 3월 1일) 서인은 율곡 이이의 일본관으로부터 영향을 받았다. 율곡은 통상과 경제적 지원으로 일본과 교류하는 것에 대해 부정적이었다. 대마도는 언제든 일본의 척후가 될 수 있으며, 왜는 언제든 왜변을 일으킬 가능성이 있다고 의심했다. 그리하여 이들을 방어하기 위한 국방 강화책을 주장했다. 황윤길 또한 율곡의 영향을 받아 사행 내내 일본에 대해 의심을 품었으며 돌아와서는 병화가 일어날 수 있다고 주장했다.

황윤길과 같이 주장하는 이들에 대해 모두가 "서인이 세력을 잃었기 때문에 인심을 요란시키는 것이다"라고 하면서 구별하여 배척했다고 실록의 찬자들이 기록한 이유는 무엇일까? 통신사들이 일본에 가 있는 동안 조정에서는 무슨 일이 벌어졌던 것일까? 통신사를 요청하기 위해 다치바나 야스히로가 조선에 왔을 때 조선은 기축옥사己丑獄事의 소용돌이에 휘말려 있었다. 정여립이 대동계大同契를 조직해 역모를 꾀한다는 고변이 있었는데, 조정에서 정여립의 근거지인 전라도 진도에 토벌대를 보냈을 때에는 정여립이 이미 자결한 뒤였다.

역모 사건이 이렇게 막을 내리는가 싶었던 차에 정여립이 동인의 인사와 교류를 맺었던 사실을 근거 삼아 동인 인사들에 대한 역모 연루의 의혹들이 제기되었다. 우의정 정언신 형제가 정여립과 친척이었던 까닭에, 또 최영경은 정여립의 존경을 받았다는 이유로 대동계의 상장인 길삼봉으로 간주되어 처형당했다. 크고 작은 인연으로 정여립과 연루된 동인 인사 1000여 명은 기축옥사가 진행되던 3년 동안 죽거나 유

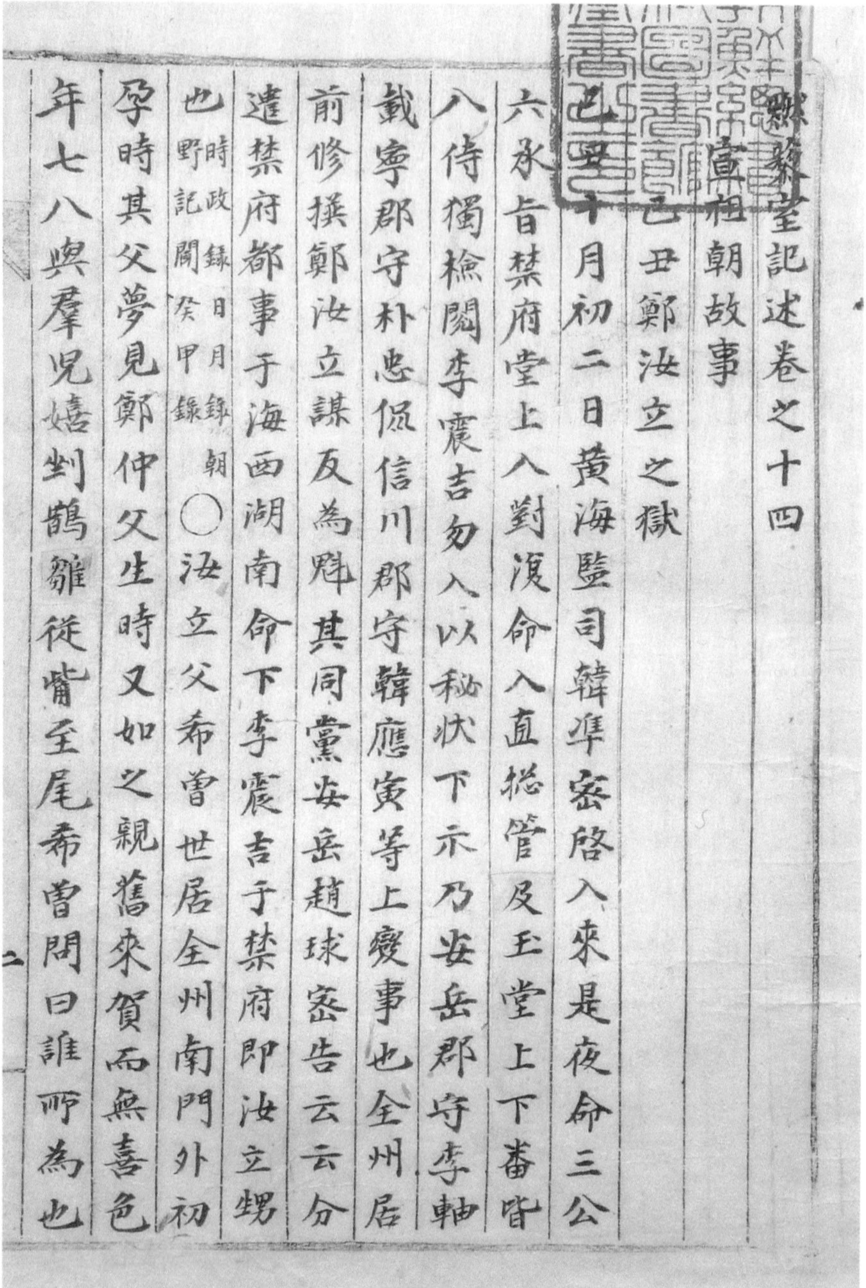

燃藜室記述卷之十四

宣祖朝故事

己丑鄭汝立之獄

十月初二日黃海監司韓準密啓入來是夜命三公
六承旨禁府堂上入對復命入直摠管及玉堂上下番皆
入侍獨檢閱李震吉勿入以秘狀下示乃安岳郡守李軸
載寧郡守朴忠侃信川郡守韓應寅等上變事也全州居
前修撰鄭汝立謀反為賊其同黨安岳趙球密告云云分
遣禁府都事于海西湖南命下李震吉于禁府即汝立甥
也 時政錄 日月錄 朝野記聞 癸甲錄 ○汝立父希曾世居全州南門外初
孕時其父夢見鄭仲夫生時又如之親舊來賀而無喜色
年七八與群兒嬉剉鵲雛從嘴至尾希曾問曰誰所為也

『연려실기술』, 23.0×16.0cm, 조선 후기, 국립중앙도서관. 정여립이 역모 사건을 꾸민 기본 시나리오가 기록되어 있다.

배를 갔다. 1591년 허성은 이들의 서신 중에 언급되었다 하여 통신사로 일본을 다녀오던 길에 체포되어 압송되었다가 풀려났다. 류성룡 역시 1589년 정여립의 서신에 언급되었다는 이유로 탄핵을 받자 그해 12월 선조에게 자기 죄를 스스로 탄핵하는 상소를 올렸는데 이내 혐의를 벗었다. 당시 예조판서였던 류성룡은 이 일로 선조의 신임을 확인하면서 이조판서가 되었다. 그러나 최영경을 위한 변론의 상소는 차마 올리지 못했다.

기축옥사의 위관委官은 처음에는 정언신이었지만 옥사에 연루되자 좌의정 정철로 바뀌었다. 기축옥사로 동인들이 대거 축출된 뒤 정철을 비롯한 서인들이 정계로 되돌아오자, 이 사건을 서인의 조작으로 의심하는 이들도 있었다. 동시에 신하들의 견제 속에서 왕다운 왕으로 거듭나고자 했던 선조가 신하들을 견제하기 위해 사건을 확대했다고 의심하는 자들도 있었다. 중종의 손자로 명종의 조카뻘인 선조가 왕이 될 수 있었던 데에는 신하들의 도움이 컸다. 왕으로서의 부족한 정당성을 사림의 신하들에게 구하다보니 선조는 신하들의 견제를 받는 처지가 되었고, 이러한 견제로부터 벗어나는 것이 왕다운 왕이 되는 길이라고 생각했다.

선조는 왕다운 왕이 되기 위해 밖으로는 종계변무에 힘을 쏟았고, 안으로는 신하들의 당색을 이용해 신하들끼리 견제토록 했으며, 자신은 그 견제 속에서 균형을 유지하고자 했다. 그런 과정에서 발생한 것이 기축옥사였다. 무게의 추가 서인 쪽으로 기울었지만 마음을 놓을 수 없었던 서인들은 선조에게 세자를 세우는 일, 곧 건저建儲를 아뢰었다. 왕을 위해 세자를 세운다지만 선조 입장에서는 세자와 세자를 따르는 무리, 즉 자신을 견제하는 세력이 또 하나 생기는 셈이었기 때문에 이를 허락하지 않았다. 정철이 류성룡·이산해와 함께 선조에게 건저를 아뢰려고 했지만 이 두 사람은 정철에게 동조하지 않았다.

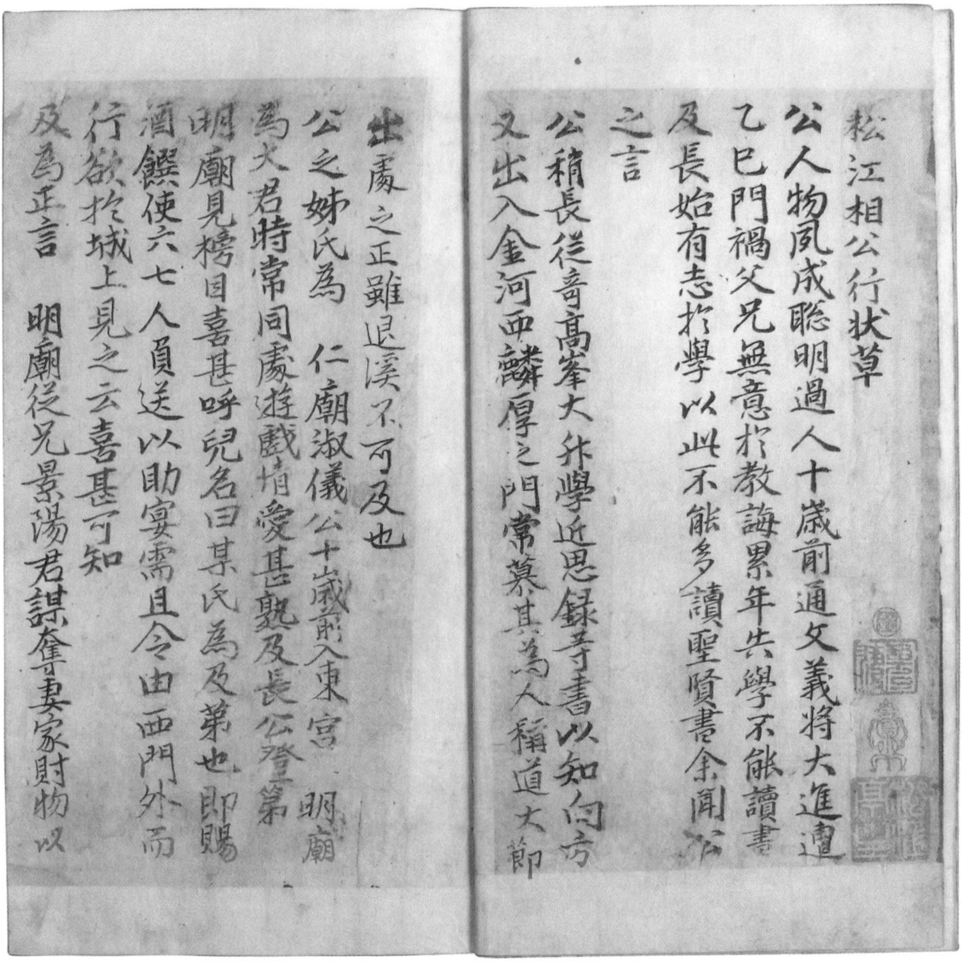

松江相公行狀草

公人物夙成聰明過人十歲前通文義將大進遭
乙巳門禍父兄無意於教誨累年失學不能讀書
及長始有志於學以此不能多讀聖賢書余聞公
之言

公稍長從奇高峯大升學近思錄等書以知向方
又出入金河西麟厚之門常慕其爲人稱道大節
出處之正雖退溪不可及也

公之姊氏爲 仁廟淑儀公十歲前入東宮 明廟
爲大君時常同處遊戲情愛甚篤及長公登第
明廟見榜目喜甚呼兒名曰某氏爲及第也即賜
酒饌使六七人負送以助宴需且令由西門外而
行欲於城上見之云喜甚可知

及爲正言 明廟從兄景陽君謀奪妻家財物以

『문청공유사文淸公遺事』, 김장생, 33.7×29.3cm, 전남대 도서관. 사계 김장생이 문청공 정철의 행장을 초한 것이다. 정철을 중심으로 벌어졌던 초기 권력 투쟁에 대한 내용이 상세히 기록되어 있다.

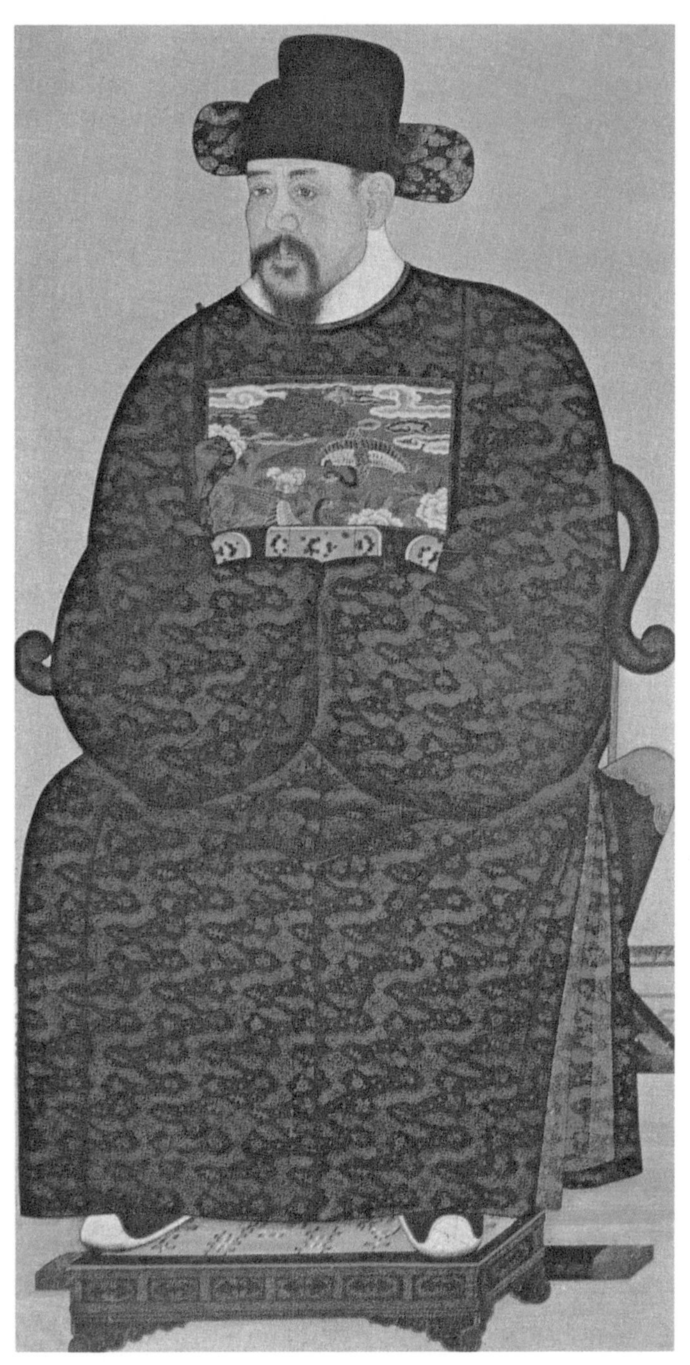

「이산해 초상」, 비단에 채색, 162.5×83.5cm, 국립중앙박물관.

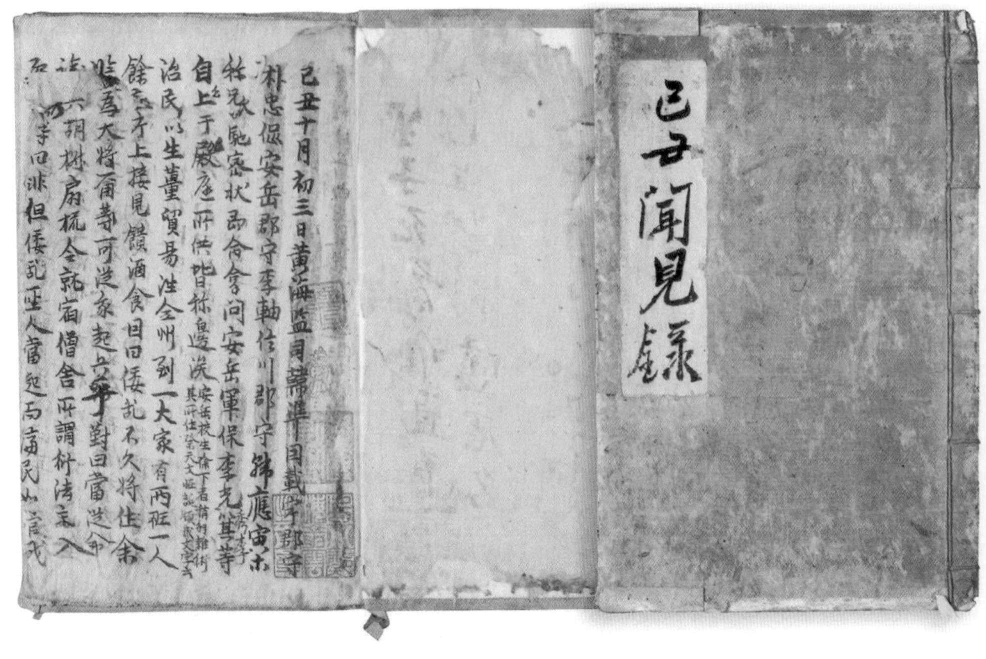

『기축문견록』, 25.3×16.3cm, 전남대 도서관. 정철은 정여립 사건의 위관을 맡았으나 훗날 여러 시비에 휘말려 정치적으로 곤욕을 치렀다. 이 책은 정철의 후손들이 그를 변호하기 위해 기축옥사의 전말을 정리해놓은 것이다.

이 일을 계기로 선조는 무게의 추를 다시 동인에게로 옮기려 했다. 좌의정 정철을 영돈녕부사로 옮기고, 그 자리에 류성룡을 앉혔다. 정철이 주색에 빠져 있고 전횡을 일삼는다는 탄핵을 계속해서 받았으며, 정철을 비호하는 서인 인사들은 하나둘 좌천되거나 파직되었다. 도승지로 있던 이항복 역시 정철을 변호했다가 파직되었다. 통신사가 한양에 돌아온 것은 바로 이 시점이었다. 건저의로 서인들이 막 힘을 잃어가던 시기였으므로, 황윤길과 같은 주장을 하면 전쟁을 빌미 삼아 이들이 복권을 노리고 있다는 의심을 살 수밖에 없었다.

도요토미 히데요시의 답서가 조정에 전해지면서 조정은 또 다른 고민에 휩싸였다. 답서가 "사의패만辭意悖慢"하여 답서로 여길 가치조차 없었지만, 그 속에 있는 "대명국으로 한번 뛰어들어가 (…) 귀국 곧 조선이 선구가 되어"라는 글귀는 결코 간과할 수 없었다. 조정에서는 명에 이 사항을 보고할 것인가를 두고 의논이 일었다. 윤두수와 황정욱 등 서인들은 병화의 가능성과 그에 대한 대비를 염두에 두고 있던 터라 이 사안을 반드시 명나라 조정에 아뢰어야 한다고 주장했다. 명에 어떤 보고도 하지 않은 채 전쟁 준비를 한다는 것은 요동 일대를 두고 조선과 미묘하게 대립하고 있던 명으로부터 의심을 살 수도 있는 문제였다. 한편 병화의 가능성이 없다고 여긴, 아니 없어야 한다고 여긴 이산해와 동인들은 명에 알림으로써 오히려 명으로부터 의심받고 질책당할 수 있다고 생각했다. 설사 병화의 가능성이 있다 해도 이를 명에 아뢰고 그에 대비한다는 것은 병화를 기정사실로 만드는 것이며, 이로 말미암아 민심이 동요할 수 있으므로 매우 부정적인 입장이었다.

동인 류성룡과 이양원은 서인 윤두수·황정욱 등의 의견에 동조해 명나라에 "왜의 정세를 아뢰어야 한다"고 주장했다. 이처럼 알려야 한다는 주장과 알리지 말자는 주장이 첨예하게 대립되자, 선조는 이를 절충시켜 주청사를 보내지 않는 대신 김응남을 성절사聖節使(황제나 황후의 생일을 축하하는 사신으로 하절사라고도 함)로 보내 예부에 자문咨文(조선이 명의 예부에 보내는 외교 문서)으로 왜의 정세를 전하게 했다. 또 비변사에서는 김응남에게 명이 왜의 정세를 아직 모르고 있다면 자문을 누설하지 말 것을 당부하기도 했다.(『선조실록』 24년 10월 24일, 『선조수정실록』 24년 5월 1일)

김응남이 요동에 이르고 보니, 명에서는 이미 상인들과 유구국을 통해 일본의 정세를 파악하고 있었다. 유구국은 도요토미 히데요시가 사쓰마 번을 통해 전쟁 준비에 협조할 것을 요구해오자 이를 거절하고 명나라 조정에 히데요시가 전쟁을 준비하고 있다는 사실을 알렸다. 또 일본에 포로로 잡혀 있던 명나라 상인 허의후는, 복건성 상인 주왕균

──── 「책봉유구도」, 천사관, 베이징 고궁박물원. 유구국은 중국과 책봉-조공 관계를 맺고 있었다.

을 통해 일본의 정세를 명에 알렸다. 여러 경로로 일본의 정세를 파악한 명은 조선이 왜군과 함께 명을 침략해올 수도 있다고 의심했다. 그러던 차에 김응남이 와서 일본의 정세에 대해 알리자, 명은 의심을 거두면서 한편으로는 명나라 병부가 요동도사遼東都司를 통해 조선에 좀 더 자세한 사항을 알려줄 것을 요구했다. 조선에서는 그해 10월 주청사奏請使 한응인韓應寅을 명에 보냈다. 실록에는 이때 주문奏文을 최립崔岦이 지었다고 했는데, 류성룡이 작성한 「왜의 정세를 진술하는 주문陳倭情奏文」이 『서애집』 권3에 실려 있다.(『선조실록』 24년 10월 24일, 『선조수정실록』 24년 10월 1일)

:

신숙주의 일본사행

1443년(세종 25) 조선에서는 일본의 무로마치 막부의 새로운 다이쇼군 아시카가 요시카쓰足利義勝를 축하하기 위해 사신을 보냈다. 통신사 3사 중 정사는 변효문, 부사는 윤인보尹仁甫였고, 서장관은 신숙주였다. 서장관은 외교 문서에 관한 일을 담당하면서, 사행 중 매일매일의 사건을 기록하고 돌아온 후에 왕에게 보고 들은 바를 보고해야 하는 관직이다. 신숙주은 교토까지 다녀온 사행 기록을 바탕으로 『해동제국기』 초고를 작성했다. 그는 외교에 관련된 관직들을 역임하면서 일본에 대한 자료를 수집했다. 그리하여 1471년(성종 2) 초고를 개정하고 보충해 『해동제국기』를 편찬했다.

신숙주와 『해동제국기』

『해동제국기』는 서문, 해동제국총도海東諸國總圖, 일본본국도日本本國圖, 일본국서해도구주도日本國西海道九州圖, 일본국일기도도日本國壹岐島圖, 일본국대마도도日本國對馬島圖, 유구국도琉球國圖, 일본국기日本國紀, 유구국기琉球國紀, 조빙응접기朝聘應接紀로 이루어져 있다. '해동제국海東諸國'은 일본의 본국, 구주九州 및 대마도, 일기도, 유구를 가리킨다.

이 책에는 일본과 유구의 지리, 나라의 정세나 형편, 일본의 '천황天皇'과 막부幕府의 '대장군國王', 대마도주와 66주州의 대소 '영주酋長', 일본의 문화와 풍속·언어 등이 자세히 소개되어 있다. 또 조선과 일본, 유구 사이에 사신이 오간 연혁 및 사신이 오갈 때의 규범 등을 정리해 통교자 사이에 기강을 세우려 했다.

이처럼 일본의 실정을 이해하고 통교자 사이에 기강을 바로잡으면, 일본과의 교린관계를 돈독히 하고 왜구를 막을 수 있다고 생각해 『해동제국기』를 집필했던 것이다. 『해동제국기』 서문에서 신숙주는 "이적夷狄을 대하는 방법은 외정外征에 있지 않고 내치內治에 있으며, 변어邊御에 있지 않고 조정朝廷에 있으며, 전쟁하는 데 있지 않고 기강을 바로잡는 데 있다는 말을 이제야 체험할 수 있겠습니다"라고 했다.

신숙주가 사행을 다녀오면서 맺은 계해약조의 교역 체계는 중간에 변동이 있긴 했지만 1592년(선조 25) 임진왜란 때까지 지속되었다. 따라서 『해동제국기』는 이때까지 조선의 위정자들이 일본을 이해하는 데 가장 중요한 서적이 되었다. 그러나 조선의 위정자들이 일본에 오래도록 사신을 보내지 않은 채 대마도를 통해 일본과 교류하고, 그 바람에 일본에 대해 더 이상 정보를 얻지 못함으로써 그 정

「신숙주 초상」, 비단에 채색, 167.0×109.5cm, 보물 제613호, 15세기 중반, 고령 신씨 문충공파 종약회.

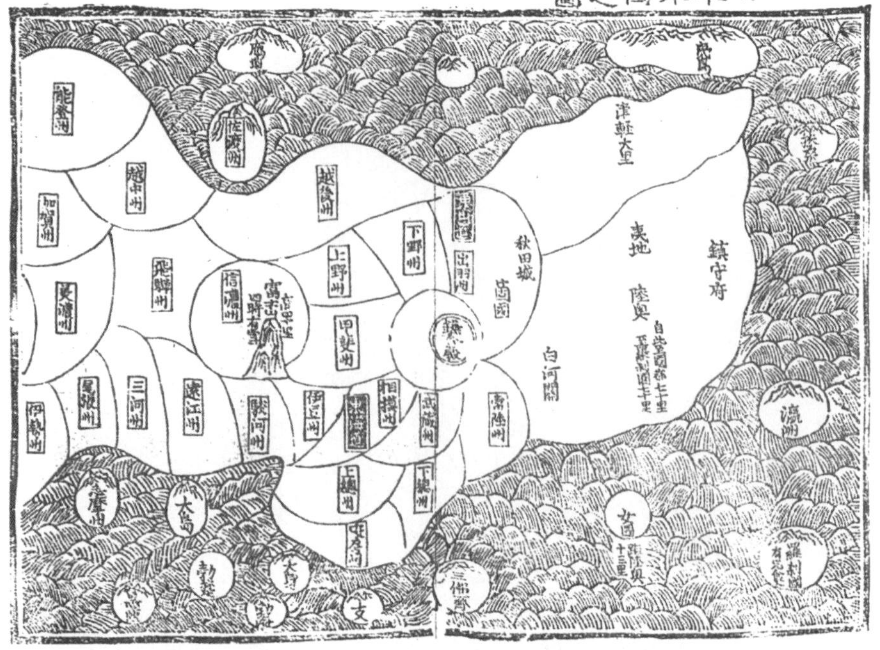

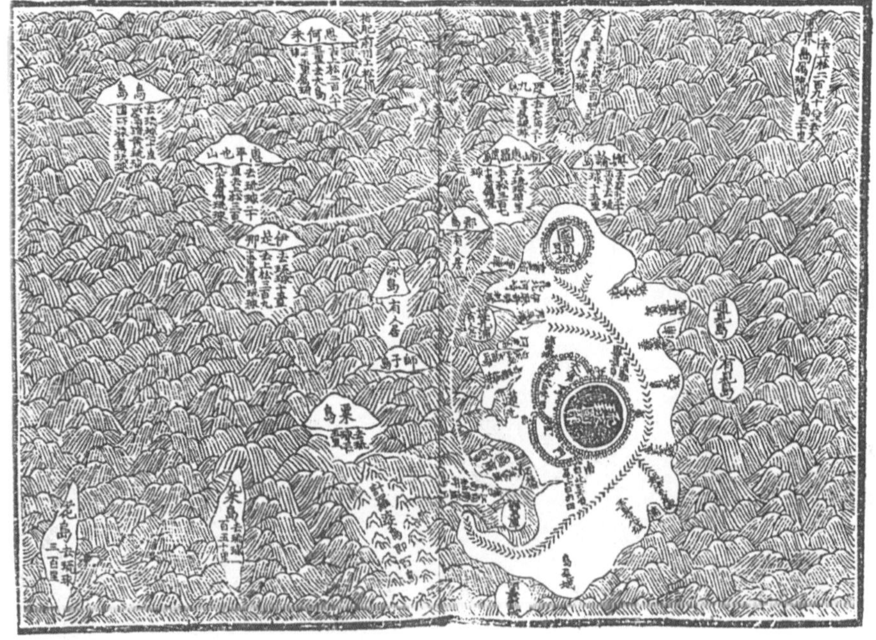

『해동제국기』에 실린 「일본본국지도」와 「유구국지도」, 목판본, 서울대 중앙도서관.

책과 정보가 여전히 계해약조와 『해동제국기』 수준에 머물렀던 데에서 왜란의 환란은 이미 예고되고 있었다.

2장

/

나랏님께서 우리를 버리고 가시니 우리는 어떻게 살라는 것입니까

1절

전하께서 일단 도성을 나가시면 인심은 보장할 수 없습니다

한양 파천을 둘러싼 갈등과 거짓

1591년 윤3월.

겐소 일행이 상경하여 동평관에 머물자 김성일과 황윤길은 선조의 명을 받아 사적으로 그들을 만나 일본의 정세에 대해 다시 살폈다. 그 자리에서 겐소는 조선이 명에 조공할 수 있는 길을 열어주면 무사할 것이라고 말하는 한편, 일본은 고려가 원나라 병사를 인도하여 일본을 공격한 원수를 갚으려 한다는 말도 덧붙였다.(『선조수정실록』 24년 윤3월 1일)

황윤길, 김성일 등의 통신사가 귀국할 때 동행했던 겐소와 야나가와 시게노부 일행은 부산포에서 통신사 일행과 떨어져 선위사 오억령吳億齡(홍문관 전한)을 따라 상경했다. 오억령은 "내년에 길을 빌려 상국을 침범할 것이다來年將假途 入犯上國"라고 확언하는 겐소의 말을 듣고는 바로 조정에 계문했다. 조정에서 통신사의 복명으로 의견이 한창 분분하던 차에 오억령이 이렇게 아뢰자 좀더 상세한 정황을 파악하고자 그에게 상경해 복명하도록 했으며, 대신 응교 심희수를 선위사로 보냈다. 마침내 겐소 일행이 상경하자 선조는 황윤길과 김성일에게 그를 만나보도록 했다.

겐소는 명나라에 대한 일본의 조공이 오래도록 단절된 탓에 도요토미 히데요시가 분하고 부끄러운 마음이 있어 전쟁을 일으키고자 하니, 조선이 길을 열어준다면 조선은 무사할 것이며 일본의 백성 또한 전쟁의 노고를 덜게 될 것이라고 말했다. 이에 대해 김성일이 수긍하지 못하자 겐소는 다시 "고려가 원나라 병사를 인도하여 일본을 쳤습니다. 이 때문에 일본이 조선에 원한을 갚고자 하니, 이는 일의 형세상 당연한 일입니다"라고 함으로써 전쟁 발발을 경고했다. 앞서 통신사들이 가져온 답서에서 문제가 되었던 글귀에 대해 겐소는 일본이 명에 조공하러 가려 하니 조선이 이를 주선해달라는 의미라고 해명한 바 있었다. 그는 조선에 와서도 같은 주장을 했지만 이때에는 전쟁 발발의 위험성도 함께 언급했다.

일본의 답서에서도 알 수 있듯이, 도요토미 히데요시는 이미 명과 조선에 대한 침략 의도를 품고는 대마도에 복속되어 있다고 생각한 조선에게 '정명향도征明嚮途'(명을 정벌하러 가는 데 길잡이가 돼라)를 명령했다. 그러나 대마도주 소 요시토시와 고니시는 히데요시의 생각과 명령을 차마 조선에 전할 수 없었던 터라 겐소 편에 이를 '가도입명假途入明'이라 고쳐 전하게 하면서 전쟁 발발의 위험성을 경고하도록 했다.

1591년 4월 1일 선조는 이들을 창덕궁 인정전에서 접견하고 연회를 베풀었으며, 조선의 관작을 받은 적이 있던 야나가와 시게노부에게는 관작을 높여주었다. 또한 황정욱에게는 일본에 보낼 답서계를 작성하도록 명했다. 서계에는 전후 두 차례의 국서 속에 상국을 침범한다는 말이 있는데 이는 결코 안 될 말이며, 교린하는 의의도 아니라고 했다. 그리고 조선은 명에 번봉을 지켜 조공을 착실히 바쳐왔으며 제후의 법도를 어기지 않아 중국과는 부자지간의 친분이 있는데, 어찌 어버이 같은 나라를 버리고 이웃 나라와 작당을 하겠는가라고 하면서 교분 때문에 하늘이 주신 도를 버릴 수는 없다고 했다.(『선조수정실록』 24년 5월 1일) 조선은 일본과 교분을 쌓느라 명나라를 저버릴 수 없다는 것을 분명히 했다. 곧 일본이 상국 침범 운운하는 것은 잘못된 일임을 지적하고, 그런 일본과 교류를 지속할 수는 없다고 했다. 조선 조정은 일본이 가해온 전쟁의 위협을 이렇듯 일본을 꾸짖는 것으로 일소하려 했다. 시게노부에게 관작을 주는 한편 질책하는 서계를 일본에 보낸 것은 조선이 여전히 일본을 화외化外로 여겨 교화해야 할 대상으로 보았음을 뜻하기도 한다.

통신사의 상반된 보고에 대해 병화가 없으리라고 결론을 내리긴 했지만 선조는 류성룡 등의 건의를 받아들여 변방의 방비를 강화했다. 성을 쌓거나 수리하고 무기를 점검했으며 능력 있는 장수들을 추천받아 변장邊將으로 임명했다.(『선조수정실록』 24년 7월 1일) 일본뿐만 아니라 북방 여진족의 위협도 염두에 두고 이러한 조치를 취했다. 당시는 건주위建州衛의 누르하치가 점차 강성해져 여진족의 여러 부족을 통합해 가던 참이었다.(『선조수정실록』 22년 7월 12일) 이때 조선뿐만 아니라 명나라도 요동에서 벌어지는 일들을 예의 주시했다. 명은 조선이 변방에서 흔단釁端(서로 사이가 벌어지게 되는 실마리)을 일으키는 것을 극도로 경계했다. 조선이 여진족을 회유하는 것이나 정벌하는 것 모두 흔단에 속하는 일이었고, 조선이 변방의 방비를 강화하는 것 또한 마찬가지였다. 명은 상인이나 유구국 왕에게 들은 일본의 정세로 인해 작은 소문이나 유언비어에 대해서도 조선의 해명을 요구했다. 이에 조선은 방비를 하면서도 명의 눈치를 살필 수밖에 없었다. 그 여파로 의주에서 성을 수리하고 진陣을 치는 연습을 하던 의주목사 김여물은 변방에서 흔단을 일으킨다는 죄목으로 파직되어 금부에 갇혔다.(『선조수정실록』 25년 1월 1일)

류성룡은 조선의 국방 체계였던 제승방략制勝方略 체제를 전면 검토해 진관鎭管 체제로 바꾸자는 주청을 올리기도 했다.(『선조수정실록』 24년 10월 1일) 제승방략제는 적의 침입에 맞서 각 지역의 군사를 요충지에 집결시킨 다음 중앙에서 파견한 장수가 이를 통솔하도록 하는 방법이다. 중종과 명종대에 침략한 왜구나 여진족을 격퇴하기 위해 사용한 임시방편이 선조 때에는 진관제를 대체하는 지방 군사 체제가 되었다. 진관제는 각 지역에 거진巨鎭을 설치하고 주변 고을을 이 거진에 속하게 했으며, 거진을 각 도의 주진主鎭이 통솔하도록 하는 것이었다. 전국을 방위하는 진관제가 유지되려면 각 지역의 지방관이 군사에 대해 잘 알아야 했고, 각 지역의 병사들이 군사로서의 능력을 갖추어야 했다. 그러나 조선의 지방관들은 문관 출신이었으며, 병농을 병행해야 하는 병사들은 생업을 위해 군역을 피하려 했다. 양반들이 군역을 기피하고자 대신 군역을 지게 하는 대납이나 포를 내서 군역을 면하는 방군수포放軍收布가 만연하자 진관제는 유명무실해졌다. 그리하여 막상 왜구나 여진족이 침략했을 때에는 중앙에서 지휘관과 군사가 내려가 물리쳐야 하는 상황에 이르자 결국 제승방략으로 지방군 체제를 바꾸었던 것이다. 그러나 이 체제는 각 지역의 군사를 하나의 요충지에 집결시키는 데 시간을 요했고, 더욱이 1차 방어선이 무너지면 2차로 방어할 방도가 없었다.

진관제를 허약하게 만들었던 대납과 방군수포는 여전했는데, 체제가 바뀌었다고 해도 백성이 지는 군역은 해결되지 않았다. 조선의 남자들은 16세부터 60세까지 매년 2개월에서 6개월 동안 번갈아가며 군역을 져야 했다. 기간도 기간이지만 잦은 교대로 생업에 종사할 수 없

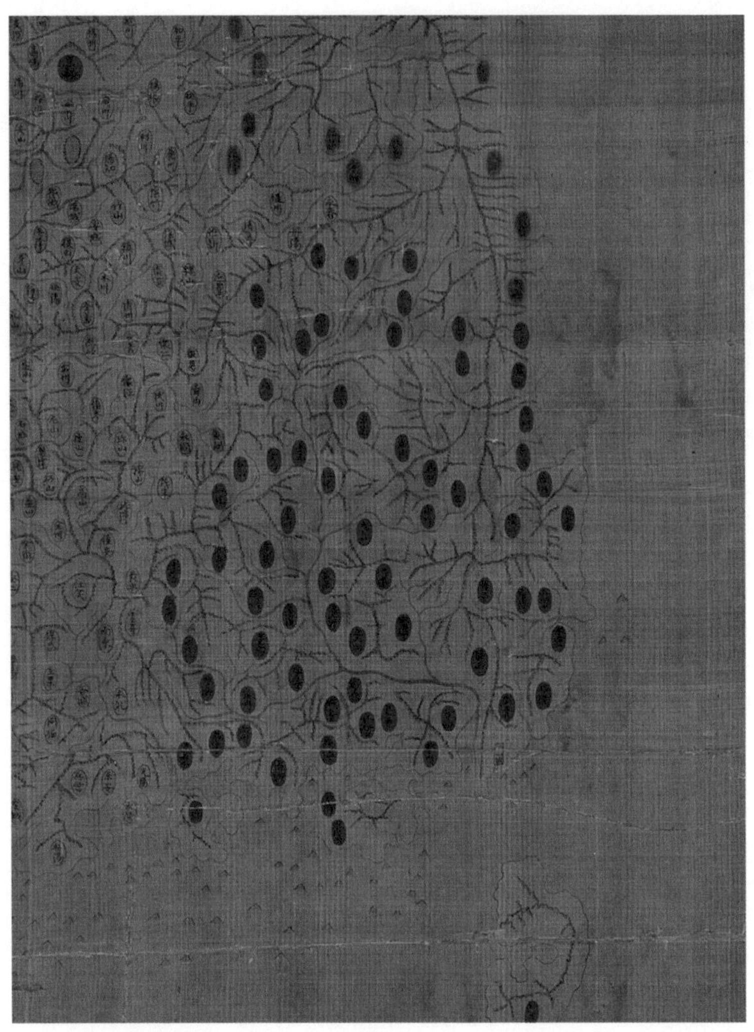

「조선방역지도朝鮮方域之圖」, 132.0×61.0cm, 1557~1558년경, 국보 제248호, 국사편찬위원회. 조선팔도의 주현州縣과 수영水營 및 병영兵營이 표시되어 있으며, 북쪽으로는 만주지역과 남쪽으로는 제주도, 대마도까지 표시했다. 만주와 대마도를 우리 영토로 표기한 것에서 조선 전기의 영토의식을 엿볼 수 있다.

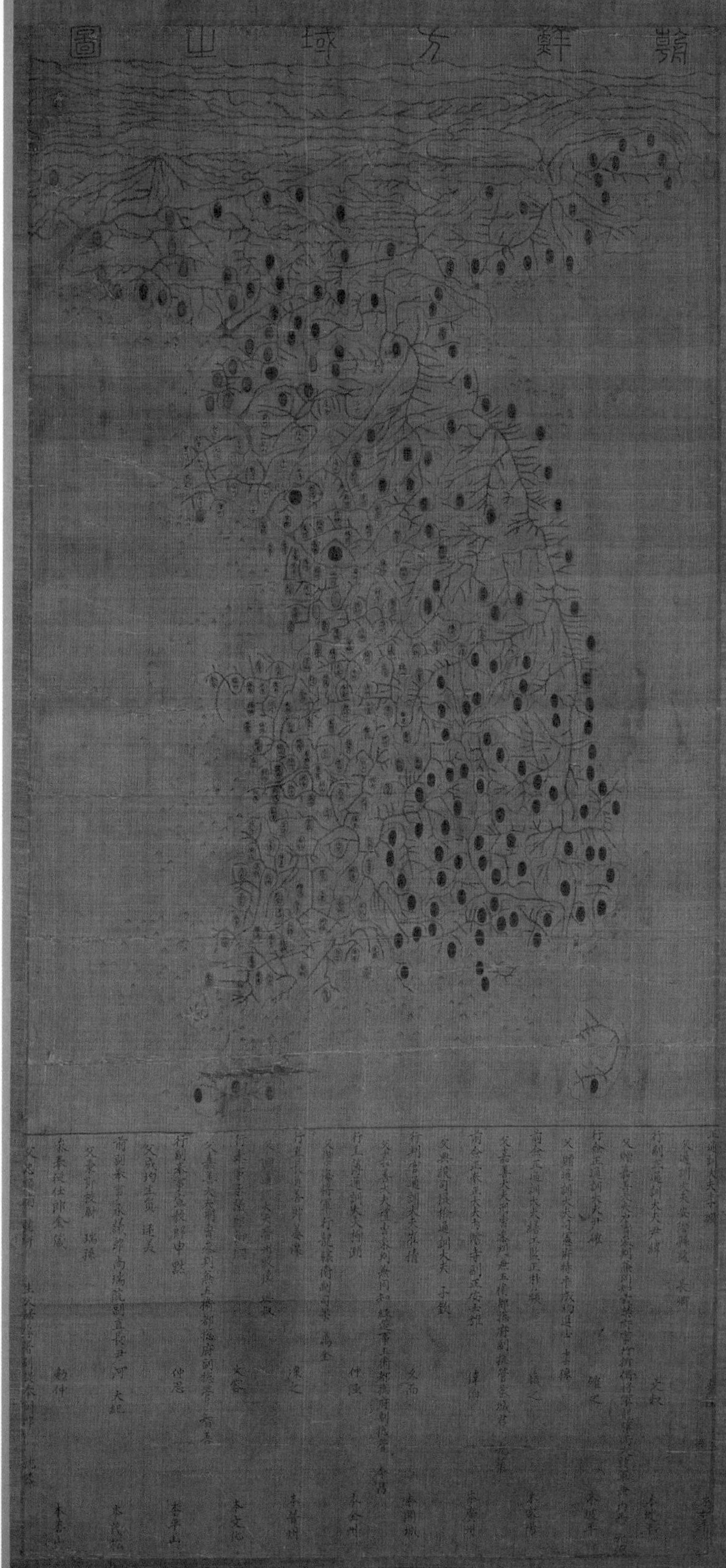
朝鮮方域之圖

는 문제점이 컸다. 또한 보인保人(군인들의 생계를 담당하던 사람들)이 있다고 해도 군역 종사자들이 나라로부터 받는 혜택은 전혀 없었고, 심지어 갑옷과 병장기 등은 직접 마련해야 했다. 양반들은 대납이나 포를 내서 군역을 면제받거나 향교에 입학해 이 임무를 피해갔던 반면, 군포를 마련할 형편이 안 되는 백성은 그 부담을 고스란히 질 수밖에 없었다. 류성룡이 진관제로 돌아가자고 건의한 것은 결국 체제만 바꾸는 것이 아니라 병사의 징발에서부터 관리, 조직, 각 고을의 지방관 파견까지 모든 것을 일신하자는 뜻이기도 했다. 그러나 당시 조선은 이를 바꿀 만한 힘이 없었다. 성을 수축하고, 병정을 선발하자 사대부 및 백성의 노고와 원망이 높아졌다.(『선조수정실록』 24년 7월 1일 및 11월 1일) 방비를 하면서 조선은 곳간이 비고 병사가 없어 아무것도 못하는 나라임이 확인된 셈이다. 나라 안팎에서 가해오는 제약으로 왜적을 막으려던 방비는 자연스레 속도와 힘을 잃었고, 그렇게 1592년 봄을 맞았다. 그마나 이룬 성과는 일부 지역에서 성이 수리되었다는 것, 비격진천뢰가 완성되었다는 것, 그리고 3월에 도면만 전해오던 거북선이 이순신의 전라좌수영에서 완성되었다는 것(『난중일기』 3월 27일, 4월 12일) 정도였다.

진주성지에서 발굴된 비격진천뢰 파편(왼쪽, 국립진주박물관)과 장성에서 발굴된 비격진천뢰(연세대 박물관).

—— 『이충무공전서』에 실린 '전라좌수영거북선', 43.1×21.6cm, 조선 후기, 국립중앙도서관.

1591년 5월.

소 요시토시가 부산에서 와 배에서 내리지 않은 채 변장(당시 부산진첨사는 정발)에게 일본이 명과 통호하는 것을 조선이 주선해주지 않는다면, 일본과 조선의 관계는 좋지 않게 될 것이라고 말했다. 변장이 이 사실을 조정에 알렸으나 조정에서는 답이 없었고, 답을 기다리던 소 요시토시는 배에서 열흘을 기다리다가 돌아갔다. 왜관에는 더 이상 일본인이 드나들지 않았고 거주하던 일본인들도 왜관을 떠나 임진년에는 왜관이 텅 비었다.

1591년 8월 일본에서는 도요토미 히데요시의 아들 쓰루마쓰鶴松가 사망했다. 앞서 그해 1월 22일에는 도요토미 히데요시의 아우인 도요토미 히데나가豐臣秀長가 1년여의 투병 끝에 사망했다. 아우와 아들의 연이은 죽음으로 히데요시는 큰 슬픔에 잠겼다. 한편으로 히데요시의 후계자와 그를 보좌하던 아우의 사망은 일본 정국을 불안에 빠뜨릴 만한 사건이었다. 1590년에야 호조를 복속시킬 수 있었던 데에서 보듯이 일본 내 다이묘들이 도요토미 히데요시에게 완전히 복속된 것은 아니었다. 특히 도쿠가와 이에야스德川家康처럼 히데요시가 정벌하지 못해 강화로 복속시킨 다이묘들은 언제든 반란을 일으킬 가능성이 농후했다. 도요토미 히데요시는 자신의 슬픔을 빌미로 전쟁 준비에 박차를 가했다.

도요토미 히데요시는 1591년 11월 조카 도요토미 히데쓰구豐臣秀次를 양자로 삼고, 12월에는 관백 자리를 넘겨주었다. 자신은 섭정 격인 태합太合이 되어 전쟁 준비에 전력했다. 히데요시가 이런 방책을 취한 것은 불안정한 정국을 타개하기 위함이었으나, 이로써 결국 권력은 이원화되는 결과를 낳았다. 나중에 둘째 아들인 도요토미 히데요리豐臣秀賴(아명은 히로이마루)가 출생하면서 태합과 관백으로 나뉜 이원적 권력이 안고 있던 모순이 드러난다. 태합 히데요시는 히젠肥前에 나고야 성名護屋城을 축조해 본진을 구축했고, 관백 히데쓰구는 인구조사를 실시해 조선 침략을 위한 동원력을 장악했다. 새로운 영토를 추구하는 다이묘와 센고쿠시대의 종식으로 전쟁으로 인한 인력과 물자 약탈의 기회를 상실한 병사들(특히 '잡병'들)은 특히 적극적이었다. 이처럼 전쟁 준비에 적극적인 다이묘도 있었지만 일본 안에서 전쟁 준비가 원활했던 것만은 아니다. 히데요시 특유의 경쟁 유도로 조선 출병에는 일본 장군 사이의 야망뿐만 아니라 갈등과 불만도 내재되어갔다. 전쟁 내내 가토 기요마사加藤清正와 고시니 유키나가는 서로 경쟁했고, 사야가沙也加(김충선)와 같은 항왜들이 속출했다.

당시 일본에 와 있던 루이스 프로이스 신부는 본국 포르투갈에 보내

『프로이스 서간집』, 17×11.5cm, 국립진주박물관. 루이스 프로이스 신부가 일본 교황청에 알린 보고서로, 임진왜란에 관한 많은 내용이 기록되어 있다.

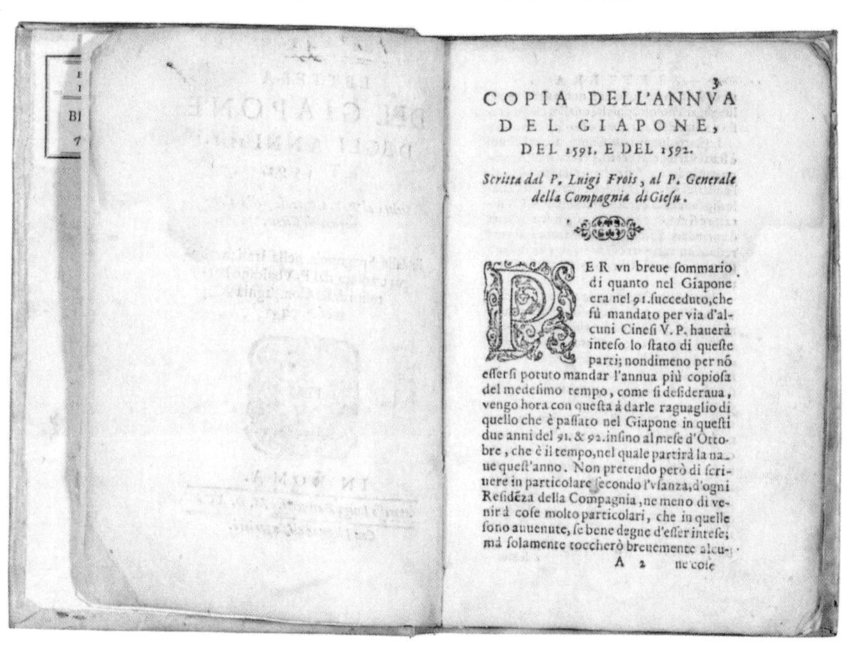

3

COPIA DELL'ANNVA DEL GIAPONE, DEL 1591. E DEL 1592.

Scritta dal P. Luigi Frois, al P. Generale della Compagnia di Giesu.

PER vn breue sommario di quanto nel Giapone era nel 91. succeduto, che fù mandato per via d'alcuni Cinesi V. P. hauerà inteso lo stato di queste parti; nondimeno per nõ esserſi potuto mandar l'annua più copiosa del medesimo tempo, come si desideraua, vengo hora con questa à darle raguaglio di quello che è passato nel Giapone in questi due anni del 91. & 92. insino al mese d'Ottobre, che è il tempo, nel quale partirà la naue quest'anno. Non pretendo però di scriuere in particolare secondo l'vsanza, d'ogni Residēza della Compagnia, ne meno di venir à cose molto particolari, che in quelle sono auuenute, se bene degne d'esser intese; mà solamente toccherò breuemente alcu-

A 2 ne cose

「히젠 나고야성도」, 157.0×350.0cm, 일본 사가현립나고야성박물관. 도요토미 히데요시가 조선 침략의 전진기지로 만든 성으로, 여러 다이묘를 중심으로 인부를 동원하고 공사를 강행해 8개월 만인 1592년 3월에 완성했다. 성곽 주변에는 조선 침략에 나서는 각 다이묘의 진영이 배치되어 있다.

는 서한에 히데요시의 출병으로 일본 전역이 두려움에 떨고 있으며 심지어 반역의 움직임도 있다고 적어 보냈다. 또 영주들의 두려움은 영토와 영주권의 박탈, 가족과의 격리, 환락을 즐길 자유를 빼앗기는 것과는 다른 종류의 것이라고 했다. 일본 내륙에 있던 다이묘들은 일본 바깥의 사정에 어두웠고 나라 바깥에서 전쟁을 해본 경험이 없었다. 이들은 알지 못하는 곳에 가서 알지 못하는 전쟁을 치렀다가는 결국 자신의 영지와 가족에게로 돌아오지 못할 것임을 생각하고는 극도의 두려움에 휩싸여 있었다. 해전도 예상되는 전투에 나설 선박이나 수병이 없었고, 이에 필요한 수단이나 장비 또한 전혀 갖추지 못했다. 재정이나 기한 모두 넉넉지 못했던 까닭에서다. 이런 상황에 놓이자 극도로 절망한 장군이나 영주는 자살 운운하기도 했다. 백성의 상황은 더 나빴다. 출병을 위해 보유하고 있던 재산이나 토지를 처분해야 했고, 가족과 기약 없는 이별을 해야 했다. 프로이스 신부는 이 고통과 슬픔을 설명할 수 있는 어떤 말도 없었다고 적었다.(루이스 프로이스의 『일본사』)

재정과 인력, 시간이 충분하지 않았던 것은 소 요시토시나 고니시 유키나가, 시마즈 요시히로, 이시다 미쓰나리石田三成와 같이 해외 사정에 밝은 다이묘들도 마찬가지였다. 1591년 5월 부산포에 소 요시토시가 나타난 것이 그 한 예다. 대마도주 입장에서는 이렇게라도 해서 전쟁의 발발을 막거나 유예시켜야 할 만큼 대마도에 있어 전쟁 준비는 무리였다. 앞서 겐소 역시 조선과 교섭하면서 전쟁으로 겪게 될 자국 백성의 질고에 대해 언급한 바 있다. 조선과의 무역으로 살아왔던 대마도는 전쟁 전후로 더 이상 무역으로 인한 수익을 기대할 수 없었다. 소 요시토시는 5000명의 출병군과 그들이 먹을 군량미, 그들을 실어 나를 선박을 1592년 3월 1일 출병에 맞춰 마련해야 했다.

히데요시는 1592년 3월 1일을 출병 날짜로 잡고 일본 전국의 다이묘들에게 명 정복 동원령을 내렸다. 그달 13일에는 16만의 병력을 9개

「히젠나고야성제후진적도肥前名護屋城諸侯陣跡圖」, 종이에 채색, 118.0×107.0cm, 일본 사가현립나고야성박물관. 임진왜란이 발발하기 1년 전 나고야 성에 집결한 다이묘들의 진영을 점으로 표시한 그림으로, 도쿠가와 이에야스·마에다 요시이에·이시다 미쓰나리 등 유명한 다이묘들이 정치적 관계에 따라 배치되어 있다.

[표 1] 임진왜란 당시 1차 출전 일본군

부대	담당 지역	병력 수	주요 지휘관
1군	평안도	18,700	고니시 유키나가小西行長, 마쓰우라 시게노부松浦鎭信, 아리마 하루노부有馬晴信, 오무라 요시아키大村喜前, 고토 스미하루五島純玄, 소 요시토시宗義智
2군	함경도	22,800	가토 기요마사加藤淸正, 나베시마 나오시게鍋島直茂, 사가라 요리후사相良賴房
3군	황해도	11,000	구로다 나가마사黑田長政, 오토모 요시무네大友吉統
4군	강원도	14,000	모리 요시나리森吉成, 시마즈 요시히로島津義弘, 다카하시 모토타네高橋元種, 아키즈키 다네나가秋月種長, 이토 스케타카伊東祐兵, 시마즈 다다토요島津忠豐
5군	충청도	25,000	후쿠시마 마사노리福島正則, 도다 가쓰타카戶田勝隆, 조소카베 모토치카長宗我部元親, 구루지마 미치후사來島通總, 하치스카 이에마사蜂須賀家政, 이코마 지카마사生駒親正
6군	전라도	15,700	고바야카와 다카카게小早川隆景, 고바야카와 히데카네小早川秀包, 다치바나 무네토라立花統虎, 다카하시 도소高橋統增, 쓰쿠시 히로카도筑紫廣門
7군	경상도	30,000	모리 데루모토毛利輝元
8군	경기도	10,000	우키다 히데이에宇喜多秀家
9군	경상도	11,500	나가오카 다다오키長岡忠興, 하시바 히데카쓰羽柴秀勝
수군	해상	4,500	도도 다카토라藤堂高虎, 호리노우치 우지요시堀內氏善, 스기타니 덴사부로杉谷氏宗, 구와야마 카즈하루桑山一晴, 구와야마 사다하루桑山貞晴
계		163,200	

[표 2] 임진왜란 당시 도별 조선군 병력 수

도	병력 수	주요 지휘관
경기도	8,700	순찰사 권징, 방어사 고언백, 순찰사 성영, 조방장 홍계남, 평택현 장관
충청도	2,800	충청도절도사 이옥
경상좌도	47,000	경상좌도순찰사 한효순, 경상좌도절도사 박진, 경상좌수사 박홍
경상우도	28,000	경상우도절도사 김시민, 경상우수사 원균, 함안군수 유숭인
전라도	21,000	전라도절도사 최원, 전라도순찰사 권율, 전라좌수사 이순신, 전라우수사 이억기
함경도	10,200	함경도절도사 성윤문, 경성부 평사 정문부, 안변부 별장 김우고
강원도	2,000	강원도순찰사 강신
평안도	14,000	평안도절도사 이일, 평안도좌방어사 정희운, 평안도우방어사 김응서, 평안도조방장 이사명
황해도	9,100	황해도 좌방어서 김억추, 황해도우방어사 김경로, 황해도순찰사 이정암
계	142,800	

*참조: 박희봉, 『교과서가 말하지 않는 임진왜란 이야기』.

대대로 편성해 조선 출정을 명했다. 그리고 출정한 병력의 수만큼 예비 병력을 남겨두었다. 각 다이묘의 입장이나 생각이 어떻든 간에 전쟁은 고니시 유키나가나 이시다 미쓰나리와 같이 상업·무역과 밀착된 관료적 봉행奉行들이 주도했던 까닭에 조선 출병을 '중상주의적 지향의 무력 발동'으로 보기도 한다. 히데요시는 고니시를 제1군 지휘관으로 삼아 출병을 명했는데, 고니시는 출병에 앞서 조선에 먼저 들어가 조선 국왕의 입조를 결정하겠다고 건의하면서 전쟁을 지연시키고자 했다. 그러나 그는 조선에 가지 못한 채 대마도에 있었고 전쟁 역시 더 이상 유예시키지 못했다. 마침내 진격을 보채는 2, 3군 등 후속군에 못 이겨 1만 8700명의 군사와 700여 척의 배를 거느리고 조선으로 출병했다.

1592년 4월 13일 오전 8시에 대마도 오우라 항을 떠난 고니시의 제1군은 오후 5시경 부산포 앞 바다에 도착했다. 고니시는 먼저 부산진첨사(종3품) 정발에게 '가도입명假途入明'을 요구했으나 정발은 이를 거절했다. 이튿날인 14일에 벌어진 격렬한 항전 끝에 정발은 전사했고 부산성은 마침내 함락되었다. 이어 동래성 역시 격렬한 전투를 벌인 뒤 함락되었고, 동래부사 송상현은 성과 함께 최후를 맞았다.(『선조수정실록』 25년 4월 14일) 고니시의 1군은 기장, 양산, 밀양, 대구, 인동을 거쳐 북진했다. 가토 기요마사의 2군은 4월 18일 부산포에, 구로다 나가마사黒田長政의 3군과 모리 요시나리森可成의 4군은 4월 18일 김해에 상륙하고, 4월 20일에는 고바야카와 다카카게小早川隆景의 6군, 모리 데루모토毛利輝元의 제7군 등이 부산포에 상륙했다. 한편 후쿠시마 마사노리福島正則의 5군도 경상도에 상륙해 북진하고 있었다.

조정에 왜란 발발 소식이 전해진 것은 그로부터 4일 뒤인 4월 17일이었다고 『징비록』과 실록은 적고 있다.(『선조실록』 35년 4월 17일, 『선조수정실록』 25년 4월 14일) 그러나 『임진일록壬辰日錄』에는 4월 7일에 이미 선조는 일본의 동태가 심상치 않음을 알고 신하들의 반대에도 불구하고

「부산진순절도釜山鎭殉節圖」, 변박, 비단에 채색, 145.0×96.0cm, 보물 제391호, 18세기, 육군박물관. 임진왜란 최초의 전투로, 1592년 4월 14일 고니시 유키나가의 일본군이 오전 6시경에 공격했으며, 부산진첨사 정발이 군민을 지휘하며 분전하다가 순절했다.

「동래부순절도東萊府殉節圖」, 비단에 채색, 145.0×96.0cm, 보물 제392호, 육군박물관. 4월 15일 임진왜란 당시 동래성에서 왜군의 침략에 대응하다 순절한 부사 송상현과 군민들의 항전 내용을 묘사한 그림이다.

김성일을 경상우도 병마절도사로 삼았다고 했고, 15일에는 동래성이 함락되었다는 소식이 한양에까지 전해졌다고 했다. 왜란이 일어났다는 소식이 전해지자 조정에서는 이일李鎰을 경상도순변사로 삼아 경상도로 가게 했다. 이일이 정병正兵(정규 중앙군)을 소집하고자 선병안選兵案을 보고 점검하니 다들 과거를 준비하고 있는 유생이나 서리였다. 당시에는 향교를 다니면서 과거 준비를 하는 하급 관리들은 군역을 면제받을 수 있었기 때문에 선병안에 그렇게 이름을 올렸고, 임시로 점검할 때에도 그 복색을 갖추고 나타났다. 이런 상황 탓에 이일은 군대를 거느리지 못한 채 단신으로 전쟁터에 나아갔다.

왜변이 일어났다는 소식에 경상도순찰사 김수金睟는 제승방략의 분군법에 따라 각 고을에 통지했다. 이에 각 고을의 수령은 관병을 이끌고 요해처로 가서 한양의 장군과 중앙군이 오기를 기다렸다. 문경 이남의 수령들은 병사를 통솔해 대구로 가서 이일을 기다렸지만, 이일과 관병이 내려오는 속도보다 일본군의 북진이 더 빨랐다. 공교롭게도 비까지 내려 군복과 장비가 젖고 식량도 도착하지 않자 수령과 병사들

유서諭書, 165.3×60.3cm, 보물 제906호, 1592, 의성 김씨 학봉종택 기탁, 유교문화박물관. 김성일을 경상우도 병마절도사로 임명하며 내린 유서.

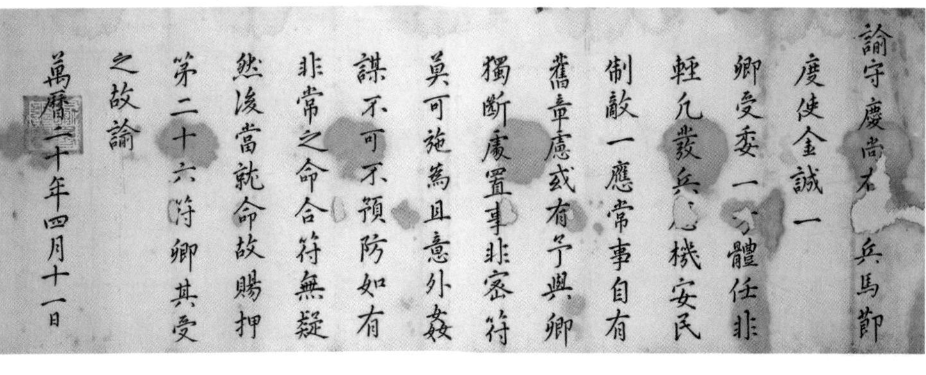

諭守慶尙右 兵馬節
度使金誠一
卿受委一方體任非
輕凡發兵[illegible]機安民
制敵一應常事自有
舊章慮或有予與卿
獨斷處置事非密符
莫可施爲且意外姦
謀不可不預防如有
非常之命合符無疑
然後當就命故賜押
第二十六符卿其受
之故諭
萬曆二十年四月十一日

모두 달아나버리고 말았다. 이일은 남은 관병을 수습해 상주에 진을 쳤지만 제대로 싸워보지도 못한 채 4월 25일 고니시 군에 패하고 말았다. 이일에게 후방군이 없음을 걱정해 바로 뒤따라 내려간 신립은 패잔병들을 수습해 충주 탄금대에서 고니시 군과 맞서 싸웠다. 배수진을 치고 치열하게 벌인 전투였음에도 조선군은 패했고, 신립은 전사했다. 조선의 방어 체제와 군역제도의 문제점이 왜란 앞에 고스란히 드러나버린 것이다. 그리고 상주와 충주에서의 패전으로 도성은 위험에 빠졌다.

불타는 경복궁

임금의 행차가 성을 나가자 난민이 먼저 장례원과 형조를 불질렀다. (…) 경복궁, 창덕궁, 창경궁을 불질러 하나도 남은 것이 없었다.(『서애선생문집』 16 「난후의 일을 적다」)

이일의 상주전 패보가 조정에 전해지자 선조는 파천을 발의했다. 영의정 이산해가 파천의 예가 있음을 언급했지만 우승지 신잡申礏(신립의 동생)은 파천하는 선조를 따르지 않고 자결하겠다는 뜻을 밝혔으며, 수찬 박동현朴東賢은 "전하께서 도성을 나가시면 인심은 보장할 수 없습니다. 전하의 연을 맨 인부도 길모퉁이에 연을 버려두고 갈 것입니다"라면서 한양을 사수할 것을 청했다. 종실 중에서는 해풍군海豐君 이기李耆가 한양 사수론을 주장했다.(『선조실록』 25년 4월 28일, 29일, 『선조수정실록』 25년 4월 14일) 이에 각 관찰사에게 병사를 이끌고 상경해 도성을 지키라는 명을 내렸고, 각 고을의 지방관에게는 병사를 모집해 도성에 모이라는 명을 내렸다. 또 병조판서 김응남은 한양 안팎의 각 고을로부터 백성, 서리, 공사천민 모두를 징발해 성첩 3만여 곳을 지키게 했다. 그러나 한양 안팎에서는 민심이 흉흉해져 이 명을 따라 나와서 성을 지킨 백성은 7000여 명에 불과했고, 많은 관리는 왕보다도 먼저 도성을 떠난 터였다. 4월 29일 충주의 패보를 듣자 선조는 서행을 결정했고, 광해군을 세자로 책봉했다. 마침내 4월 30일 새벽 선조는 폭우 속에서 창덕궁을 떠나왔다. 선조가 도성을 나왔을 무렵 경복궁은 성난 백성이 지른 불 속에서 사라져가고 있었다.(『징비록』, 『임진일록』, 『선조실록』 25년 4월 30일, 『선조수정실록』 25년 4월 14일) 이때 왕을 뒤따르던 류성룡은 길에서 한 노인에게 다음과 같은 말을 들었다.

"나랏님께서 우리를 버리고 가시니 우리는 어떻게 살라는 것입니까?"

梁鐵坪
白蓮峯
淨土
沙川
弘濟橋
弘濟院
礪峴
鞍峴
藤戟峯
倉川
臥牛山
廣興倉
楊花津
孔德
東幕
麻浦
太倉
栗島

「도성도」, 종이에 채색, 47.0×66.0cm, 19세기 전반, 규장각한국학연구원. 한양 도성 안팎에 가옥들이 빼곡히 들어찬 모습이다. 선조는 한양 사수를 포기하고 서행을 결정해 성안 백성의 원망이 자자했다.

2절

평양성을 지키지 않으면 결국 나라는 망하고 말 것입니다

평양 파천을 둘러싼 갈등

1592년 6월 2일 평양성 행궁.

"상이 이희득, 이원익, 홍여순, 이항복, 이덕형, 정곤수 등을 인견하자, 양사兩司와 대신들도 뵙기를 청하니 그대로 따랐다. 상이 이르기를 '경들은 할 말이 무엇인가?' 하니, 원익은 아뢰기를 '평양성을 지키는 절차를 지금 이미 마련했지만, 평양성을 지킬 것인지 다른 곳으로 이주할 것인지를 빨리 결정해야 합니다. 만약 죽음으로써 지킨다면 할 수 있지만, 그러지 못한다면 역시 편의에 따라 조치해야 합니다' 하였다."(『선조실록』 25년 6월 2일)

1592년 6월 평양성 행궁 안. 사헌부와 사간원, 홍문관 관원들이 행궁 앞에서 선조에게 평양성을 버리고 빠져나갈 것을 주청하고, 인성부원군 정철 또한 피란 주장을 강하게 펼쳤다. 반면 류성룡은 평양성을 사수해야 한다는 주장을 펴고, 이에 좌의정 윤두수가 동조했다.

한양을 떠나 피란길에 오른 선조와 대신 일행은 내심 도원수 김명원과 유도대장 이양원이 한양을 지켜주기를 바랐다. 그러나 이들은 처음부터 한양을 지킬 마음이 없었다. 부원수 신각이 한강에 배수의 진을 치자고 김명원에게 건의했지만 김명원은 신각의 말을 듣지 않고 싸우다가 패전해 도망가고 말았다. 신각은 양주에서 이양원과 함경남도 병마절도사 이훈의 군사와 합세해 한양에서 나온 왜적들을 깨뜨렸다. 이것이 임진왜란 이후 조선군이 왜군을 이긴 첫 전투였다. 그럼에도 불구하고 도망친 김명원은 신각이 자신의 명령을 따르지 않고 제멋대로 이탈했다는 보고서를 올렸고, 조정에서는 우의정 유홍이 신각을 참수할 것을 주장했다. 결국 뒤늦게 신각의 승전보를 들은 조정에서 신각의 참수를 철회했지만 그는 이미 참수된 뒤였다.(『징비록』) 어처구니없는 일이 벌어졌던 것이다.

이렇듯 어렵게 거둔 승리도 효과 없이 전황은 급박해져만 갔다. 한양에서 나온 대가大駕가 개성에 이르러 한숨을 돌리고자 했으나 바로 한양 함락 소식이 들려왔고, 대가는 다시 개성을 떠나 평양으로 향했다. 한양이 함락되어서도 조정에서는 우리 군이 임진강에서 왜적을 막아주기를 바랐다. 한강이라는 요해처를 잃었기에 차선은 임진강이었던 것이다. 조정의 이러한 바람은 단지 희망 사항일 뿐이었다. 개성에서 한양 함락 소식을 접한 조정은 얼마나 급했던지 종묘사직의 신주들마저 잊고 도망했다. 한양 방어에 실패하고 도망한 도원수 김명원도 임진강에 이르러서야 정신을 차렸고, 조정에서는 그를 임진강 방어의 책임자로 지목했다. 여기에 함경북도 병사 신할과 지사 한응인에게도 김명원과 함께 임진강을 방어하라는 명을 내렸다. 그러나 그러한 기대는 여지없이 무너졌고 이들은 임진강 방어는커녕 군사의 90퍼센트를 잃고는 패전해 도주했던 것이다.

한양을 버리고 북쪽으로 피란온 선조 일행이 평양성만은 안전할 것이라 믿었지만 그 믿음은 파죽지세의 왜군 진격 소식에 단번에 깨지고 말았다. 적군이 접근해온다는 소식을 듣자 조정의 신하들은 모두 선조에게 평양성을 버리고 피란할 것을 강력하게 요구했다. 특히 언관과 감찰관원인 사헌부 및 사간원, 홍문관 관원들은 매일같이 행궁 앞에 엎드려 피란을 청했다. 그중에서도 가장 강력하게 주장을 폈던 이는 인성부원군 정철이었다. 류성룡은 『징비록』에서 "지금의 상황은 앞서 한양에 있을 때와는 다릅니다. 한양에서는 군대와 백성이 무너져버려서 도성을 지키려 해도 도리가 없었습니다. 그러나 이 성은 강물이 앞을 가로막고 있으며 민심은 매우 굳건합니다. 또한 중국과 가까우니, 만약 며칠만 굳게 지킨다면 반드시 명나라 군대가 와서 구원해줄 것이므로 그 힘을 빌려 적군을 물리칠 수 있습니다. 그렇게 하지 않는다면 여기서 의주에 이르기까지 의지할 땅이 없으니 결국 나라는 망하고 말 것입니다"라고 서술하고 있다. 평양 사수론을 펼쳤던 것이다.

좌의정 윤두수는 류성룡과 정치적 입장을 달리하는 서인이었지만 류성룡의 견해에 동조했다. 이미 한양 파천을 계기로 무너진 조정의 기강과 국가 수호의 의지를 평양성마저 버린다면 도저히 회복할 수 없으리라 판단한 것이다. 류성룡은 평양성 철수를 주장한 정철에게 "평소에 저는 공이 비분강개하는 성격이어서 나라를 위해서라면 쉽고 어려운 일을 가리지 않는 분이라고 생각했는데, 오늘 이와 같은 주장을 하실 줄은 몰랐습니다"라고 했다고 한다. 이에 더해 정철과 같은 서인인 윤두수마저 문산文山(문천상文天祥. 남송의 충신으로 끝까지 원나라에 저항한 인물이다)의 시구인 "나는 칼로 간신의 목을 베려 한다"를 읊으니 정철은 크게 화를 내고 소매를 뿌리치며 자리에서 일어났다고 한다. 당시 선조는 이미 요동으로 갈 생각을 내심 굳히고 있었던 듯하다. 이에 정철이 동조하고 나섰던 것이다. 그러나 조정이 결정한 대로 진행되기

「기성전도箕城全圖」, 비단에 채색, 167.0×96.0cm, 규장각한국학연구원. 평양은 기자가 도읍을 정한 도시라는 뜻에서 기성箕城이라 불렸다. 지도에 성곽의 형세가 뚜렷이 묘사되어 있다. 선조 일행은 피란온 평양성만은 안전할 거라 믿었지만 이는 왜군에 의해 단번에 무너지고 말았다.

에는 상황이 여러모로 좋지 못했다. 특히 평양성의 백성이 조정의 피란 움직임에 제동을 걸었다. 류성룡이 『징비록』에서 한양과 상황이 다르다고, 민심이 굳건하다고 한 것은 거짓이 아니었다.

평양에서의 피란과 사수를 둘러싼 논의의 배경에는 두 가지 측면이 있었다. 개성에서도 어디로 피란할지에 대해 이미 함경도와 평안도로 주장이 갈려 있었다. 함경도로 가자는 주장에는 북도 방면이 험준하고 왜적의 당초 목적이 명나라를 정벌하는 데 있으니 함경도는 안전할 것이라는 생각이 자리잡고 있었다. 그러나 실상 그 속을 들여다보면 이런 주장을 편 대신들은 한양에서 피란할 때부터 자기 가솔을 함경도로 피란시킨 자가 많았다. 반대로 평안도 쪽으로 가자는 주장에는 평양으로 갔다가 여의치 않으면 의주로 가고, 거기서도 불안하면 압록강을 건너 명나라에 귀부하겠다는 속내가 있었다. 이는 한양 도성에서 피란할 때부터 명나라에 망명해야 한다고 했던 주장과 일맥상통하는 것이었다. 조정 대신들의 의중이 이러하니 평양성이 제대로 사수될 리 없었고, 이러한 분위기는 고스란히 평양성 백성에게 전해졌다.

당시 민심의 동요는 『징비록』의 기록에 적나라하게 드러난다. 임금 일행이 평양을 떠나 피란가려 한다는 소문을 듣고는 사람들이 달아나서 성안의 마을들은 텅 비어버렸다. 그러자 선조는 세자 광해를 시켜 대동관大同館 문에 나아가 성안에 남아 있는 노인들에게 성을 굳게 지키겠다는 뜻으로 유시諭示하게 했다. 이에 세자 광해가 나서서 이야기를 했는데도 군중은 동궁의 말만으로는 믿을 수 없다면서 선조에게 직접 이야기를 듣겠다고 요구했다. 이미 조정의 권위는 땅에 떨어진 뒤였다. 민심을 수습해야 했던 선조는 이튿날 대동관 문 앞으로 나아가 승지를 시켜 세자 광해가 했던 내용을 그대로 전하게 했다. 그 말을 듣고 노인들은 성 밖으로 나가 피란해 숨어 있던 평양성 백성을 다시 성안으로 들어오게 했다.

문제는 선조가 노인들에게 유시한 내용이 모두 거짓이었다는 데 있었다. 평양성 백성의 분노를 잠재우기 위한 것도 하나의 이유였겠지만, 무엇보다 왜적이 평양성을 공격할 때 이를 방어하려면 백성 없이는 불가능했다. 즉 자신은 피란을 가고 백성은 왜적을 막아주길 바랐던 것이다. 그런 거짓말은 며칠 못 가 금세 탄로나고 말았다. 선조의 유시가 거짓임을 알게 된 평양성 백성의 분노는 극에 달했다. 당시 왜적들이 대동강 변에 모습을 나타내자 조정 대신들이 종묘사직의 신주를 모시고 궁인들을 호위해 먼저 성을 빠져나갔는데, 이를 안 평양성의 아전들과 백성은 난을 일으켜 칼을 휘두르며 길을 막고 몰려들어 종묘사직의 신주를 길바닥에 내동댕이쳐 부숴버리는 사태가 발생했다.

이들 관리와 백성은 "너희는 평소에 나라에서 주는 녹봉을 도적질해먹다가 이제는 나랏일을 그르치고 백성을 속이는 것이 이와 같은가"라고 욕하는가 하면, 선조의 유시를 통해 성 밖으로 피란갔다가 성안으로 되돌아온 부녀자와 아이들이 모두 격노해 "이미 성을 버리기로 했으면서 왜 우리는 성안에 들여 넣어서 적의 손에 희생당하게 하는가"라며 비난했다. 또 행궁 앞에서는 무장한 백성이 길을 가로막고 있던 터라 조정 관료들은 모두 어쩔 줄 몰라 했다.

종묘사직의 신주는 조정 관계자들에게 목숨보다도 소중한 것이었다. 그런 신주를 부숴버렸다는 것은 이미 국정을 책임지는 임금과 관리를 인정하지 않겠다는 뜻과 다름없었다. 사태를 수습하기 위해 류성룡은 나이 든 평양성의 관리를 불러 난을 일으킨 것을 꾸짖었다. 이때에도 "너희가 힘을 다하여 성을 지켜 어가가 성 밖으로 나가지 못하게 하는 것은 충성이라 하겠으나 다만 이것을 기화로 난을 일으켜 궁문을 시끄럽게 한 일은 참으로 놀라운 일이다"라고 하며 평양성의 민심이 평양성 수호에 있음을 칭찬하는 태도를 보였다.(『서애선생연보』 51세)

평양성 백성의 분노는 여기서 그치지 않았다. 1592년 6월 10일 중전 일행이 북도로 가기 위해 길을 나서자 몽둥이로 말을 타고 가던 여종을 쳐서 떨어뜨리기도 했으며, 호조판서 홍여순 역시 성난 백성에게 맞아 다쳐서 되돌아오기도 했다. 결국 사나운 민심으로 인해 중전은 길을 떠나지 못하고 평양으로 돌아왔으며, 이런 사태는 조정의 강경 진압으로 막을 내렸다. 관찰사 송언신이 난동을 주도한 몇 사람을 참수해 효시하니 비로소 진정되었던 것이다. 그러나 이미 무너져 내린 조정에 대한 신뢰는 회복할 길이 없었다.

당시 평양을 사수한다는 것은 조선군에게는 커다란 상징성을 띠며 고무적인 일이었다. 조선의 명장 이일은 1592년 6월 7일 올린 글에서 대동강 상류 지역의 삼등에 흩어진 백성을 다시 불러 모으는 것이 중요하다고 말하면서, "신이 거느린 군졸들은 대가가 그대로 평양에 주재하신다는 소식을 듣고는 고무, 감읍하여 모두들 한번 죽기를 각오하고 있습니다. 도중에 혹 흩어진 병졸을 만나면 모두 호령을 몰랐기 때문에 이처럼 도망한 것입니다. 만약 호령이 있었다면 어찌 도망갈 수 있었겠습니까"라고 했다. 이는 조선의 병사들이 무능한 조정일지라도 국가를 사수한다는 데 일말의 희망을 걸고 있었음을 의미한다. 그런 기대를 무참하게 저버린 것이 당시 조선의 임금이고 조정 대신들이었다.

조정의 무능을 극단적으로 보여주는 사례는 평양성을 버리고 피란가기로 했던 이들이 막상 어디로 향해야 할지 몰라 갈팡질팡했던 일이다. 다음의 자료는 당시 조정의 암담한 상황을 잘 드러내 보인다.

> 이때 이미 조정 안에서는 성을 나가기로 의논이 정해졌으나 어디로 갈 것인지는 정하지 못했다. 대부분의 조신은 북도가 땅이 궁벽하고 길이 험하여 병란을 피할 만하다고 말했으나, 선생은 강경히 주장하며 목메어 울었다. '어가가 서쪽으로 거둥한 것은 본래 명병에게 의지하여 회복을 도모하고자 할 뿐이었습니다. 이제 이미 청병해놓고 도리어 북도로

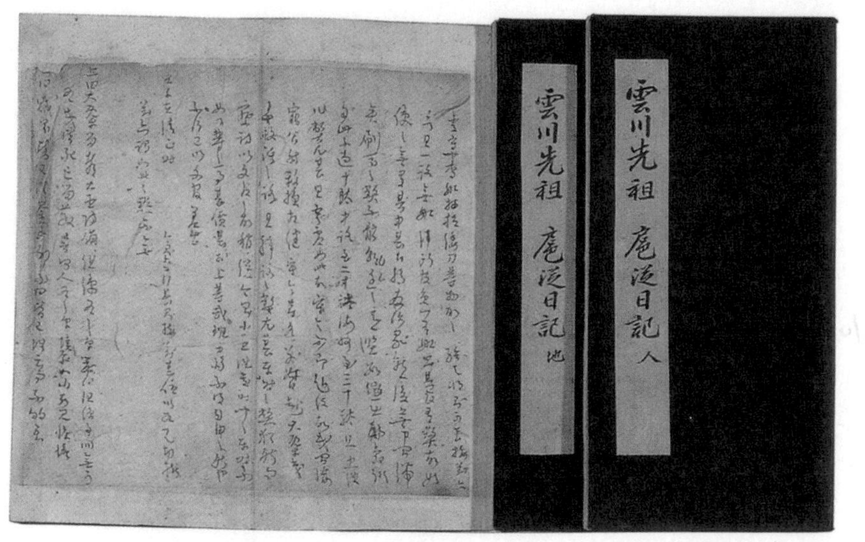

『운천호종일기』, 29.0×14.0cm, 보물 제484호, 개인. 선조 때의 문신 김용金涌(1557~1620)이 남긴 일기로, 임진왜란 당시 의주로 피란하는 선조를 호종할 때 직접 체험하고 보고 들은 바를 기록했다. 사적인 이야기는 물론 정치, 군사, 외교 방면의 일들이 기록되어 있다.

깊이 들어갔다가 적병에 갇혀버린다면 명나라의 소식마저 끊겨 통할 수 없으니, 더구나 무슨 힘을 빌려 회복할 수 있겠습니까. 또한 장차 그 땅으로 들어간 뒤에 적병이 뒤따라 쫓아오면 사세는 궁해져 더 갈 땅이 없게 될 터인데, 또다시 북쪽으로 오랑캐에게 달려간단 말씀이옵니까. 지금 조신들의 가속이 북도에서 많이 피란하고 있으므로 개인 사정을 돌아보고 모두 북도로 가는 것이 편하다고 말하고 있습니다. 신의 늙은 어미 또한 동쪽으로 피란했으니 반드시 관령關嶺 어디쯤으로 흘러 들어갔을 것이므로, 신의 사정으로 말하면 어찌 북쪽으로 갈 마음이 없겠습니까. 단지 국가의 대계大計를 위해 저 신하들과 같이할 수 없기 때문에 감히 이렇게 우러러 진달합니다.' 상이 측은히 여겨 선생에게 이르기를 '경의 어머니는 어디 있단 말이냐. 나의 탓이로다'라고 했다. 어가가 드디어 영변으로 향했고, 선생은 명장을 접대하기 위해 그대로 머물렀

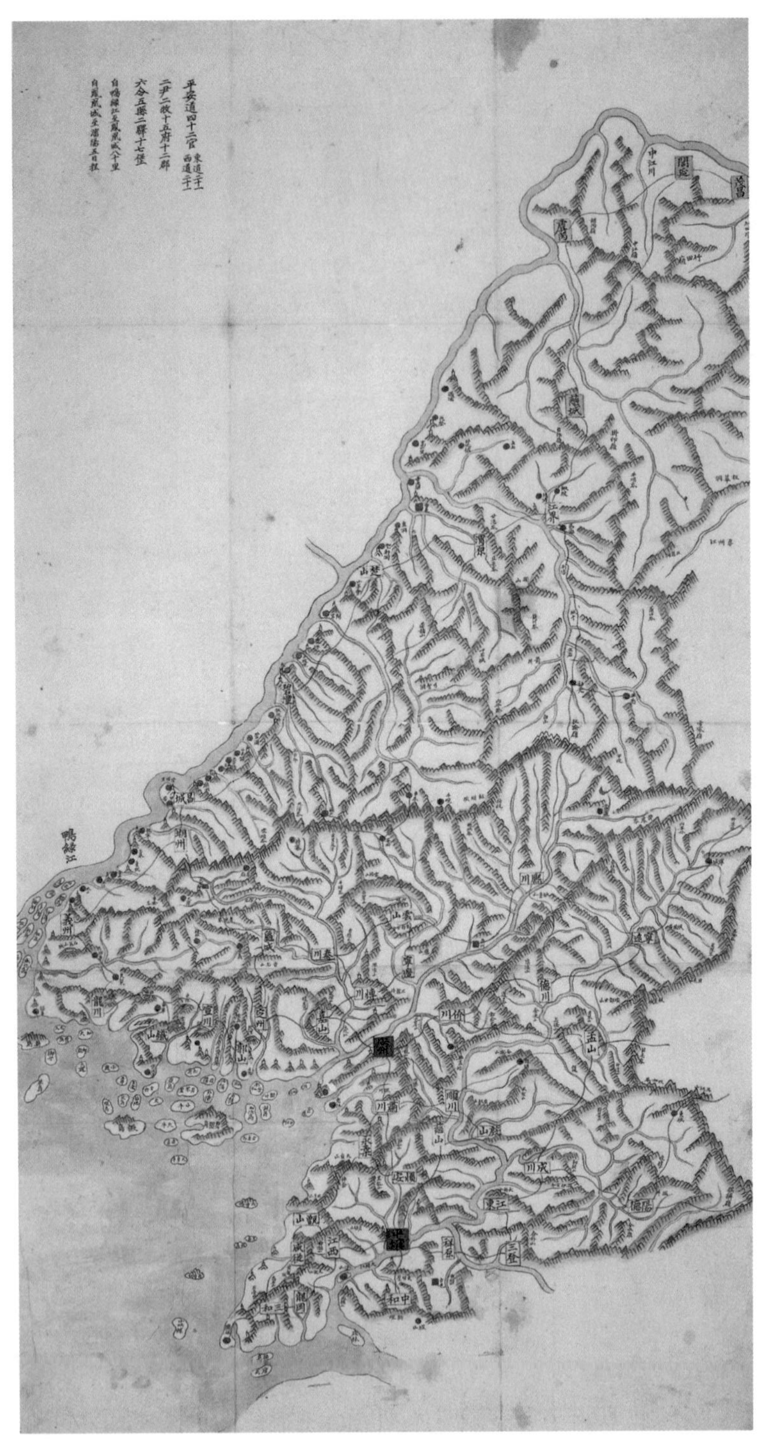

『여지도』 중 '의주', 종이에 채색, 31.5×21.6cm, 보물 제1592호, 18세기, 규장각한국학연구원. 평양을 빠져나온 선조 일행은 평안도 의주로 피란처를 옮겼다.

다.(『서애선생연보』 51세)

평양을 사수할 것인지를 결정하는 데에도 며칠간 논의를 했지만 막상 평양을 떠나 어디로 갈 것인지에 대한 결정조차 내리지 못한 채 우왕좌왕했다. 함경도행과 의주행 등 저마다 견해가 분분했던 것이다. 더욱이 가신들을 미리 함경도에 피란시키고 그런 개인적인 사유로 인해 함경도로 피란가자는 주장을 한 것이 바로 조선의 대신들이었다. 류성룡 또한 그런 마음이 없지 않았지만, 국가를 보전하기 위해서는 명과의 교통이 수월한 서북 지방으로 가야 한다는 주장을 펼쳐 관철시켰다.

:

신각(?~1592)

임진왜란 당시 조선의 장수. 부원수로서 도원수 김명원과 함께 한강 방어 임무를 맡았으나 김명원의 전략 전술 부재로 한강 사수에 실패했고, 이에 그는 휘하 장수와 함께 양주로 후퇴해 유도대장 이양원, 함경도 병마절도사 이혼의 부대와 합류했다. 이후 양주 해유령 근처에서 가토 기요마사가 보낸 왜군 70명을 무찔렀다. 이것이 임진왜란 발발 이후 조선군이 거둔 최초의 승리였다. 그러나 김명원이 한강 방어 실패의 원인을 신각의 책임으로 돌려 조정에서는 그를 참수하라는 명을 내린다. 참수 명령이 떨어진 뒤 승전을 듣고 취소하려 했지만 이미 신각은 억울한 죽임을 당한 뒤였다.

3절

대가가 우리 국토 밖으로 한 걸음만 떠나면 조선은 우리 땅이 되지 않습니다

요동 내부론을 둘러싼 갈등

1592년 6월 23일 의주목 행궁.

평양성이 함락되는 바람에 의주까지 오게 된 선조는 요동으로 가겠으니 준비하라는 명을 내렸다. 예조판서 윤근수가 요동으로 건너가면 낭패라고 강력히 말했으며, 풍원부원군 류성룡은 "북도, 하삼도, 강변이 있고, 두루 행행하시면 수복할 수 있을 듯합니다"라고 말하였다. 그런 다음 서로 눈물 흘리면서 목이 메도록 울었다.(『선조실록』 25년 6월 23일)

선조가 요동으로 가겠다는 것은 명에 대한 내부內附를 뜻했다. 이 의논이 처음 나온 것은 1592년 5월 1일 동파관에서였다. 4월 30일 새벽 창덕궁을 떠난 선조 일행은 폭우 속에서 임진강을 건너 그날 밤 늦게 동파역에 닿았다. 동파역에서는 파주목사 허진과 장단부사 구효연이 수

라간을 설치하고 선조가 도착하면 올릴 수라를 준비해두고 있었다. 그러나 굶주린 채로 동파역까지 호위해 왔던 사람들이 수라간에 난입하여 음식을 모두 빼앗아 먹고 말았다. 왕에게 드릴 음식이 없어지자 허진과 구효연, 그리고 경기도의 이졸들은 모두 도망가버렸다. 이튿날 아침 서흥부사 남의가 군사를 이끌고 온 다음에야 이들이 가져온 좁쌀로 굶주림을 겨우 면했고, 이들의 호위를 받아 개성부로 향할 수 있었다. 동파역을 떠나기에 앞서 선조는 이산해와 류성룡에게 어디로 가면 좋겠느냐고 물었다. 가슴을 치며 신하들에게 하문하는 선조의 모습에 신하들 모두 눈물만 흘릴 뿐 아무 대답도 하지 못했다.

선조가 도승지 이항복에게 묻자 이항복은 '의주에 머물다가 형세와 힘이 다하면 명나라에 가서 호소할 수 있다'고 했다. 이때 류성룡이 '대가가 우리 국토 밖으로 한 걸음만 떠나면 조선은 우리 땅이 되지 않습니다'라고 하자 선조는 '내부하겠다'고 말했다. 이항복은 바로 압록강을 건너자는 말이 아니라 극단의 경우를 두고 한 말이었다며 류성룡의 말에 반박했다. 류성룡이 경솔한 언사라고 하면서 이 말이 퍼져 와해된 인심을 누가 수습할 것인가라고 반박하자 이항복은 바로 수긍했다. 이어 이항복의 건의로 명에 구원병을 청하기로 하였다.(『선조수정실록』 25년 5월 1일)

내부란 한 나라가 다른 나라에 들어가 붙는 것을 말한다. 명에 내부한다는 것은 명나라의 외복外服이었던 나라가 내복內服이 된다는 뜻이었다. 내복은 천자가 직접 다스리는 곳이며 외복은 그 밖의 세계를 일컬었다. 내복이 된다는 것은 중국적 세계질서에서는 이적夷狄이 중화中華가 되는 것이며 주변이 중심이 되는 것이었다. 조선은 명이 자신을 내복으로 여긴다는 사실을 다른 나라에 자랑했다. 1591년 겐소 편에 보낸 서계에도 이것을 언급하면서 일본 측의 요구를 거절했다. 이런 사고관은 중국 중심의 세계관에서 나온 매우 관념적인 것이었다. 이 세계관의 지배를 받는 일부 관료와 선조는 명에 의지해서 환난을 타개할 생각이었다. 그러나 류성룡이 지적했다시피 이는 매우 경솔한 발상이고 발언이었다.

류성룡은 이 말이 알려지는 순간 백성이 동요할 것이라 했다. 왕조 국가에서는 왕이 곧 나라이기 때문에 왕이 있어야 나라도 있는 것이었다. 그리하여 선조는 자신이 행여 도성을 떠나거나 종국에는 조선 땅을 떠날지라도 자신이 있어야 조선 또한 존재하는 것이라 여겼다. 류성룡 역시 이러한 관념에 지배받는 조선의 유학자였지만, 동시에 왕이 떠나고 남은 나라의 땅과 백성을 생각했다. 그가 보기에 왕이 떠난 나라의 땅은 더 이상 왕의 나라가 아니었다. 그리고 왕이 버린 백성에게 더 이상 왕에 대한 충성을 요구할 수는 없었다.

선조 일행은 동파역을 떠나 5월 7일 평양으로 입성했지만 왕은 5월 2일 도성에 왜적이 들어오고 18일에는 임진강 방어선이 무너졌다는 소식을 듣자 매우 불안해했다. 선조는 6월 1일 평양에서 백관들에게 다시 명에 내부하겠다는 의사를 피력했고, 14일에는 세자의 분조를 세울 것을 명했다.(『선조수정실록』 25년 6월 14일) 선조의 요동행으로 민심이 술렁이자 20일 윤두수는 선조에게 요동으로 이어하지 않는다는 것을 백성에게 알리도록 청했고, 왕은 그렇게 하기로 했다.(『선조실록』 25년 6월 20일) 그러나 23일 선조는 다시 요동행을 운운했으며 류성룡을 비롯한 백관들은 눈물로 선조의 뜻을 막았다.

류성룡은 선조에게 "북도, 하삼도, 강변이 있고 두루 행행하시면 수복할 수 있을 듯합니다"라고 했는데, 이는 아직 왜란이 미치지 않은 지역과 당시 조선군이 올린 승전을 염두에 둔 말이었다. 경상도에서는 정인홍鄭仁弘과 곽재우郭再祐, 전라도에서는 고경명高敬命과 김천일金千鎰, 충청도에서는 조헌趙憲이 각각 의병을 조직하여 항전하고 있었다. 바다에서는 이순신이 이끄는 수군이 일본 수군을 연달아 격파하고 그 보급

[지도 1] 임진왜란 때 의병의 봉기 상황

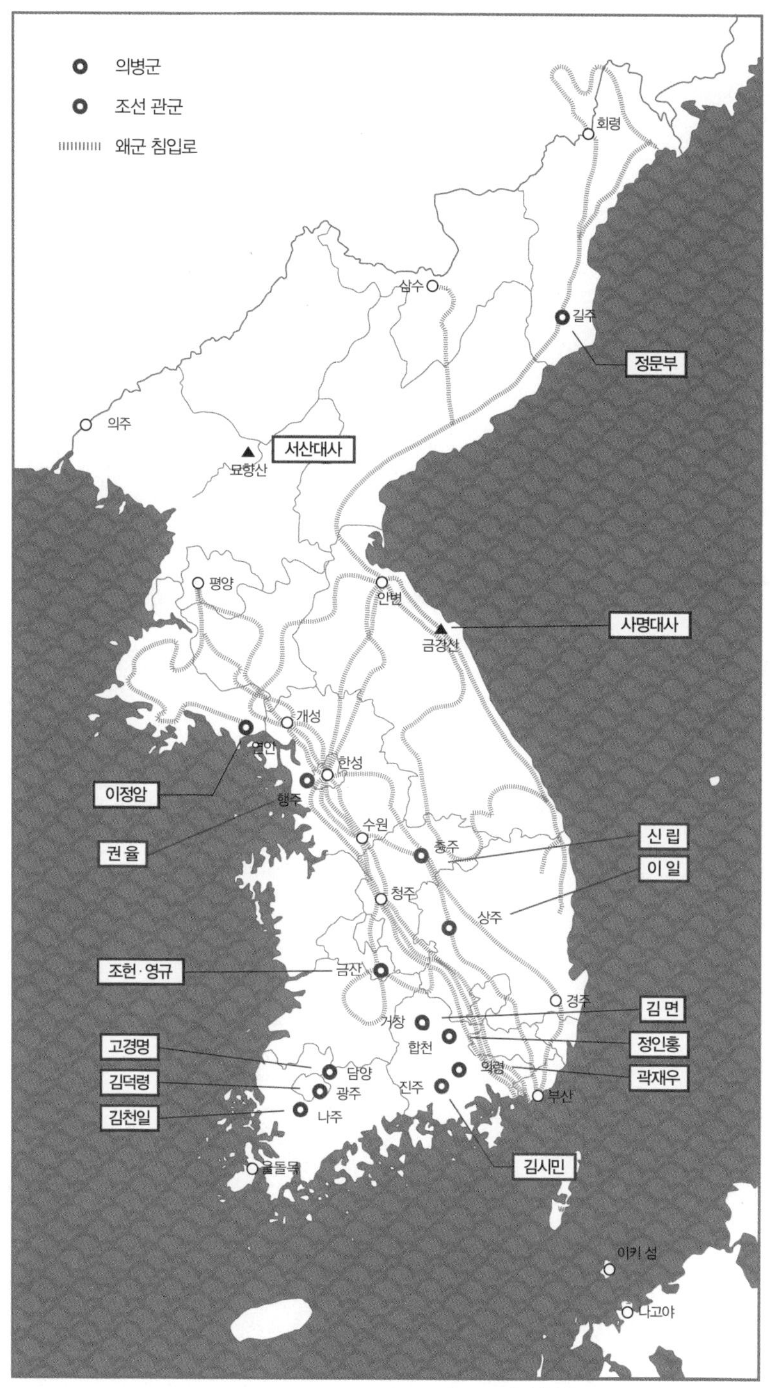

*참조: 문화재청, 『충무공 이순신과 임진왜란』.

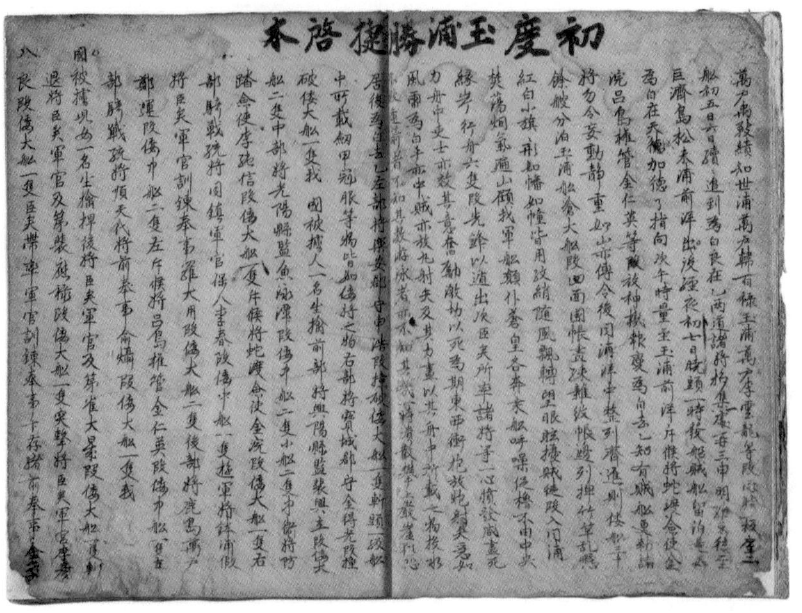
初度玉浦勝捷啓本

――― 『임진장초』 중 1592년 5월 10일 '옥포해전의 승리를 아뢰는 장계'.

로를 끊었다. 이순신은 5월 7일 옥포와 합포 해전에서 승리한 것을 시작으로 8일 적진포, 29일 사천, 6월 2일 당포, 5~6일 당항포, 7일 율포에서 크고 작은 해전을 치르고 승리했다. 이순신의 승리로 말미암아 일본군의 보급 계획에는 큰 차질이 빚어졌다.

한양을 점령한 일본군에 쫓겨 의주까지 왔지만, 평양까지 쫓아온 일본군 역시 더는 나아가지 못하고 있었다. 당시 일본군의 병력 손실 또한 매우 커서 더 이상의 진격은 무리였다는 주장도 있다. 몽진蒙塵 내내 선조와 신하들 사이에 갈등을 일으켰던 내부 문제는 조선군이 승전보를 알려오면서 차츰 수그러들었다. 동시에 명에서도 선조의 요동 내부 계획을 알고는 매우 비판적인 입장을 내비쳤다. 만약 요동으로 오겠다면 요동 관전보寬奠堡의 빈 관청에 왕이 머물도록 하겠다고 했던 것이다. 명의 부정적인 반응을 전해 들은 선조가 내부 계획을 포기하고 의주에 머물기로 하면서 요동 내부 문제는 일단락되었다.(『선조실록』 25년 6월 26일)

——「조선수군조련도」, 전쟁기념관.

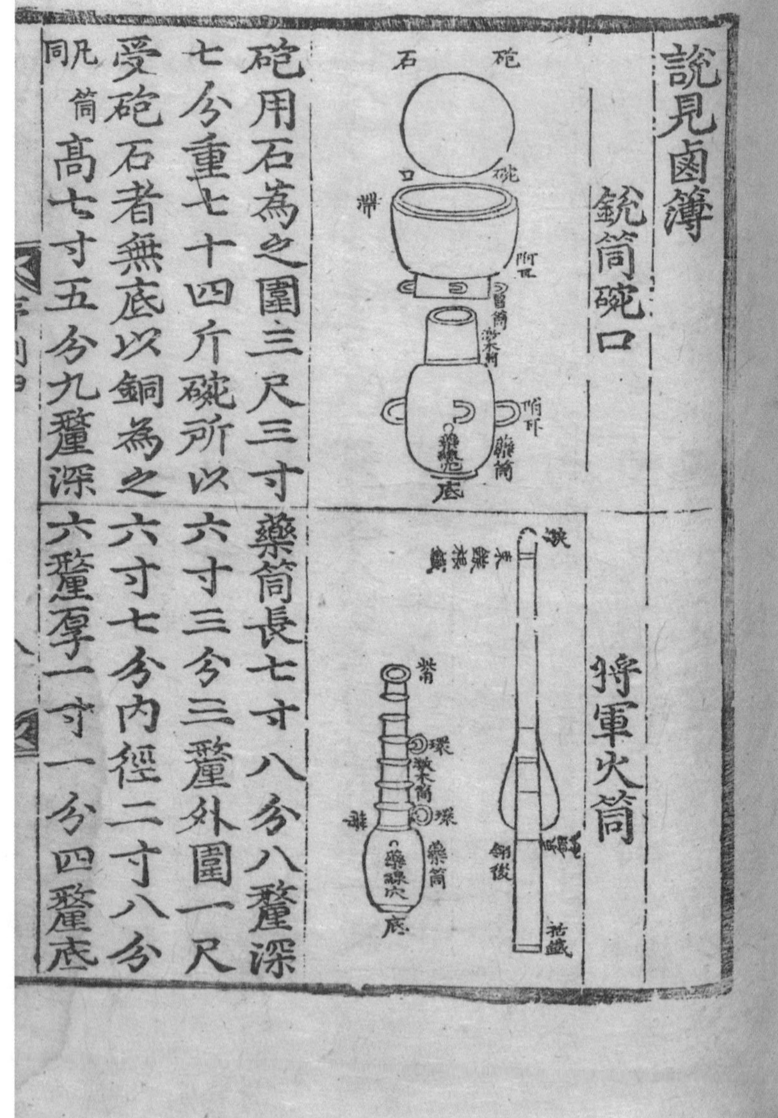
說見鹵簿
銃筒碗口
將軍火筒

砲用石為之圍三尺三寸藥筒長七寸八分八釐深
七分重七十四斤碗所以六寸三分三釐外圍一尺
受砲石者無底以銅為之六寸七分內徑二寸八分
凡筒同高七寸五分九釐深六釐厚一寸一分四釐底

『국조오례서례』에 그려진 총통완구와 장군화통, 규장각한국학연구원.

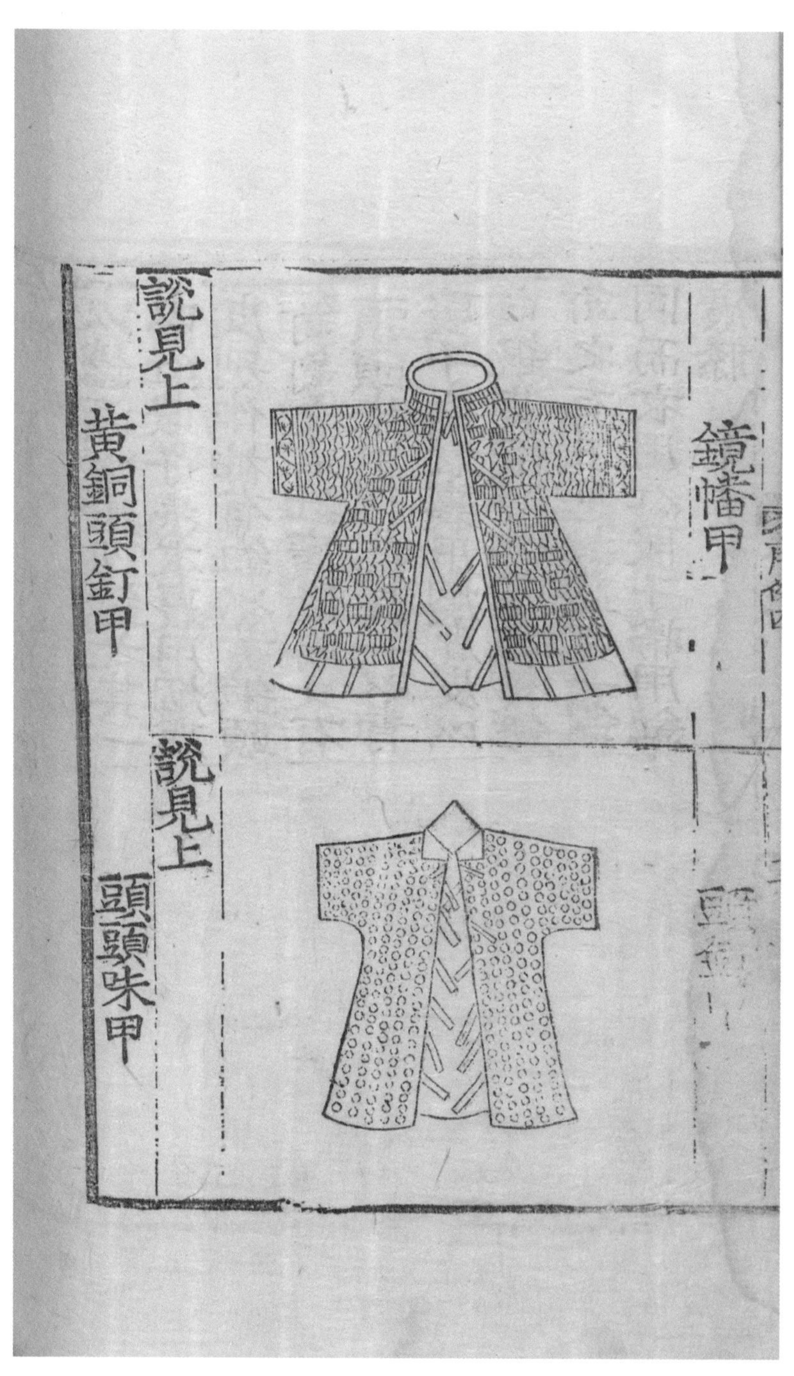

—— 『국조오례서례』에 그려진 갑옷, 규장각한국학연구원.

선조의 피란길(1592년)

4월 30일 새벽 창덕궁 출발

동틀 무렵 사현沙峴(무악재, 모래재) 도착

오전 석교石橋, 홍제원弘濟院에서 폭우가 쏟아짐

점심 벽제역碧蹄驛 도착

저녁 무렵 임진 나루 도착

초경(저녁 7~9시) 도강하여 동파역東坡驛 도착

5월 1일 (동파역 출발) 정오 초현참招賢站 도착. 저녁 개성부開城府 도착

5월 3일 개성부 출발 금교역金郊驛 도착

(왜적의 한양 입성 소식을 들음)

5월 4일 (금교역 출발) 흥의興義, 금암金岩, 평산부平山府 지나 보산역寶山驛) 도착

5월 5일 (보산역 출발) 안성安城, 용천龍泉, 검수역劍水驛을 지나 봉산군鳳山郡 도착

5월 6일 황주黃州 도착

5월 7일 중화中和 지나 평양平壤 도착

6월 11일 평양성 탈출, 숙천肅川 도착

6월 12일 안주安州 도착

6월 13일 영변부寧邊府 도착

6월 14일 박천博川 도착

6월 16일 정주定州 도착

6월 18일 선천宣川 도착

6월 19일 거련관車輦館 도착

6월 20일 용천군龍川郡 도착

6월 22일 의주목義州牧에 도착

[지도 2] 선조의 피란길

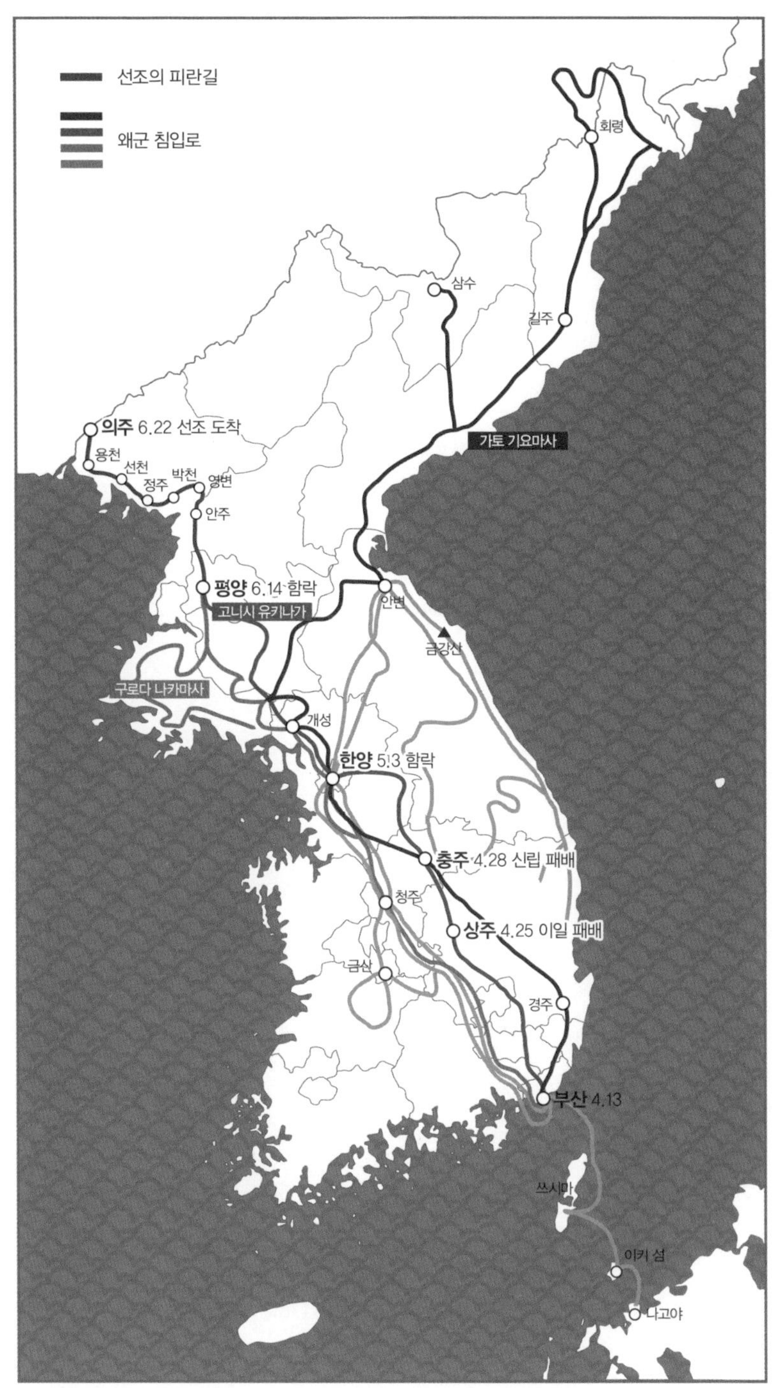

*참조: 문화재청, 『충무공 이순신과 임진왜란』.

3장

하늘의 뜻 아닌 게 없다

1절

지금 우리는 어찌할 수 없으니 명나라에 구원병을 청하는 것이 최상입니다

명 청병을 둘러싼 논의들

1592년 5월 1일.

비변사가 요동에 이자移咨하여 구원을 청하도록 계청했다. 당시 상하가 근심하고 두려워하며 계책을 결정하지 못했는데 이항복이 혼자서 극력 아뢰기를 '지금 팔도가 무너져 수습해서 온전하기를 도모할 희망이 없습니다. (…) 지금 우리는 다시 어떻게 할 수가 없으니 명나라에 갖추어 아뢰어 구원병을 청하는 것이 최상입니다' 하였다.(『선조수정실록』 25년 5월 1일)

임진왜란이 발발한 지 불과 2주 만에 조선의 국왕과 대신들은 피란을 준비했다. 파죽지세로 밀고 올라오는 왜군의 기세 앞에서 속수무책으로 당하는 조선군의 패전 소식은 조정에 큰 위기감을 안겨주었다. 특히 조총으로 무장한 왜군 앞에서 200년 동안이나 태평한 세월을 보냈던 조선군은 대책 없이 무너져 내렸다. 상주에서 이일, 충주에서 신립 등 믿었던 명장들의 잇단 패전 소식은 조정에 커다란 충격이었다. 한양을 버리고 피란길에 오른 국왕에게 대신들은 잇달아 국난을 타개하기 위한 진언을 올렸지만, 이들 대부분은 어디로 피란하면 좋을까 하는 내용이었다. 특히 명나라 망명에 대한 논의가 한양 도성을 버리고 피란할 시점부터 나왔다는 것은 그들이 사대주의에 얼마나 철저히 물들었는가를 확인시켜준다.

피란 논의뿐 아니라 왜군을 물리치기 위한 방책도 명나라에 의지하고 있었다. 위 장면은 명나라에 원군을 요청하자는 논의의 출발점이었다. 명나라 망명을 주장했던 인물도 도승지 이항복이었고, 명 원군 요청을 강력히 주장한 이 역시 이항복이었다. 그는 제갈공명의 지혜로도 유비가 몸을 의탁해 전쟁의 승리를 이끌기 어려워 손권에게 구원을 청한 결과가 적벽의 승리였다는 고사를 인용하며, 지금 우리가 다시 어떻게 할 수 없는 그런 상태이니만큼 명나라 구원병을 요청하는 것은 지당한 조치라고 주장했다. 아마도 장기전에 대한 대비가 없었던 만큼 단기간에 군사 능력이 향상되리라 기대할 수 없는 상황에서 불가피한 주장이었을 것이다.

그러나 명나라 원군 요청에 대한 조정의 논의는 그리 쉽게 결론나지 못했다. 반대 의견도 만만치 않았던 것이다. 조정 대신들 중에는 이항복의 의견에 동조하지 않는 대신도 꽤 있었던 듯하다. 묘당廟堂(의정부)에서의 의논은 모두 이항복에게 동의하지 않았으며 오히려 반대 입장을 표명했다.

> 명나라에서는 틀림없이 기꺼이 와서 구원하지 않을 것이며 가령 와서 구원한다 하더라도 요동과 광녕의 병마를 출동시킬 터인데 요·광의 군사는 호달胡㺚(호족과 여진족)의 종류로서 반드시 횡포를 부릴 것입니다.

지금은 평안도만이 안정되었다 하겠는데 다시 중국 군사가 침탈한다면 공사公私 간에 필시 거덜나고 말 것이니, 이 계책은 너무나 오활합니다.(『선조수정실록』 25년 5월 1일)

이들이 원병 요청을 반대한 이유는 두 가지로, 첫째 사나운 오랑캐로 구성된 구원병들이 오히려 조선에 횡포를 부릴 것이라는 점, 둘째 전란에서 평안도만 온전히 보전되고 있는데 명 원병이 오면 그 뒷바라지 때문에 재정이 거덜나리라는 점이었다. 그렇다고 구원병 요청에 반대하는 대신들이 왜군을 어떻게 물리쳐야 하는가에 대해 대안을 갖고 있었던 것은 아니다.

이때 이덕형이 이항복과 의견을 같이해 조정에서 강력히 주장함으로써 선조는 요동에 자문을 보내 급박함을 알리고 군사를 청했다. 이것이 중국에 구원을 청한 시초라고 한다. 한편 조정 내에서의 논의를 거쳐 명나라에 구원병을 요청한 것은 당시 중국에 사신으로 가 있던 신점에게도 전해졌다. 당시 북경의 숙소인 옥하관에 머물던 신점은 명나라 상서 석성石星에게 왜란 발생 사실을 전해 듣고는 우선 구원군을 강력히 청했다. 조선에 우호적이었던 석성은 부대를 파견해 조선의 임금을 보호하고 은도 하사할 것을 황제에게 건의했다. 또한 우리나라에서 명나라에 보내는 고급사告急使 정곤수가 뒤이어 도착했는데, 석성은 정곤수를 자기 집으로 불러 조선의 상황을 상세히 전해 들었다고 한다. 이 무렵 우리나라에서는 요동에 사신을 잇달아 보내 위급함을 알리고 원병을 청하거나 또는 중국의 속국이 될 것을 청했다.

바로 이런 대목에서 조선의 국왕과 대신들이 어떠한 상황에 처했는가를 짐작해볼 수 있다. 하지만 명나라 조정에서는 조선의 사태를 두고 의견이 분분했다. 특히 임진왜란 초기에 조선이 왜와 교통해 명을 등질 뜻을 두고 있다는 오해가 퍼져 있었기에 조선을 도와준다는 의견

「이항복 초상」, 이한철, 비단에 채색, 93.6×49.2cm, 19세기, 삼성미술관 리움.

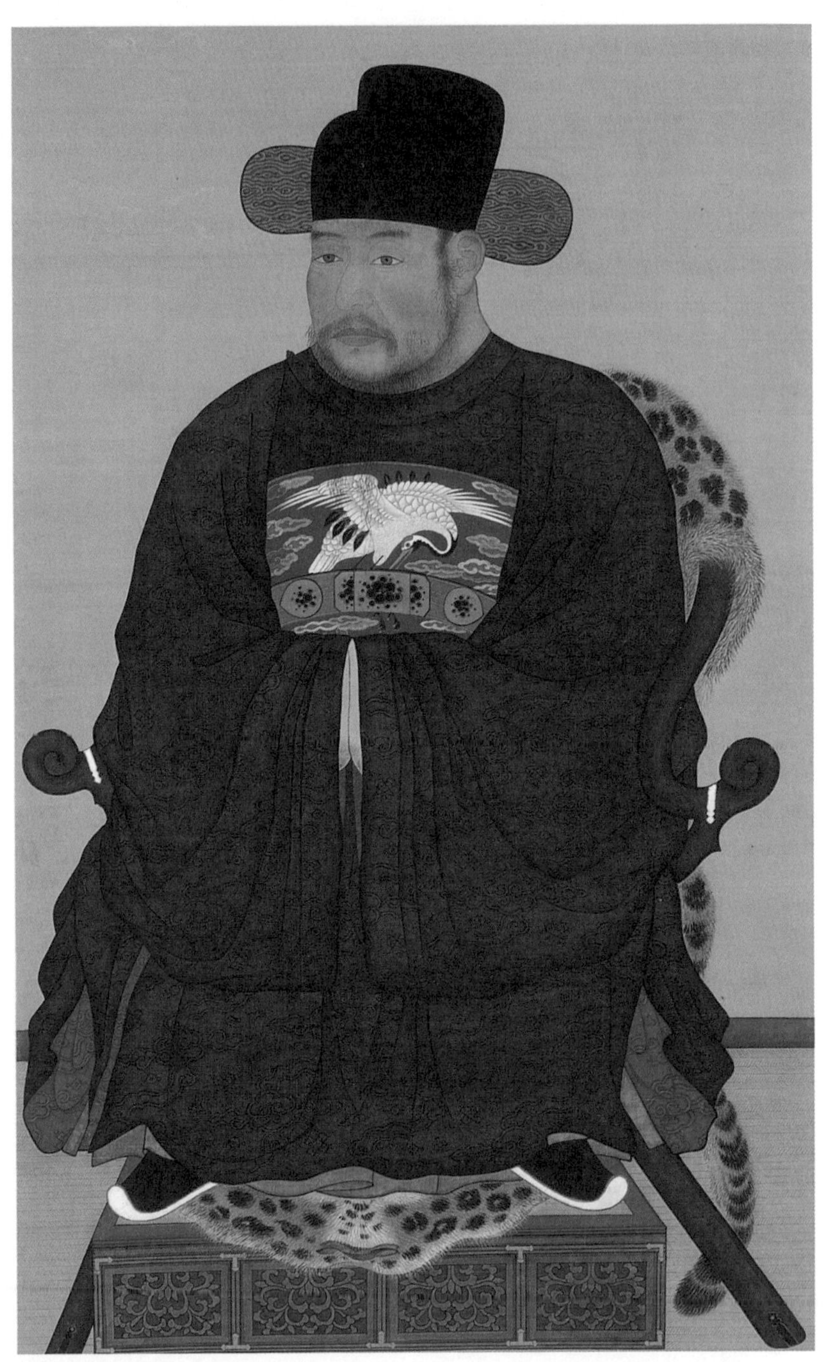

—— 「이덕형 초상」, 비단에 채색, 146.8×90.1cm, 대한제국, 광주 이씨 종중.

은 그리 큰 설득력을 지니지 못했다. 조선이 왜와 손을 잡았다는 소문은 의외로 파급력이 컸던 듯하다. 『서애선생문집』의 기록을 보면 1592년 중국에 사신으로 갔던 김응남金應南 일행이 중국 경내로 들어가자 중국인들에게 왜와 함께 명을 배신했다는 오해를 샀던 내용이 나온다.

> 신묘년에 허징이 이문학관으로 성절사 김응남을 따라 연경에 갔다. 그 때는 통신사가 돌아와 왜에 대한 정보를 얻어 조정에서는 예부에 자문을 내어 변란을 보고했던 무렵이다. 중국 국경에 들어간 뒤 지나는 길에 사람을 만나면 이따금 손가락질을 하며 귀엣말을 하고, 친절하거나 믿으려는 뜻이 없어서 경색景色이 전과 달랐다. 산해관에 도착하니, 관 아래의 사람들이 큰 소리로 욕하며 '너희 나라가 왜놈들과 함께 배반을 하고 무엇 때문에 왔느냐?' 하는 것이었다.(『서애선생문집』 16, 잡저 잡기)

이 때문에 명나라 조정에서는 선뜻 조선에 구원병을 보내겠다는 결정을 내리지 못했다. 당시 명 조정의 의견은 크게 셋으로 나뉘었다. 첫째는 압록강을 굳게 지키면서 조선의 변란을 관망하자는 것이었고, 둘째는 오랑캐들이 서로 공격하니 중국이 반드시 조선을 구원해야 할 필요는 없으며 압록강을 지키면서 날랜 군사를 뽑아 중국의 위력이나 보여주자는 것이었다. 셋째는 조선을 구하지 않을 수 없으니 먼저 무기와 화약과 같이 왜적을 막을 도구를 주어야 한다는 것이었다. 첫째와 둘째 주장은 조선을 그대로 방치해두자는 쪽이었고, 셋째 주장만이 조선을 구해야 명나라도 안전하다는 의견이었다. 이는 특히 앞서 언급한 명의 병부 상서 석성만이 내세운 견해였다.

석성의 입장은 조선이 명나라의 입술과 같아서 이른바 순망치한脣亡齒寒의 고통을 겪지 않으려면 조선을 구원해야 한다는 것이었다. 석성은 명 조정에서 "이른바 외국이란 기미하기가 멀어서 그들의 성패는 중국과는 아무런 관계가 없습니다. 그런데 조선의 일은 내복의 일과 한가지인데 만약 왜놈들로 하여금 조선을 점령하고 요동을 침범하여 산해관에 미치게 하면 경사가 진동할 것입니다. 이는 곧 복심腹心의 근심인데 어찌 보통의 예로 의논하겠습니까"(『서애선생문집』 16 잡저 잡기)라고 아뢰었다. 즉 조선은 외국의 일이 아니라 중국의 일이며, 조선이 침략당하면 요동이 위험해지고 요동이 위태로워지면 산해관에까지 영향을 끼칠 것이라는 이야기였다.

이는 1592년 11월 의주 용만관에서 선조와 만난 요동도사 장삼외張三畏의 말에서 확인할 수 있다. 그는 속히 구원병을 보내달라는 선조의 요청에 "중원은 요동이 견고한 것을 믿고 요동은 귀국(조선)이 울타리임을 믿고 있으니 순망치한의 형세인데 어찌 왜구가 날뛰도록 토벌하지 않겠으며, 귀국의 위급함을 보고 구하지 않겠습니까"(『선조실록』 25년 11월 27일)라고 했다. 조선을 구원해야 한다는 것은 결국 중국을 보호해야 한다는 차원에서 나온 논리였다.

류성룡은 이 같은 국제관계의 냉혹한 현실을 철저하게 인식하고 있었다.

> 대체로 옛적부터 남을 구원하는 것은 남에게 구원을 바라는 것과는 그 사정이 같지 않으니, 중국이 왜적을 토벌하고자 하는 것은 중국을 위해 전쟁을 중지하기를 힘쓰는 데 불과할 따름이므로 어찌 우리의 이와 같은 절박한 사정을 양찰하겠습니까.(『진사록』)

조선이 명나라와 책봉-조공 관계를 맺고 있긴 하나 명나라가 선뜻 자신들을 구원해주지 않을 것임을 분명히 알고 있었고, 구원병을 보내더라도 중국에 해가 가지 않게 전쟁을 중지하는 정도로만 힘쓸 것이라

불랑기포, 국립중앙박물관. 명나라에서 사용했던 후장식 화포로 1517년경 포르투갈에서 전해진 것이다.

는 점 또한 잘 알고 있었다. 그럼에도 불구하고 명나라 군사 원조는 절실했다. 류성룡은 『징비록』에서 "그때 나는 명을 받아 명나라 장군들을 접대할 뿐으로 군무軍務에는 간여하지 않고 있었지만, 혼자 가만히 생각해보니 아군만으로는 반드시 패할 것이므로 서둘러 명나라 장군들을 도중에서 맞이해 그들로 하여금 빨리 와서 우리를 구원해주도록 하는 것이 가장 좋을 듯했다"라고 적어 조선군의 무력함과 명나라 구원병의 필요성을 느낀 소회를 밝혀두었다.

명나라 구원병이 오더라도 고민은 여전히 남아 있었다. 특히 그들에게 지급할 군량미는 커다란 골칫거리였다.

> 임금께서 불러 보시기에 엉금엉금 기어 들어가 '평양으로 향하는 길에서는, 소곶에서 남쪽으로 정주·가산까지 5000병사가 지나가면서 하루

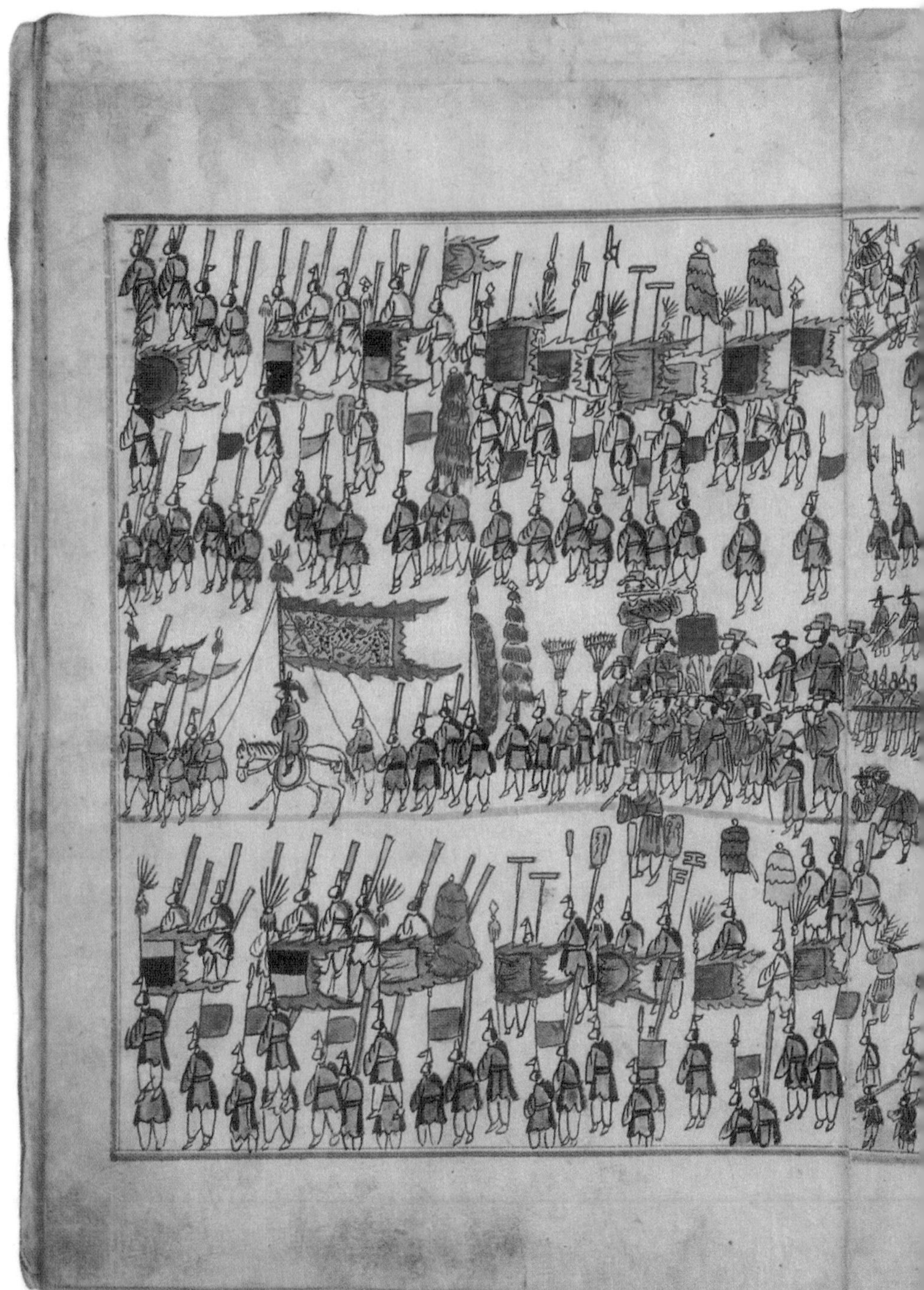

「천조장사전별도天朝將士餞別圖」, 종이에 엷은색, 39×26.5cm, 개인. 1599년 4월 임진왜란 때 원병으로 온 명군을 그린 것이다. 이 장면은 철군하는 명나라 병사들의 모습이다.

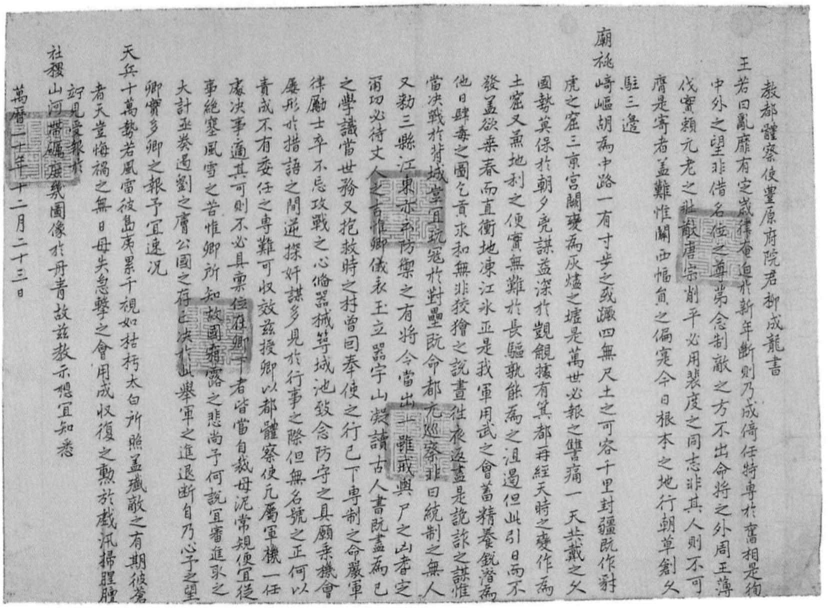

교서, 77.5×108.0cm, 보물 제460-3호, 1592, 유교문화박물관. 도체찰사 류성룡에게 내린 교서로, 군기에 관한 일을 일체 맡기니 일일이 보고할 필요 없이 처결할 것을 허하는 내용이다.

이틀 먹을 식량을 마련할 수 있습니다. 안주·숙천·순안 세 고을에는 비축한 식량이 전혀 없으니, 명나라 군대가 이곳을 지날 때에는 안주에서 남쪽으로 향하면서 먹을 사흘 치 식량을 준비해야 할 것입니다. 군대가 평양에 도착해 그날 성을 탈환한다면 성안에 곡식이 많이 있으니 변통할 수 있습니다. 만약 성을 포위해 며칠이 흐르더라도, 평양 서쪽의 세 고을인 강서·용강·함종의 식량을 전력으로 전방에 수송한다면 부족하지 않을 것입니다'라고 아뢰었다.(『징비록』)

명나라 사신과 장군의 접대를 류성룡이 전담하다시피 한 사실은 잘 알려져 있다. 가장 골치 아픈 문제를 류성룡이 거의 떠맡았던 것이다. 영의정에서 파직된 류성룡을 풍원부원군이라는 직책에 앉힌 것도 명나라 사신을 담당토록 하기 위한 방편이었다. 선조는 류성룡에게 명나라 군량미 대책에 대해 수시로 문의했고, 이에 그는 항상 대답을 마련해야 했다. 『징비록』 곳곳에는 군량미를 마련하는 데 대해 고심한 흔적이 보인다. 명나라 구원병이 얼마나 올지, 그들에게 먹일 군량은 어떻게 마련할지를 두고 류성룡은 수시로 절망했다. 그가 선조에게 올린 보고서에는 장차 명군이 얼마나 나올지 점칠 수 없으며, 명군이 많이 와서 군량을 다 조달할 수 없다 해도 명군이 요구하면 아무도 그 요구를 제지할 수 없기 때문에 그때 우리가 당면하게 될 낭패는 다 표현하기 힘들다고까지 적고 있다.

선조 또한 이 문제의 심각성을 잘 알고 있었다. 처음 명나라 구원병은 5000명이 왔다. 이들 군사로 평양성을 공격했다가 실패했지만, 선조는 류성룡에게 이번에 5000명이 왔을 때 소비한 곡식은 얼마이며, 남은 곡식으로 2차 원군이 왔을 때 지탱할 수 있는지를 시뮬레이션해서 보고하라고 했다. 류성룡은 그것이 쉽지 않다는 것을 잘 알았기에 선조에게 명나라 원군의 수를 조정해줄 것을 건의했다. 즉 군사의 중요성은 수효가 많은 데 있지 않고 용병에 있을 뿐이므로 병마가 너무 많이 와서 어려움을 겪는 일이 없도록 해야 한다고 건의했던 것이다. 나라가 위급한 상황에서도 명나라 원군의 수를 조정해달라고 할 만큼 당시 군량미 조달은 어려웠다.

문제는 군량미 조달에서 그치지 않았다. 노비들을 차출해 명나라 군대의 지공支供(음식 따위를 대접해 받들고 필요한 물품 따위를 주는 것)도 해야만 했다.

도세순都世純에게 노비 연금連金은 각별한 존재였다. 세순이 부모님을 떠나 홀로 합천의 할머니 댁에 와 할머니를 봉양할 때에도 연금은 세순과 함께 있었다. 또 세순에게 무슨 일만 닥치면 나서는 것도 연금이었다. 심지어 연금이 전염병에 걸렸을 때, 그 병을 앓던 이가 주인 도세순이었다. 연금은 세순이 사는 곳에 따로 집을 마련하여 연금 자신의 식구들과 살았다. 그런 연금이 1593년 5월 9일 명나라 군대의 지공을 위하여 기마부대를 따라 상주에 갔고, 6월 7일 다시 세순의 곁으로 돌아왔다.(도세순, 『용사일기』 1593년 5월 9일)

위의 기사는 한 청년이 겪은 임진왜란의 피란일기인 『용사일기』에 나오는 대목이다. 도세순의 노비가 명나라 군대의 지공을 위해 차출되어 기마부대를 따라 상주에 가서 근무하고 한 달여 뒤에 집으로 되돌아왔다는 사실을 적고 있다. 이로써 명나라 군대의 지공을 위해 지방의 사노비들도 동원되었음을 알 수 있다. 그렇기에 조선 입장에서 명나라 원군이 오는 것이 반갑지만은 않았다. 그 외에도 명군으로 인한 폐해는 이루 말할 수 없었다.

외국 군대가 주둔하면 필연적으로 야기되는 것 중 하나가 민폐다. 명군 역시 예외는 아니었다. 군대가 장기간 주둔하면 군량은 축나고 군기가 해이해지면서 문제를 일으킬 가능성이 높아지기 때문이다. 오희문은 『쇄미록瑣尾錄』에서 당시 명군 주둔지 부근의 백성은 낮에는 숲속에 숨고 밤에만 이동한다고 적고 있다. 명군의 약탈을 두려워했기 때문이다.

1593년 9월 27일 명나라 군대 한 부대가 함양군에 당도하여 요령 출신의 5명이 정경운鄭慶雲의 조카 집에 숙박했는데, 그들이 패랭이, 의복, 붓과 먹, 수건 등을 몰래 가지고 가버렸다.
1594년 11월 14일 공주를 지나 창촌倉村에 투숙하던 중 중국인 서너 명을 만났는데, 큰 소란을 피우며 노지부蘆志夫의 쇠화살 7개를 빼앗아 갔다. 또 정서의 활과 김천의金千義의 활도 빼앗아가는 등 제멋대로 횡

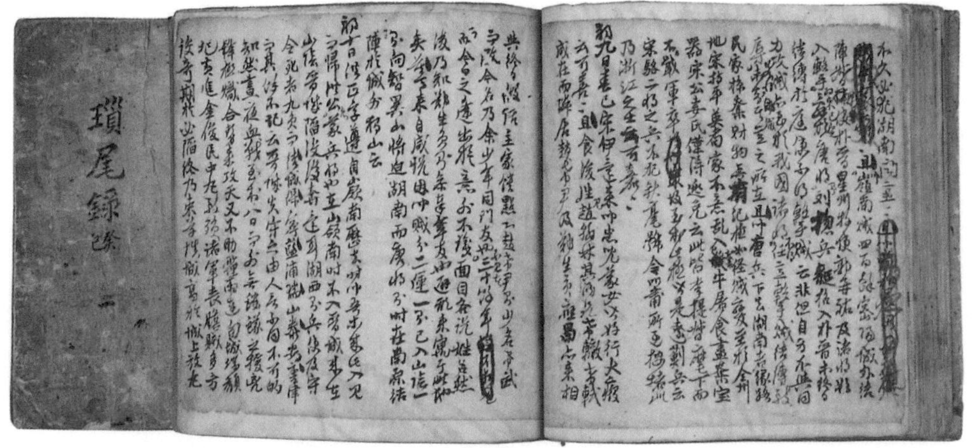

『쇄미록』, 23.5×24.5cm, 보물 제1096호, 1591~1601, 추탄 종택. 1591년 11월 27일부터 1601년 2월 27일까지 만 9년 3개월 동안 왜란을 피해 이리저리 돌아다니면서 지내던 일을 기록했다.

> 포를 부리면서 조금도 거리낌이 없었다.
>
> 1593년 11월 17일 정경운은 남원으로 가서 노복 언금彦金의 집에서 숙박하다가 명나라 군대를 만났는데, 그들은 정경운이 탄 말을 빼앗아가 버렸다. 노복의 아들이 말을 끌고 되돌아오자, 명나라 군사들이 다시 와서는 정경운의 멱살을 잡으면서 적지 않은 수모를 주었다. 다른 노복들도 무수히 구타를 당했다.(정경운, 『고대일록孤臺日錄』)

위에서 보듯이 임진왜란 때 명군은 갖가지 민폐를 끼쳤다. 말, 활, 화살, 생활용품에 이르기까지 도적·강탈 등 조선을 도와주러 왔다는 명분 아래 횡포를 자행했던 것이다. 조선 조정은 명군이 끼치는 민폐에 대해 이렇다 할 대책을 마련하지 못했다. 이따금 명군 지휘관들에게 휘하 병력에 대한 단속을 요청했지만 실효성은 없었다. '구원군'으로 온 자신들이 이역에서 조선을 위해 고생한다는 명분을 내세워 어지간한 민폐에 대해서는 개의치 않겠다는 입장을 보이는 사람들도 있었기

「석성 초상」, 종이에 채색, 44.5×33.5cm, 조선시대, 국립중앙박물관.

때문이다. 그리하여 그들의 민폐는 제어할 수 없는 상황으로까지 치달았고, 조선 백성 사이에서는 "명군은 참빗, 일본군은 얼레빗"이라는 속요까지 나돌았다.

•
•

석성石星(?~1599)

중국 위군의 동명 사람이다. 명나라 세종 때 진사로 급제하고, 목종 때에는 간언을 하다가 파직되었다. 신종 때 다시 등용되어 호부와 공부의 상서를 역임하고 병부 상서에 이르렀다. 1584년 조선의 종계 변무를 도와주었고, 임진왜란 때에는 조정 대신들의 반대에도 불구하고 원병을 파견하는 데 결정적인 역할을 했다. 바로 그 이유로 신종이 국운 쇠퇴의 책임을 물어 투옥하여 옥사시켰다. 해주 석씨의 시조다.

2절

내선內禪은 하지 않을 수 없다

요동 내부론 그리고 세자에게 책임을 지우려는 선조와 대신들의 갈등

1592년 6월 13일 영변 행궁.

선조는 이날 영의정 최흥원, 좌의정 정철 등과 이후에 어디로 피란할 것인지에 대해 논의하고 있다. 요동으로 건너가겠다는 선조는 반대하는 신하들에게 단호하게 이야기한다. "요동으로 건너가는 것은 피란만을 위한 것이 아니다. 안남국이 멸망당하고 스스로 중국에 입조하니 명조에게 병사를 동원하여 안남으로 보내 안남을 회복시킨 적이 있었다. 나도 이와 같은 것을 생각했기 때문에 요동으로 들어가고자 하는 것이다. 세자는 북도로 가고 영상이 따라가는 것이 좋겠다."(『선조실록』 25년 6월 13일)

선조는 이날 영의정 최흥원, 좌의정 정철 등에게 어디로 피란할 것인지에 대해 물었다. 선조는 이제까지 몇 차례나 요동 내부에 대한 언급을 해왔으나 대신들의 완강한 반대에 부딪혀 그 뜻을 이루지 못한 터였다. 그러나 믿었던 평양성 사수가 물거품으로 돌아갈 지경에 이르자 그 문제를 다시 거론한 것이다. 선조 자신은 귀성이나 강변 등으로 피란할 생각을 갖고 있으면서 세자로 하여금 영변에 머무르게 하고자 했다. 정철은 세자가 왕과 떨어져 있게 되면 조정이 모양을 갖추지 못할 뿐만 아니라 인심도 동요한다며 반대했지만 선조의 의지는 확고했다. 평양성의 형세를 보고 피하자는 신하들의 견해에도 불구하고 요동 내부에 대한 논의를 진행하자면서 묵살했다.

요동 내부로 가는 것은 자기 자신의 안위 문제 때문만은 아니며 궁극적으로는 조선을 회복시킬 기회가 된다는 점을 안남국의 사례를 들어 설득하려 했던 것이다. 또한 대부분의 조정 신료에게는 세자를 호종케 함으로써 왜란의 수습 책임을 전가하려 했다. 선조의 이런 의지는 그날 밤 비망기를 통해 대신들에게 전교한 바에서도 확인된다.

> 내선內禪할 뜻을 말한 것이 한두 번이 아니었으나 대신들의 반대를 받아 죽고 싶어도 죽을 수도 없다. 오늘 이후로는 세자로 하여금 국사를 임시로 다스려 관작의 제배나 상벌 등의 일을 다 편의에 따라 스스로 처결할 일로 대신들에게 이르라.(『선조실록』 25년 6월 13일)

이에 대신들이 반대하고 나서자 선조는 "내선은 하지 않을 수 없다"며 못을 박았다. 바로 이날 사상 초유의 일인 분조分朝가 단행된 것이다.

분조, 조정을 나눈다는 뜻이고 임금이 이끄는 대조大朝와 대칭되는 말이다. 임진왜란을 당한 조선은 전쟁 초반 왜군에게 속절없이 패하면서 왕은 피란을 가야 하는 지경에 처했다. 이때 선조는 안전을 도모하고자 끊임없이 요동으로 가겠다는 주장을 펼쳤는데, 대부분의 신하는 '임금이 압록강을 건너게 되면 조선은 더 이상 우리 것이 아니다'라는 반론을 제기하면서 반대했다. 그러자 선조가 대신들과 타협점을 찾기 위해 내놓은 것이 이른바 분조였다. 국왕인 자신은 요동으로 가더라도 세자인 광해군이 분조를 이끌며 조선 땅에 머물러 항전한다면 조선을 완전히 포기한 것은 아님을 드러내고자 한 것이다. 이는 전쟁 초기 광해군에게 선위하겠다고 한 것과 서로 통했다. 한편으로 조선 국왕의 요동 내부를 달갑잖게 여기던 중국을 설득할 좋은 방편의 하나였다. 분조를 결정한 6월 13일 저녁에 이어 그 이튿날에는 요동으로 건너갈 계획을 결정짓고 선전관을 보내 떨어져 있던 중전을 맞이해오도록 했으며, 대신들에게는 중국에 들어가기 위해 내부을 뜻을 밝히는 자문咨文을 작성해 요동도사에게 보내도록 했다. 그러고는 세자 일행과 헤어져 박천을 향해 출발했다. 결국 선조의 의지는 피란길 도중에 관철된 것이었다.

류성룡의 『징비록』에는 분조와 관련된 사항이 극도로 간략히 언급되어 있다.

> 이때 나의 보고가 박천에 다다르고 순찰사 이원익과 종사관 이호민이 평양으로부터 와서 적이 강을 건넌 상황을 보고하니, 어가와 왕비는 박천을 떠나 가산으로 향했다. 임금께서는 세자에게 명하여, 종묘사직을 모시고 다른 길로 가서 사방의 군대를 소집하여 부흥을 꾀하도록 하셨다. 또한 신하를 나누어 세자를 따르게 하셔서 영의정 최흥원은 어명을 받아 세자를 따르게 되었다.

아마도 당시 류성룡은 평양을 지키다가 명군에게 원병을 요청하기 위해 순안과 숙천, 안주 등을 돌아다니던 때였으므로 조정에서 벌어진 분조 관련 논의에서는 빠져 있었고, 또한 평양성이 함락되는 중차대한 위기 상황에서 더 중요한 것은 왜군의 북진을 막는 일이었을 것이므로 분조보다는 왜적의 북진에 대비하기 위한 사실들이 더 많이 기록한 듯하다.

🎬1592년 6월 14일 영변 행궁.

분조를 결정한 선조는 세자와 그를 따르는 신하들을 남겨두고 길을 떠난다.

"상이 문밖으로 나와 말을 타고 박천으로 떠날 무렵 상례 유조인이 말 앞에서 울면서 아뢰기를 '세자로 하여금 대가를 따르도록 하여 환난을 함께하소서' 하니, 상이 가엾은 마음으로 오랫동안 서서 위로하고 타이르자 세자가 지송처에 서서 소리 없이 눈물을 흘려 여러 신하도 모두 눈물을 흘리면서 이별했다."(『선조실록』 25년 6월 14일)

분조는 막중한 책임을 떠안는 것이었다. 이제 실질적인 국가 운영의 책임이 선조의 행재소에 있는 것이 아니라 광해군의 분조에 놓였다. 광해의 분조는 눈물로 시작되었다. 그런 가운데 세자 광해는 평안도 강계로 가서 나라를 다스리라는 선조의 명을 받들어 호종 신하들을 이끌고 강계로 출발했다. 하지만 길을 나서자마자 함경도로 왜군이 들어오고 있다는 소식을 접하고는 신료들과의 회의 끝에 분조에 주어진 편의종사권便宜從事權을 발동시켜 남쪽으로 향했다. 7월 11일 적진을 뚫고 강원도 이천에 도착한 광해의 분조는 실질적인 조정의 역할을 하게 된다. 그러나 그 앞날이 그리 순탄치만은 않았다. 7월 25일 선조가 있는 의주 행재소의 소식은 분조 일행으로 하여금 기가 막히게 했다. 그 소식이란 세자의 호종 신하들에 대한 탄핵이었다. 이유는 선조의 명인 강계로 가지 않았기 때문이라는 것이었다. 갖은 고생 끝에 자리잡고 국난 극복에 열중하던 신하들에게는 청천벽력 같은 내용이었다. 세자

를 호종한 신하들은 석고대죄하며 어떠한 벌이든 달게 받겠다고 했다. 편의종사권, 종묘 신주 보호 등 조정의 모든 권한을 넘겨준 마당에 탄핵한 것은 선조의 의도였다. 선조는 국왕으로서의 존재감을 세자 호종 신하들에게 이 같은 방법으로 각인시켰던 것이다.

아울러 8월 1일에는 의주 행재소의 인사 발령 소식을 들었다. 그것은 왕세자 호위장수 김우고를 함경도방어사로, 이시언을 황해도방어사로 삼고, 이일에게는 왜적을 방어하도록 명령을 내린 것이다. 그러나 분조에서 이미 김우고에게는 왕세자 호위 업무를, 이시언에게는 왜적 토벌 명령을, 이일에게는 성천 주둔 명령을 내린 터였다. 즉 대조와 분조가 동일한 인물에게 서로 다른 인사 명령을 내린 셈이었다. 분조에서는 현장 상황에 맞게 대처할 수 있었지만 대조에서는 그것이 사실상 불가능했다. 즉 분조의 업무 처리에 있어서 또 다른 걸림돌이 될 수 있었던 것이다. 그러나 광해는 현명하게 대처했다. 김우고에게는 세자 호종 업무 수행 후 함경도방어사로 부임하도록 했고, 이시언에게는 왜적을 토벌한 뒤 이천과 교체해 황해도방어사로 가도록 했으며, 이일은 여전히 성천에 주둔하도록 먼저 조치한 뒤 대조에 상황을 상세히 보고했던 것이다.

「심충겸 위성공신교서」, 비단에 먹, 36.0×238.0cm, 1613, 국립중앙박물관. 임진왜란 당시 세자 광해군을 호종했던 심충겸은 왜란 후 위성공신 82명 가운데 1등에 봉해졌다. 교서에는 그 자신은 물론 가족 모두에게 품계를 한 등급 높여주고 노비와 토지, 은, 말을 하사한다는 내용이 적혀 있다.

이처럼 어려운 상황에서도 분조는 왜적을 물리쳤고 민심을 수습하기 위한 노력에 힘을 쏟았다. 강원도 이천에 자리잡은 세자는 먼저 장수들을 모아놓고 군령을 내리는 일(7월 11일)을 필두로 첫 승전보를 울린 김천일 장군에게 친히 격려 서한을 보냄으로써(7월 19일) 사기를 북돋아주었고, 군공이 있는 노비들에게도 벼슬을 내려주었다(8월 4일). 적의 머리를 베어온 수에 따라 관직을 하사하기도 했고(9월 8일), 추운 겨울 전투에 대비해 신하와 군졸에게 겨울을 지낼 옷감을 나누어주기도 했다(8월 15일). 아울러 수령이 도망가 텅 비어 있는 고을들에는 수령을 파견해(7월 25일) 고을을 지킬 수 있도록 인사권을 행사하기도 하고, 정예병사를 얻기 위한 활쏘기 과거시험을 열기도 했다(8월 26일). 이처럼 광해는 전시 상황에서 쉴 틈 없이 국사를 돌보았다. 그 결과 세자의 분조는 왜적에 대항할 만한 전투력의 중심이 되어 적을 압박하기 시작했고, 왕의 몽진으로 시작된 조정에 대한 불신은 서서히 회복되어 갔다.

유홍俞泓(1524~1594)

조선 중기의 문신으로 임진왜란 당시 세자를 호종한 우의정이다. 임진왜란이 일어나자 한양을 사수할 것을 주장했고, 선조가 피란을 가자 이를 수행했다. 선조의 요동행에 극력 반대했으며, 우의정에 임명된 후 세자의 분조가 결정되자 대조를 따라가야 함에도 불구하고 분조를 따라갔다. 세자의 분조를 따라가 각지의 관군과 의병 활동을 관장하는 도체찰사로 활동했다. 한양이 수복되자 선조의 명에 의해 불탄 도성을 정비하고 남아 있는 백성을 위무했다. 유홍은 지조와 절개를 지녔다는 평가를 받았다. 좌의정 윤두수는 "우상 유홍은 과연 지조와 절개가 있습니다. 사람이란 지조와 절개 외에 다른 것은 비록 미치지 못한 일이 있더라도 마땅히 그 큰 것만을 취하고 자잘한 것은 버리는 것을 조정의 풍속으로 삼아야 합니다"라고 했다.

3절

줄곧 물러나기만 하여 백성의 믿음을 잃는구나

민심의 회복과 전세 만회를 위한 광해의 고군분투

1592년 10월 25일 성천.

광해의 분조는 평양과 함경도의 왜군이 자신들이 있는 쪽으로 온다는 소식을 듣고 피하려 한다. 그러나 당시 분조를 수행하던 신하와 장졸들의 거센 반대에 부딪히게 되었다. "영변으로 옮기려 할 즈음에 동궁을 모시고 따르던 여러 관료와 호위를 맡으며 따라가던 사졸들이 뜰에 모여 호소하니 동궁께서 '줄곧 물러나기만 하여 백성의 믿음을 잃는구나'라고 여기셨습니다."(정탁, 『약포집』 「피란행록」)

세자 광해의 분조는 1592년 6월부터 1593년 1월 중순까지 약 7개월 동안 유지되었다. 이 시기 분조는 강원도 이천, 황해도 곡산을 거쳐 평안도 성천, 숙천, 용강, 안주로 이동하면서 전황을 파악함과 동시에 왜군을 격퇴시키는 데 노력했다. 그렇다면 분조는 왜 안전한 지역에서 활

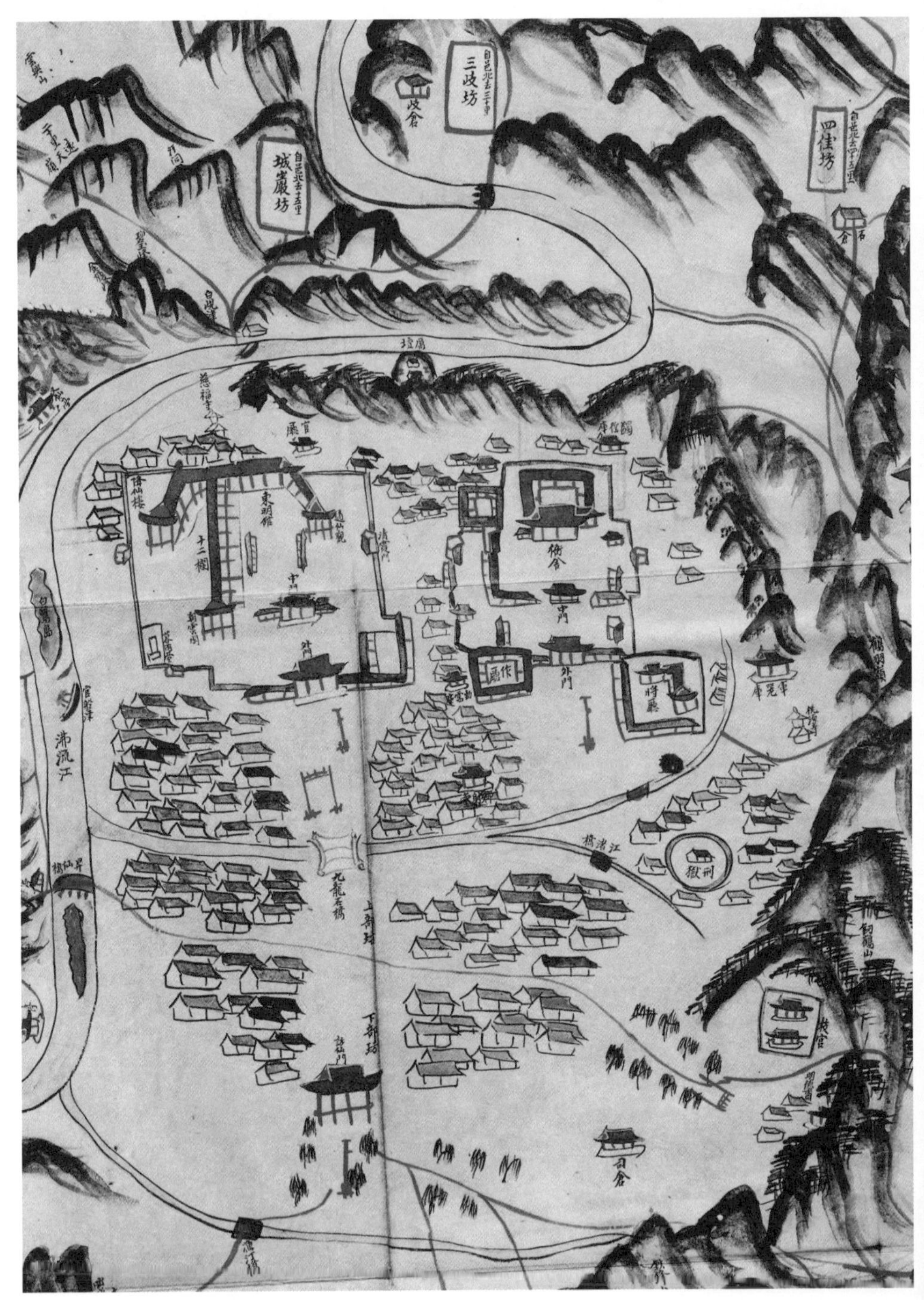

——「성천부」, 74.0×131.0cm, 1872, 규장각한국학연구원. 광해의 분조가 설치되었던 곳이다.

동하지 않고 적진 깊숙이 들어가 위험을 무릅썼을까? 당시 왜군과의 대치 상태에 대해 분조 신료들과 백성은 모두 물러나지 않기를 바랐다. 원래 분조는 강원도 이천에 있다가 왜군의 공격을 받자 7월 28일 평안도 성천으로 이동했다. 성천에 도착한 때가 8월 4일이었으며 이곳에서 두 달 넘게 선조를 대신해 대리섭정을 했다. 이때 함경도 쪽으로 진출한 왜군이 평양이 있는 서쪽으로 온다는 소식을 접하게 되었다. 분조가 평양(서쪽)과 함경도(북쪽)의 왜군 사이에 낀 형세가 되어버린 것이다. 이에 급하게 적을 피해 다른 곳으로 옮기려 했으니 때는 10월 25일이었다. 이후 분조는 평양 북쪽으로 행차하면서 영변으로 물러나고자 했다.

그런데 위와 같은 반대에 부딪히자 광해는 과감하게 평안도 용강으로 갈 것을 결정했다. 용강은 비록 평안도에 속하지만 서해에 접해 있고 평양보다는 더 남쪽이라 할 만한 곳이었다. 이는 백성의 바람에 부응할 뿐만 아니라 조정을 더 이상 후퇴시키지 않으려는 의지의 표현이었다. 광해가 용강으로 온 것은 황해도나 강화도 쪽으로 진출하기 위해서였다. 그러나 용강산성은 아주 좁고 날씨가 추워 무력을 행사할 수가 없었다. 용강에서 벌어진 대책 회의에서 정탁은 세 가지 계책을 내놓았다. 첫째는 강화로 가서 게릴라전을 펼쳐 한양을 수복하자는 것이고, 둘째는 평안도 영유로 가서 명나라 대군의 힘을 빌리자는 것이며, 셋째는 영변으로 가서 후일을 도모하자는 것이었다. 그러나 이때 광해의 건강 상태는 매우 좋지 않아 결단을 내리지 못했다. 이후 한 달여 동안 홍역 치레를 하고 난 광해는 12월 24일 영변으로 분조를 옮길 계획을 확정하고 곧바로 출발해 증산, 영유, 안주를 거쳐 영변에 이르러 다시 분조를 꾸렸다. 안주에서는 명나라 군대와 체찰사 류성룡이 여러 작전을 논의하고 있었다.

일주일 뒤인 1593년 1월 7일 조명연합군에 의해 평양성이 수복되었

「정탁 초상」, 비단에 채색, 167.0×89.0cm, 보물 제487호, 청주 정씨 약포종택 기탁, 유교문화박물관.

「송언신 초상」, 비단에 채색, 167.0×93.0cm, 보물 제941호, 1604년경, 경기도박물관.

「임란전승평양입성도병」, 종이에 채색, 96.7×329.5cm, 조선 후기, 고려대박물관.

다. 분조에 그 소식이 들린 것은 1월 8일이었다. 승전의 기쁨이 채 가시기도 전에 평양성을 떠나면서 종묘 각 실의 선왕들 신주와 영정을 평양에 묻게 했는데, 이를 되찾아야 했다. 그것을 묻은 이는 송언신宋言愼이었다. 분조에서는 송언신을 빨리 보내달라는 장계를 대조에 올리는 한편 함경도의 적들을 공격하고자 왕세자 호위 정예병 300명을 차출해 중요한 길목을 차단하게 했다. 이는 당시 평안도체찰사였던 류성룡의 건의에 따른 것이었다. 당시 류성룡은 평양성 탈환에 지대한 역할을 했지만 그의 조선군 지휘권은 평안도에 한정되어 있었다. 류성룡이 명나라 장수들과 대부분의 군사작전을 수행했기 때문에 분조에서는 대조에 장계를 올려 류성룡이 조선군 지휘권을 지녀야 한다고 건의했다.

1593년 1월 20일 정주.

"1월 20일(갑술) 동궁이 대가를 정주에서 만났다."(정탁, 『약포집』 「피란행록」)

"상이 세자와 백관을 거느리고 사직의 신주를 전알하고 전후 네 번 절하는 예를 행하며 또 종묘 신주에 곡립하고 전후 네 번 절하는 예를 행했다."(『선조실록』 26년 1월 20일)

조명연합군에 의해 평양이 수복되자 광해의 분조에서는 선조의 대조를 모셔 하루빨리 정상적인 조정을 꾸리기를 원했다. 결국 의주에 머물고 있던 대조가 남하하여 1월 20일 평안도 정주에서 만나면서 대조와 분조가 재결합돼 조선 조정은 정상화되었다. 이로써 세자 광해는 임시로 대리섭정을 했던 부담을 내려놓을 수 있었다. 그러나 조선 조정은 여전히 온갖 어려운 상황에 맞닥뜨리고 있었다. 평양성을 탈환하긴

했지만 명나라 군대의 지원으로 얻은 승리였기 때문에 명 장수와 군사들에 대한 대접은 큰 골칫거리였다. 특히 세자 광해는 임금의 명을 받들어 명나라 군사를 지공하는 일에 주력해야 했다.

상이 대신에게 하교했다. '오늘날의 일은 단지 명나라 군사의 식량을 공급하는 데 달려 있다. 내가 필마로 모모某某 신하를 인솔하고 명나라 군사의 후미後尾에서 책응하며 식량 운반을 독려하고 싶지만 이곳에도 명나라 조정의 장관將官을 접대해야 할 일이 있다. 세자로 하여금 안주에 전진하도록 하여 한편으로는 명나라 군사에게 책응하고 다른 한편으로는 식량 운반을 독려하게 하는 일을 의계議啓하도록 하라.'(『선조실록』 26년 1월 20일)

그러나 비변사와 영의정 최흥원, 좌찬성 정탁, 아천군 이증, 병조판서 이항복, 이조판서 이산보 등 주요 대신들은 선조의 이러한 명에 대해 다시 분조를 운영하라는 뜻으로 받아들여 불가하다는 입장을 고수했다. 그리하여 광해를 먼저 내려보내는 일에 반대해 결국 선조는 이를 따르게 된다. 참담했던 초기 전쟁의 형세가 회복되기까지는 명나라의 지원이 절대적이었지만, 적진 깊숙이 들어가 맹활약을 펼친 분조의 역할 또한 큰 것이었다. 더욱이 임금의 피란으로 인해 극도로 악화된 민심을 수습하는 데 커다란 도움을 주었던 까닭에 선조는 내내 이를 불안해했다. 이 때문에 왕과 세자의 갈등은 배가되고, 임진왜란 이후 선조와 광해 사이는 벌어지고 만다.

분조의 여정-적진 속으로, 백성 속으로 가다

임진왜란이 발발하고 분조가 세워진 것은 1592년 6월 14일이다. 선조는 왕세자인 광해에게 조정의 신료들을 이끌고 전쟁을 지휘할 것을 명했다. 즉 임금으로서의 권한을 세자에게 위임한 것이다. 조정 신료 대부분을 세자 곁에 남겨놓고 그 자신은 의주로 갔다. 선조는 처음에 광해에게 함경도 쪽으로 가라고 명령했으나, 당시 전세로는 그쪽으로 발길할 수 없었다. 광해는 적진 가운데인 강원도 이천을 분조의 첫 정착지로 삼았다. 한 달여의 이천 체류 기간 동안 지방관의 임명과 관리, 관군의 지휘, 의병활동의 격려 등 활발한 활동을 펼쳐 민심을 되찾았다. 그러나 왜적의 핍박으로 분조를 곧 평안도 성천으로 옮겨야 했다.

8월 초 성천에 온 세자는 국정 전반을 총괄하면서 활동했는데, 9월 1일 전후로 명나라 장수와 왜 장수 간에 휴전 협정이 맺어졌다. 이 과정에서 조선은 철저히 배제되었다. 그럼에도 성천이 왜군의 공격권 아래에 놓이자 성천에서도 분조를 다시 이동시켜야 하는 상황이 발생했다. 그리하여 여러 논란 끝에 평안도 용강으로 향했다. 한양 수복에 대비하기 위해서 더 남하했던 것이다. 이때가 11월 16일이니 한겨울이었다. 추위가 무척 심해 분조의 군사활동도 많이 위축되었다. 더욱이 세자가 홍역에 걸려 심하게 앓자 분조의 활동 자체가 침체되었다. 세자의 병이 낫고서 다시 분조를 옮겼는데 바로 평안도 영변이었다. 임진년 마지막 날인 12월 29일의 일이다. 영변에 분조를 옮긴 직후 평양성은 수복되었고, 1593년 1월 의주로부터 남하한 선조의 대조와 합류하면서 분조활동은 막을 내렸다.

[지도 3] 1592년 7월 11일~10월 25일까지 강원도 이천과 평안도 성천의 분조 이동 경로

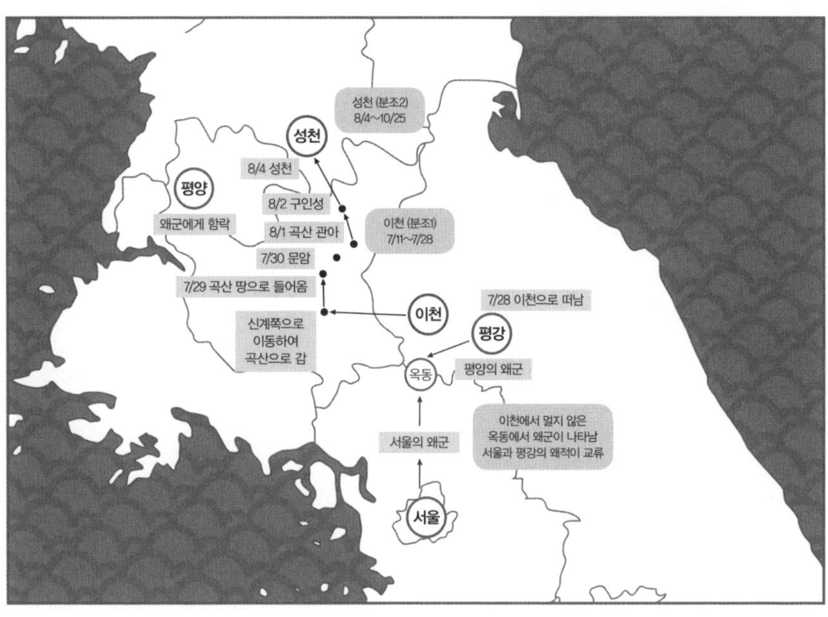

[지도 4] 1592년 11월 16일~12월 29일 평안도 용강과 영변의 분조 이동 경로

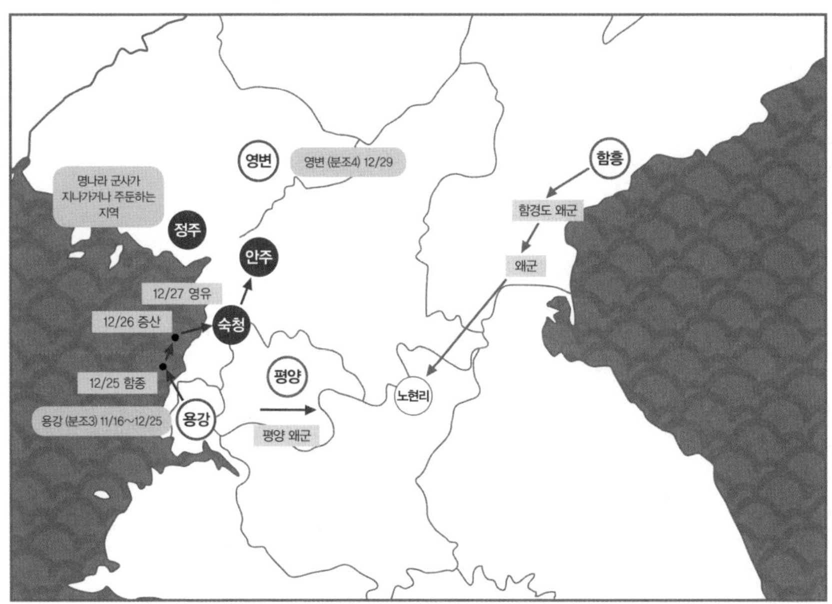

4절

승패는 병가지상사이므로 마땅히 다시 진격해야 하는데, 가벼이 움직이려 하십니까

벽제관 전투 패전 후 한양을 눈앞에 두고 이여송군의 퇴각과 이를 막는 류성룡

1593년 1월.

다음 날 동파로 퇴각하려 하기에 나는 우의정 유홍, 도원수 김명원과 함께 이빈을 데리고 제독의 막사로 갔다. 제독이 막사 밖으로 나오고 여러 장군이 그 좌우에 섰다. 내가 온 힘을 다해 퇴각에 반대하며 '승패는 병가지상사입니다. 마땅히 형세를 살펴서 다시 진격해야 할 터인데 어찌 가볍게 움직이려 하십니까?' 하니, 제독은 '우리 군대는 어제 적을 많이 죽였으니 불리할 것이 없습니다. 다만 이 땅이 비가 내린 뒤 진창이 되어서 군대를 주둔시키기에 불편하므로 동파로 돌아가 병사를 쉬게 한 뒤에 진격하려 합니다'라고 답했다. 나와 여러 사람이 이 결정을 힘껏 반대하니 제독은 이미 명나라 조정에 보고한 문서의 초고를 꺼내서 보여주었다.(『징비록』)

1592년 12월 2차 원군으로 명나라로부터 파견되어 온 경략 송응창宋應昌과 제독 이여송李如松은 4만3000명의 군사를 이끌고 압록강을 건넜다. 1593년 1월 초 조명연합군이 사흘간의 치열한 전투 끝에 평양성을 탈환했다. 1차 원군 조승훈祖承訓 부대가 평양성에서 일본군에게 충격적인 패배를 당한 이후 올린 최대의 성과였다. 평양성을 지키던 왜군은 황해도 봉산–용천–배천을 거쳐 한양으로 철수했고 1만8700명에 달했던 병력은 6600명으로 줄어드는 등 커다란 피해를 입었다.

평양성 전투에서 승리한 이여송은 한결 느긋해진 마음으로 진격을 서두르지 않았다. 하루빨리 한양을 수복해야 하는 조선으로서는 애가 탈 수밖에 없었다. 그러나 왜적이 패배해 이미 평양에서 도망친 이상 그들이 명나라로 쳐들어올지 모른다는 중국의 걱정은 사라졌던 터라 명군이 서두를 필요가 없어졌던 것이다. 이에 류성룡은 명군 제독에게 하루빨리 왜적을 몰아내고 전쟁을 끝내야 한다며 속히 진격할 것을 거듭 요청했다.

얼음이 풀린 임진강을 류성룡의 아이디어를 통해 칡 부교를 이용해 건너고 파주에 도착한 이여송군은 전쟁에 대한 의지가 별로 없었다. 그러던 중 부총병 사대수査大受가 벽제역에서 왜군을 만나 이겼다는 소식을 들은 이여송은 갑작스레 출병을 결정하고는 1000여 명의 군사만 거느린 채 공격에 나섰다. 1593년 1월 27일의 일이었다. 평양성을 함락시킨 지 불과 2주일 만에 다시 공격에 나선 이여송은 본대를 후방에 남겨둔 채 기병과 지휘부만 이끌고 나섰던 것이다. 왜군을 철저히 얕잡아본 결과는 참담했다. 벽제관 전투로 이여송이 직접 지휘하는 북방 기병의 절반은 죽거나 다쳤고 휘하 장수 15명이 전사했는데, 이는 조선에 파견된 명 장수의 25퍼센트에 달하는 수치였다.

이처럼 어이없는 패전에 대해 『징비록』은 다음과 같이 기록하고 있다.

이때 제독이 거느린 병사들은 모두 중국 북방의 기병으로서 화기는 없고, 짧으며 끝이 무딘 칼만 갖고 있었다. 반면 적병은 보병으로서 칼의 길이가 모두 3~4자(90~120센티미터)에 이르렀고 그 날카로움은 명나라 병사들과 비교할 수 없었다. 명나라 병사들이 이들과 충돌하여 싸우는데, 적병은 이 칼을 좌우로 휘두르며 쳐대니 사람과 말이 모두 쓰러져 감히 그 칼을 감당하는 자가 없었다.

류성룡의 이 같은 기록은 모든 성공과 실패에는 반드시 원인이 있기 마련이고, 그 원인을 파악해 대책을 마련하고자 하는 습관에서 비롯된 것이었다. 패전한 이여송은 파주로 돌아왔으며 이튿날에는 동파로 퇴각하려 했다. 이를 막아서고자 했던 이가 류성룡과 우의정 유홍, 도원수 김명원이었다. 류성룡 일행은 이여송에게 승패는 병가지상사라며 위로하고 형세를 살펴서 다시 진격할 것을 권했으나 이여송은 이미 싸울 의지를 잃어버린 터였다. 그리하여 비가 내린 뒤 땅이 진창이 되어 군대를 주둔시키기에 불편하고 병사를 쉬게 할 필요가 있다는 핑계로 결심을 바꾸지 않았다.

다음 날 임진강을 건너 동파역으로 퇴각한 명나라 병사들은 동파에서 다시 개성부로 퇴각하려 했다. 류성룡은 "대군이 한번 후퇴하면 적의 기세는 더더욱 교만해질 것이니 가깝고 먼 지방의 사람들이 모두 놀라고 두려워해서 임진 북쪽도 지킬 수 없을 것입니다"라며 만류했지만, 이여송은 거짓으로 그렇게 하겠다고 답하고는 류성룡이 물러나자 개성부로 돌아가고 말았다. 당시 의주로 피란해 있던 선조와 조정 신하들은 평양성 승리 이후 명군이 이 땅에서 일사천리로 왜군을 몰아내기를 바랐다. 그러니 명군의 후퇴는 오직 우리 신하들의 정성이 부족하고 설득력이 모자란 것 때문이라고 생각할 따름이었다.

명나라 군대가 개성으로 퇴각한 뒤 시간은 속절없이 흘러만 갔다.

문제는 대군에게 공급할 군량미였다. 오직 수로를 통해서만 강화도의 좁쌀과 말 먹일 풀을 구할 수 있었고 충청도와 전라도에서 세금으로 받은 쌀이 배로 운반되었는데, 조금씩 올 때마다 즉시 바닥나버리니 상황은 더욱 다급해졌다. 명나라 장수들은 식량이 떨어졌다는 이유로 이여송에게 철군을 요청했고, 이여송은 류성룡과 호조판서 이성중, 경기좌감사 이정형 등을 불러 질책하며 군법을 시행하려 하기도 했다.(『징비록』) 그러고는 마침내 평양으로 돌아가버렸다. 물론 그 이유는 왜장 가토 기요마사가 함경도에서 와서 평양을 습격하려 한다는 것이었지만, 원래 퇴각하기를 바랐던 이여송은 좋은 기회라 여기고 돌아간 것이었다. 게다가 임진강 남쪽에 있는 조선군도 임진강 북쪽으로 퇴각해야 한다고까지 했다.

이때 류성룡의 답답함은 그가 동문 김성일에게 보낸 편지(1593년 2월)에 잘 드러나 있다.

> 명군이 지난달 8일 평양을 평정하고 승승장구하여 곧장 진격해 20일 뒤 파주에 도착했는데, 병세兵勢가 매우 막강했고 적은 거의 도망쳤습니다. 그런데 명 장수가 한양의 형세를 직접 보려고 홀로 휘하의 군사 1000여 명과 함께 벽제까지 전진했다가 갑자기 대적과 서로 맞섰습니다. 이때 그대로 적진을 향해 돌격해 적의 좌진을 무너뜨렸는데 우진이 합세해 공격을 퍼부어 결사적으로 후퇴하지 않자, 명의 장수는 불리하여 후퇴했고, 이로 인하여 파주로부터 동파로 돌아왔습니다. 그 후 날씨는 또한 계속 비가 내렸는데, 동파에는 작은 집 한 칸도 없어 장수나 군사들이 노숙하다가 할 수 없이 다시 개성으로 후퇴하여 길이 조금 마를 때를 기다려서 전진하려 했습니다. 그런데 성안에 적병이 제법 많다는 소문을 듣고 또 함경도에 있는 적이 서쪽을 향한다는 소식을 듣자, 1만여 명의 군사를 남겨 개성과 임진을 수비하게 하고, 자신은 평양

으로 가서 병력을 조달한 다음 다시 진격하겠다 하므로 힘을 다해 말렸으나 따르지 않고 가버렸습니다. 다 되어가던 일이 이토록 틀려지니, 하늘의 뜻이 과연 어떠하기에 또한 이 모양인지 알 수가 없습니다. 통곡하고 울면서 죽고만 싶습니다.(『서애선생문집』 10, 사순 김성일에게 답하는 글)

류성룡은 이처럼 앞이 캄캄한 상황에서도 명나라 병사들의 퇴각을 막기 위해 최선을 다했다. 평양으로 물러나겠다는 소식을 듣고는 종사관 신경진을 이여송에게 보내 군대를 철수하면 안 되는 이유 다섯 가지를 전달했다. 그 다섯 가지란 첫째 선왕의 무덤이 모두 경기도에 있고 이 무덤들이 적의 점령 하에 놓여 있으므로 모두 이를 회복시키려는 마음이 간절하다는 것, 둘째 경기 이남의 백성이 명나라 군대가 오기를 날마다 바라고 있는데 갑자기 군대가 후퇴했다는 소식을 들으면 모두 적에게 투항할 것이라는 것, 셋째 우리나라 땅은 한 자 한 치라도 쉽게 버릴 수 없다는 것, 넷째 우리나라 장졸들이 모두 명나라 군대의 힘을 빌려 함께 전진할 계획을 짜고 있는데 퇴각하면 모두 원망하고 분노하여 흩어지리라는 것, 다섯째 한번 퇴각한 뒤에 적이 그 뒤를 쫓아오면 임진강 이북도 지키기 쉽지 않다는 것이었다. 그런데 이여송은 이를 듣고 있다가 아무런 대꾸도 하지 않은 채 자리를 떴다. 그만큼 그는 싸울 마음이 없었던 것이다.

이 시기에 한양에 주둔해 있던 왜군은 여러모로 어려운 상황에 처했다. 비록 벽제관 전투에서 승리를 거두긴 했지만 조선군의 집요한 공격으로 서서히 와해될 조짐을 보였다. 당시 우리 군이 거둔 가장 큰 성

――― 「임란황성포위도壬亂皇城包圍圖」, 일본, 종이에 채색, 104.0×66.0cm, 국립중앙박물관. 1593년 1월 일본군의 한양 집결 시 주둔한 일본 군대의 배치도다.

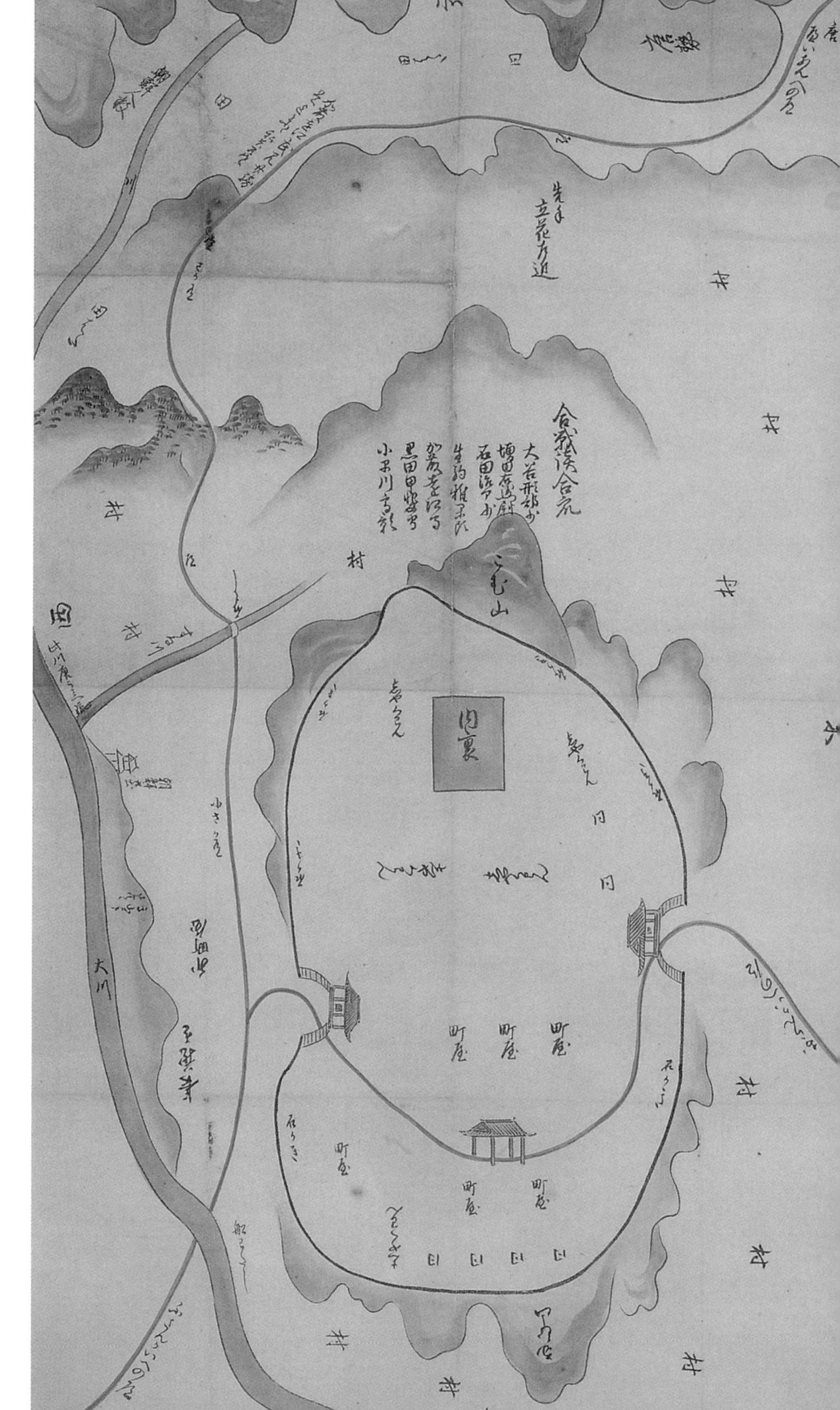
内裏
大川
町屋
村

과는 임진왜란 3대 대첩 가운데 하나인 행주대첩이었다. 당시 행주산성을 지키고 있던 이는 전라도 순찰사 권율이었다. 권율은 명나라 군대가 한양으로 진격한다는 소식을 듣고는 행주산성으로 들어가 지키고 있었다. 왜군이 한양에서 나와 행주산성을 공격했지만 우리 군은 배수의 진을 친 덕분에 왜군을 모두 물리칠 수 있었다. 이때 류성룡은 명나라와의 연합 작전을 통해 한양에 있는 왜군들을 공략할 방안을 제시했지만, 이여송은 이마저 허락하지 않았다.

이여송이 이렇듯 싸움을 저어한 이유는 명나라 조정의 입장이 이미 강화 쪽으로 기울었기 때문이다. 행주산성에서 패한 이후 왜군은 한양 주변을 마음대로 돌아다닐 수 없게 되었다. 1593년 3월 14일 함경도에서 왜군은 두 왕자와 포로가 된 황정욱에게 편지를 쓰도록 해서 창의사 김천일 장군 진영으로 보내왔다. 내용은 조선과 명에 강화를 요청하는 것이었다. 조선은 물론 이를 거부했지만, 명나라는 송응창과 이여송이 재빨리 강화회담에 응했다. 이여송은 심유경을 적진에 보내 화의를 교섭하게 했다. 이 소식을 들은 류성룡은 이여송에게 강화에 반대한다는 입장을 분명하게 밝혔다.

> 김명원이 심유경을 만나 '적은 평양에서 속은 것에 화를 내고 있을 터이니 당신에 대하여 좋은 마음은 없을 것입니다. 어찌 다시 들어갈 수 있겠습니까?'라고 하자, 심유경은 '적이 스스로 빨리 퇴각하지 않았기 때문에 패한 것이니, 그 일이 나와 무슨 관계가 있겠습니까?' 하고는 마침내 적의 무리 속으로 들어갔다. 그들이 무슨 이야기를 했는지는 듣지 못했지만, 대체로 왕자와 신하들을 돌려보내고 부산으로 철군한 뒤에야 화의를 허락할 것이라는 내용이었을 것이고, 적은 약속을 지키겠다고 요청했기 때문에 마침내 제독은 개성부로 돌아왔다. 내가 제독에게 '화의는 계책이 아닙니다. 그들을 공격하는 것이 제일입니다'라고 강

하게 주장하는 문서를 보냈더니, 제독은 그 문서에 '이는 처음에 내가 생각한 것과 같습니다'라는 글을 적어서 보내왔지만 결국 내 말을 들을 뜻은 없었다.(『징비록』)

행재소에서 강화 소식을 들은 선조와 대신들 또한 경악할 수밖에 없었다. 선조는 "일전에 듣건대 김천일이 이신충 등을 보내어 적중에 드나들게 한다더니, 일이 매우 놀랄 만하다. 설사 명나라 장수가 왜적과 강화하려고 하더라도 마땅히 힘껏 다투어 그치지 말아야 할 터인데, 어찌 먼저 스스로 사람을 보내 강화하기를 원하는 것처럼 하는 일이 있어서야 되겠는가? 경은 이 일을 더욱 엄격하게 금지시켜야 할 것이다"(『진사록』)라며 강화 교섭에 대한 강한 거부 반응을 보였다. 류성룡의 입장에서는 당연히 강화를 받아들일 수 없었고, 이는 필연적으로 이여송 및 명나라 지휘부와 마찰을 빚게 되었다. 가장 큰 대립은 기패에 대한 류성룡의 참배 거부 사건이었다.

명과 조선은 책봉-조공 관계에 있었다. 따라서 명 황제의 기패는 곧 황제가 지닌 권력을 상징했다. 기패란 황제가 내린 기旗로 황제의 명령을 전달하는 데 쓰였는데, 이 기를 어떻게 사용할 것인지에 대해서는 현지 지휘관이 결정했다. 명과 왜의 강화회담이 용산에서 벌어지던 때에 류성룡이 머물던 파주를 명나라 유격장군 일행이 기패를 앞세우고 지나갔다. 류성룡이 그들에게 가는 곳을 물었더니 경성에 있는 왜의 진영이라고 했다. 그러자 류성룡은 왜의 진영으로 가는 기패에는 머리를 숙일 수 없다며 기패에 대한 참배를 거부했다. 명나라 입장에서 이는 그냥 넘길 만한 사안이 아니었다. 그리하여 이여송은 군율로 류성룡을 다스리겠다며 군영으로 불러들여 빗속에 반나절이나 세워두었다. 힘없는 나라 대신의 비참한 모습이 아닐 수 없었다.

기패를 사용한 경략 송응창의 패문에는 "조선국이 왜적과 더불어

진실로 함께 한 하늘 아래에서 살 수 없는 원수가 되었지만, 그러나 왜적이 지금은 벌써 조공 드리기를 원하고서 항복을 청하니 잠시만 본부의 명령을 기다릴 것이며, 보복하고자 해서 싸움을 일으키는 자는 베어 죽일 것이다"(『진사록』)라고 되어 있어 조선군이 왜군과 싸움을 벌이는 것조차 허락하지 않았다. 이 와중에 왜군은 명군으로부터 안전을 보장받고 4월에 한양에서 철수했다. 한양에 들어간 류성룡은 이여송에게 왜군을 급히 추격해야 한다고 재촉했지만, 이여송은 한강에 배가 없다는 둥 발병이 났다는 둥 핑계를 대며 회군했다. 류성룡이 조선군으로 하여금 뒤쫓아 공격하게 했으나 도리어 명나라 병사들이 백방으로 방해했고, 심지어 우리 장수들을 구금하기까지 했다.

한양에서 철수를 준비하는 왜군들은 조명연합군의 추격을 조금이라도 지연시키기 위해 한양에 대한 청야淸野(들판을 깨끗이 비우는 것) 작전을 펼쳤다. "왜적이 경성 백성을 대량 학살했다. 행장(고니시 유키나가) 등이 평양의 패전을 분하게 여긴 데다 우리나라 사람들이 밖에 있는 명나라 군사와 몰래 통했는가 의심하여 도성 안의 백성을 모조리 죽였다. 오직 여인들만이 죽음을 면했으므로 남자들 중에는 혹 여자옷으로 변장하고 죽음을 면한 자도 있었다. 공공기관의 건물이나 개인의 가옥도 대부분 불태워버렸다. 이때 경성 서쪽에 주둔해 있던 적이 모두 경성으로 모이면서 경성에서 가까운 산과 들을 모조리 불태웠으므로 명나라 군사가 말을 먹일 수 없었다"(『선조수정실록』 26년 1월 1일)라고 한 실록의 기사는 당시 철수 중이던 왜군이 한양 주변에 어떤 조치를 취했는지를 알려준다. 임진왜란 당시 승부에 분수령을 이루었던 전투가 몇 번 있지만, 그 가운데 1593년 초에 벌어진 벽제관 전투와 행주대첩은 각각의 입장에서 매우 중요한 싸움이었다. 왜군 입장에서 명나라 군대와 싸워 승리를 거둔 벽제관 전투는 평양성 패전 이후 전세를 회복할 기회였고, 조선 입장에서 행주대첩은 평양성 승전 이후 계

『회본태합기繪本太閤記』, 22.5×16.0cm, 국립진주박물관. 도요토미 히데요시의 일대기를 글과 그림으로 엮은 책으로 임진왜란의 주요 장면들이 묘사되어 있다. 일본군이 퇴각하면서 한양에 불을 지르는 장면(위), 조선인들의 귀를 베어다가 귀무덤을 조성하는 장면(가운데), 울산성의 가토 기요마사 군사들이 조명연합군에 포위된 장면이다.

속 남하해서 한양을 수복하고 그 여세로 왜군을 몰아낼 수 있는 절호의 기회였다. 벽제관 전투에서 승리한 왜군은 행주대첩에서 패전하면서 전세를 만회할 기회를 놓쳤고, 조선군은 명나라의 강화 정책에 휘말려 좋은 기회를 놓쳤던 것이다. 류성룡은 이러한 정세를 꿰뚫고 있었다. 그렇기 때문에 대국의 제독에게 강권하다시피 하여 왜군에 대한 공세를 늦추지 말기를 청했고, 끝내 조선의 입장이 반영되지 않은 강화 교섭을 반대했던 것이다.

이여송李如松(1549~1598)

명나라 말기의 장수. 요동 출신으로 1592년 영하寧夏(회족 자치구)에서 일어난 명나라 내부의 반란을 진압하고, 2차 조선 원군으로 파병되어 평양성 전투에서 승리했으나 바로 벽제관 전투에서 패전한 뒤

『당장시화첩』, 64.5×94.8cm, 보물 제160호, 유교문화박물관. 임진왜란 때 명나라 제독 이여송이 서애에게 보낸 부채다.

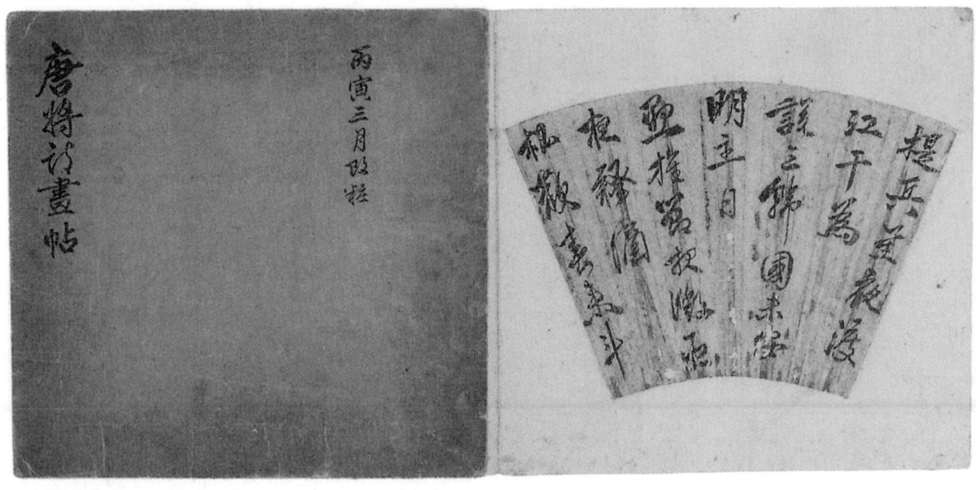

소극적인 태도로 일관하다가 1년여 만에 철군했다. 그는 정유재란 이후 타타르와의 전투에서 전사했다. 임진왜란 당시 평양성 승전 등 전세의 역전에 기여했으나, 이후 전쟁을 조기에 종식시킬 절호의 기회를 강화 교섭 때문에 놓쳤다는 평가를 받았다.

4장

/

조종의 기업을 재조再造하셔야 합니다

1절

만약 발탁할 만한 인재가 있으면 불차탁용不次擢用하소서

인재 등용에 대한 각종 상소

1591년 2월.

사간원에서 '전라좌수사 이순신은 현감으로서 아직 군수에도 부임하지 않았는데 좌수사에 갑자기 제수하시니 그것이 인재가 모자란 탓이긴 하지만 관작의 남용이 이보다 심할 수 없습니다. 체차시키소서' 하니, 임금께서 답하셨다. '이순신의 일이 그러한 것은 나도 안다. 다만 지금은 일상적인 규정에 구애될 수 없다. 인재가 모자라 그렇게 하지 않을 수 없다. 그 사람이면 충분히 감당할 터이니 관작의 고하를 따질 것이 없다. 다시 논하여 마음을 동요시키지 말라.'(『선조실록』 24년 2월 16일)

당시 선조는 일본의 상황이 날로 급박해지기는 것을 인식하고 있었다. 그렇기 때문에 비변사에 명을 내려 장수가 될 만한 사람을 추천하라는 지시를 내렸던 것이다. 이에 류성룡은 이순신李舜臣과 권율權慄을 뽑아 올려 교지에 응했다. 1591년 2월 류성룡은 우의정과 이조판서를 겸하고 있었다. 인재 발탁에 가장 핵심적인 지위에 있었던 것이다. 이조는 6조 가운데 인재 등용 문제를 직접 맡았던 부서이므로 그의 영향력은 매우 컸다고 볼 수 있다.

> 2월. 형조정랑 권율을 천거해 의주목사를 삼고, 정읍현감 이순신을 천거해 전라좌도 수사로 삼았다. 이때 일본의 소식이 날이 갈수록 다급해졌다. 상이 비변사에 명을 내려 장수가 될 만한 인재를 천거하라고 하자 선생은 권율과 이순신을 천거하여 교지에 응했다. 두 사람은 이때 하급 관료로 별로 명망이 없었으나, 그 후에 모두 국가를 중흥시키는 명장이 되었다. 그중에서도 이순신의 공로가 더 드러났다.(『서애선생연보』 50세)

『연보』에 나와 있듯이 이순신과 권율은 그때까지 하급직에 머물러 명성이나 인망이 별로 없었다. 이순신은 담력과 지략을 지녔고 말타기와 활쏘기를 잘했지만, 조정에서 그를 밀어주는 사람이 없어 과거에 합격한 뒤 10여 년 동안 출세하지 못하다가 비로소 정읍현감이 된(『징비록』) 터였다. 그러나 그 후에 두 사람 모두 국가를 다시 일으켜 세우는 명장이 되었다고 기록했다. 그만큼 임진왜란의 극복에 커다란 영향을 주었던 이들을 류성룡이 천거한 셈이다. 이순신은 종6품 정읍현감에서 정3품 전라좌수사로 파격적인 발탁을 했고, 권율도 형조정랑에서 국경지대의 요충지인 의주목사로 발탁했다. 두 인물이 임진왜란 때 국가를 위기에서 구해내는 공로를 세웠음은 널리 알려져 있다. 이순신은 한산도 대첩을 계기로 조선이 제해권을 장악함으로써 곡창지대인 전라도 지방을 지킬 수 있도록 했다. 우리에게는 군량미 확보를, 반대로 왜

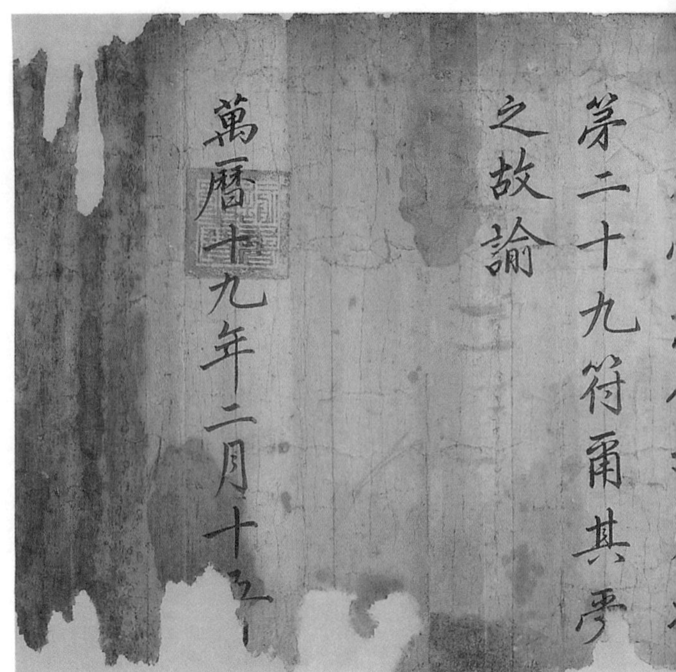
第二十九符爾其
之故諭
萬曆十九年二月十

군에게는 군량미 확보의 부담을 지운 결정적인 역할이었다. 권율은 3000명도 안 되는 적은 군사로 행주산성에서 3만여 명의 왜군과 격전을 벌여 2만4000명의 적을 죽이거나 부상하게 만든 행주대첩의 명장이다. 평양성 전투 승리 직후 벽제관 전투에서 패하면서 전세가 한풀 꺾여 있던 터에 이룬 쾌거였다. 이로 인해 왜군의 한양 철수는 가속화되었다.

이러한 인재 발탁은 류성룡이 지닌 철학과 통찰력이 아니었다면 이뤄질 수 없는 것이었다. 물론 쉽지는 않았다. 특히 이순신에 대해 종6품에서 정3품까지 7품계를 뛰어넘는 진급 결정을 내리자 조정 안팎에서 많은 논란이 일었다. 류성룡도 『징비록』에서 "내가 이순신을 천거하여 그가 정읍현감에서 여러 단계를 뛰어넘어 수군절도사로 승차하니, 어떤 사람들은 그의 갑작스러운 승진을 의심했다"고 적었다. 그도 그럴

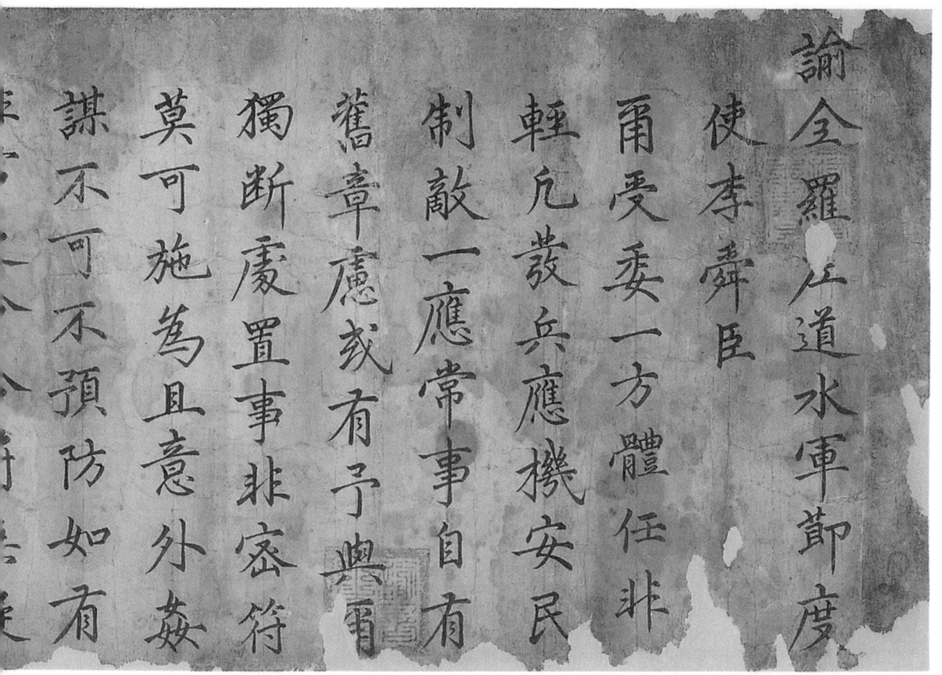
諭全羅左道水軍節度
使李舜臣
爾受委一方體任非
輕凡發兵應機安民
制敵一應常事自有
舊章慮或有予與爾
獨斷處置事非密符
莫可施爲且意外姦
謀不可不預防如有

——「사부유서賜符諭書」, 62.0×120.5cm, 보물 제1564호, 1591, 현충사. 이순신을 전라좌수사로 임명하면서 발병부와 함께 내린 문서다.

것이 조선 역사를 통틀어서 이처럼 파격적인 인사는 단행된 적이 없기 때문이다. 사간원의 상소에서도 볼 수 있듯이 "관작의 남용"이라는 표현이 지나치지 않다 싶을 만큼 상식을 초월한 인사였다.

> 사간원이 아뢰기를 '이순신은 경력이 매우 얕으므로 중망衆望에 흡족할 수 없습니다. 아무리 인재가 부족하다고 하지만 어떻게 현령을 갑자기 수사水使에 승임시킬 수 있겠습니까. 요행의 문이 한번 열리면 뒤 폐단을 막기 어려우니 빨리 체차시키소서……' 하니, 답하기를 '이순신에 대한 일은 개정하는 것이 옳다면 어찌 개정하지 않겠는가. 개정할 수 없다' 하였다.(『선조실록』 24년 2월 18일)

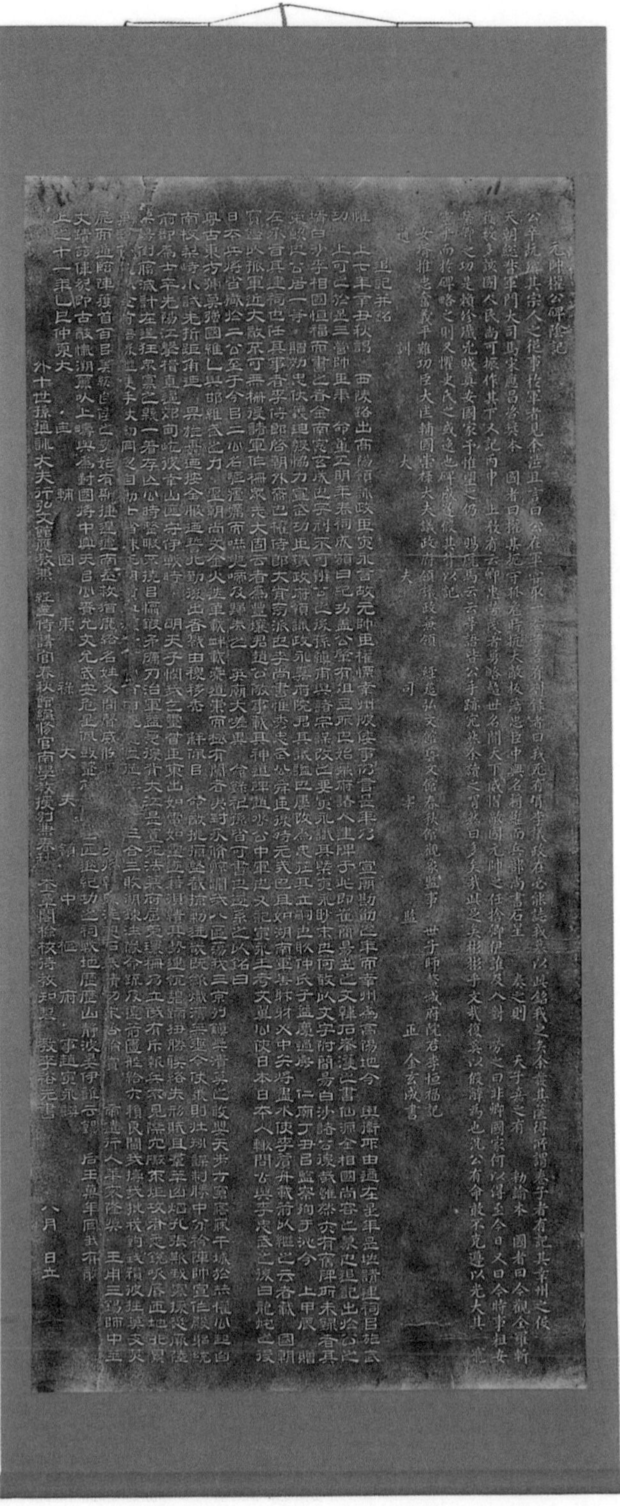

「행주대첩비」, 탁본, 216.6×99.7cm, 1602, 한신대박물관. 권율의 행주대첩을 기념해 건립한 행주대첩비의 탁본.

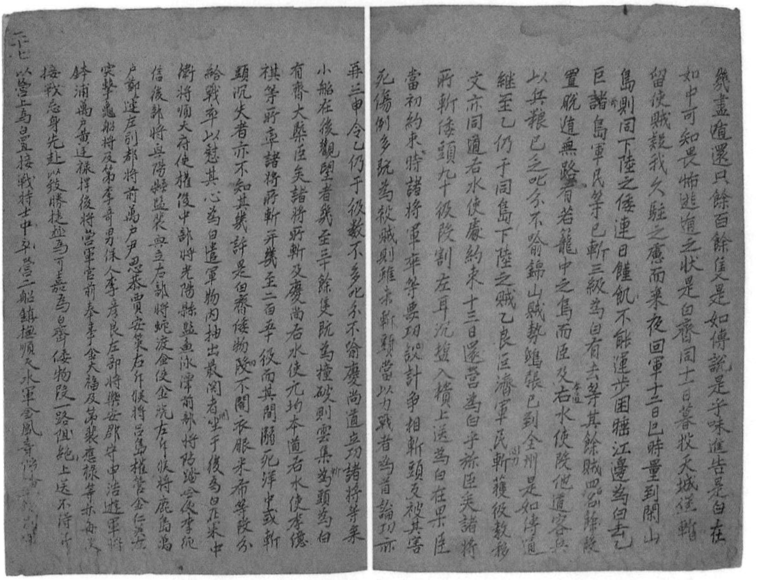

──「한산해전의 승리를 아뢰는 장계」, 『임진장초壬辰壯草』, 이순신, 1592, 현충사.

사간원이 이순신의 등용은 일상적인 규정을 뛰어넘는 것이라며 반대했을 때 선조가 인재가 없어 어쩔 수 없다고 답하자, 이제는 경력 문제를 들고나왔다. 즉 경력이 부족해서 사람들의 바람에 부응하기 어렵다는 것이었다. 이러한 승진 사례가 생기면 뒷날에도 같은 폐단이 발생할 것이니 취소해달라는 요청이 올라왔다. 그러나 선조의 의지는 흔들림 없었다. 즉 이순신의 등용을 취소하는 것은 옳지 않다는 답변을 내려 개정할 뜻이 없음을 내비쳤던 것이다.

선조가 이처럼 확고한 믿음을 지녔던 것은 무엇 때문일까? 이순신은 당시 중앙 정계에 잘 알려지지 않은 지방의 현감이었을 뿐이다. 출신 또한 명문가라고 할 수 없었다. 여기에 류성룡의 인재 등용을 위한 노력이 있었다. 조선시대의 인재 등용 방법에는 몇 가지가 있었다. 그중 비중이 가장 큰 것은 역시 과거제도였는데, 유교 경전과 문장 능력 등으로 선발하는 것이었다. 그다음은 문음제도로, 조상이 높은 벼슬을 지낸 경우 그 자손들이 혜택을 받는 형태다. 그다음 천거제도가 있는데 앞의 두 경우와는 달리 추천에 의해 사람을 뽑는 것이었다. 특히 천거제는 과거제나 문음제가 안고 있는 한계를 극복하고자 마련된 등용책으로 16세기 사림파 집권 이후 주목을 받았다.

천거제도는 천거할 수 있는 범위가 넓으면 넓을수록 그 효과가 높이 나타나기 때문에 류성룡은 가능한 한 그 범위를 확대하기 위한 노력을 경주했다. 즉 드러나지 않은 인재, 유능하면서도 낮은 직책에 머물고 있는 인재를 많이 발탁하려 했던 것이다. 2품 이상의 문무 관료와 사헌부, 사간원, 홍문관의 추천을 받았고, 지방에서는 각 도 관찰사와 병마사, 수령들이 자기 지역의 인재를 추천하게 했으며, 추천에서 빠진 자들은 스스로를 천거할 수 있도록 했다. 1595년 1월 비변사에서 올린 글은 그 단면을 보여준다.

> 인재의 선발 문제와 같은 것도 우리나라의 선발 규정은 과연 폭넓지 못해 자격資格과 지망地望 그리고 출신이고 아니고에 각각 구애받는 바가 있어 비록 어진 인재가 있더라도 세상에 쓰임을 보지 못하니, 어찌 애석한 일이 아닙니까. 조정에서는 방법을 고쳐야 할 것입니다. 과거를 실시하여 인재를 뽑는 일에 이르러서도 인재 등용하는 길을 예전처럼 너무 좁게 아니한다면, 인재를 유실할 염려가 거의 없을 것입니다. 이것을 착실히 시행하고 허위로 교착시키지 말게 한다면 족히 그 실효를 거둘 터이니, 반드시 과거를 별도로 실시하지 않아도 인재 쓰는 도리를 다할 수 있을 것입니다.(『선조실록』 28년 1월 30일)

한편 천거의 범위가 넓어지면 부작용이 뒤따를 염려도 있기에 이를 보완하는 연좌제를 도입했다. 연좌제란 추천된 사람이 관직생활을 하면서 자기가 맡은 일을 제대로 수행하지 못할 경우 추천인에게까지 그 책임을 물어 처벌하는 것이었다. 이는 선조가 직접 "이제 당상 이상에게 군공이 있는 자와 곡식을 납입한 자 가운데 쓸 만한 사람을 각기 아는 대로 천거하도록 하고, 천거된 자가 혹 용렬하여 임무를 감당하지 못하며 탐오貪汚하고 법을 범하면 그 거주擧主(추천한 사람)를 죄를 다스리고 비변사에 말하라"(『선조실록』 28년 12월 20일)고 함으로써 책임자가 아무나 추천하지 못하며 공정하고 책임 있는 추천이 이뤄지도록 한 것이다.

하지만 인재 등용은 조선과 같은 신분제 사회에서는 명백한 한계를 노정했다. 이것은 능력이 아무리 출중해도 신분에 의해 그 역할이 제약받는 제도적인 문제였다. 실제로 임진왜란 당시 무예 실력이 뛰어난 노비를 충군하자는 방책에 대해 대부분의 사대부는 극력 반대하고 나섰다. 이는 개인의 노비를 군사로 삼는 데 대해 자신의 이익을 양보할 수 없다는 양반의 기득권 수호 때문이었다. 1595년 12월 유조인柳祖認의 상소에 대한 류성룡의 회계回啓는 그 같은 비난을 비판하고 있다. 다소 길지만 전문을 인용한다.

> 유조인의 상소로 인하여 회계했다. 그 대략은 다음과 같다. '유조인의 상소에서 시대의 폐단을 논하면서, 포수·살수가 우리나라의 장점이 아니라는 점과 아울러 사가의 노비를 군사로 삼는 실책을 극력 진술했습니다. (…) 이러한 때에는 비록 한신韓信(한 고조를 도와 항우를 멸망시키고 한나라 창업에 공을 세웠다)과 백기白起(진나라 장수로 조나라 70여 성을 빼앗고 40만 조군을 항복시켰다)로 장수를 삼아도 당할 수 없습니다. 근세에 중국에는 조총이 없다가 척계광戚繼光이 비로소 제조법을 얻어 군사를 훈련시킴으로써 도리어 중국의 기술이 되었습니다. 사람의 성질이란 그렇게 서로 다르지 않으니 익혀서 성취하지 못했다는 것은 어리석은 신으로서도 듣지 못했습니다. 우리나라가 200년 동안 태평하던

나머지 군정을 정리하지 않았다가 갑자기 강적과 서로 대적하여 순식간에 무너져 이 지경이 되었습니다. 지금 파멸당한 나머지 허물어진 것은 모두 새롭게 하고 밤낮으로 찾아 보수하여 원수를 갚고 치욕을 씻기로 마음먹는 것이 옳은 일인데 도리어 군사 훈련이 급하지 않다 하니, 또한 세정에 어둡고 시무에 맞지 않음을 알겠습니다. 사가의 노비를 군사로 삼는 폐단을 공공의 이치로 말하면, 사가의 노비는 단지 백성이 아닙니까. 지금 사직은 폐허가 되었고 생민은 다 죽어갑니다. 국가는 이에 계책을 낼 수 없어서 어렵게 수십백천 명의 군사를 수습해 훈련시키고 왜적을 방어할 계획으로 한 해가 지나도록 보완했으나, 모양을 이루지 못했습니다. 뜻있는 선비라면 눈물을 흘리는데 곧 무식한 무리는 이의를 고무 진작하여 하지 않는 것이 없으니, 그 현명함의 여부가 어떠하겠습니까. (…) 그러나 유조인의 견해는 여기에 미치지 못한 것 같습니다.' 임금이 가상히 여겨 탄복해 마지않았다. 임금이 등사하여 병풍을 만들어 들이라 명한 뒤 앉은 자리 옆에 쳐놓았다.(『서애선생연보』 54세 12월)

전쟁 중이던 당시 군역의 책임이 없던 노비들을 민과 같이 군대에 편입시킨 류성룡의 생각이 물론 유교적인 명분론에 입각한 신분제를 부정한 것은 아니었다. 하지만 인간의 재능, 능력의 차이를 인정하는 바탕 위에서 개인의 능력에 따라 신분 상승을 도모할 길이 보장되어야 한다는 것이 그의 기본 입장이었다. 이러한 사고의 배경에는 당시 인사제도의 비합리성에 대한 그의 비판과 통찰력이 깔려 있었다.

조선 초 이래 과거와 음서제도, 그리고 천거제 등 다양한 인재 등용책에도 불구하고 오랜 기간 궁중의 엽관 행위나 붕당 대립이 있은 뒤 인사의 공정성이 훼손되거나 하는 일을 국가 발전의 저해 요소로 인식했던 것이다. 류성룡은 경성에서 사방의 날래고 용감한 군사를 모집하는 데 역시 사족, 서얼, 공노비나 사노비, 역을 담당하고 안 하고를 막론하고 용력 있는 자를 선발할 것을 주장했고, 기술자가 그 일을 잘하려면 반드시 기구를 예리하게 만든다는 옛말을 인용해 인재란 바로 국가의 예리한 기구라고 했다. 즉 나라가 부강해지려면 우선 집권자들이 정치를 잘해야 하고, 그러한 정치의 바탕은 올바른 인재를 얻는지의 여부에 달려 있으므로 결국 인재 선발이 정치의 핵심 요소임을 간파했던 것이다.(『서애선생문집』 5, 차자, 시무時務를 아뢰는 차자, 갑오년 4월)

류성룡의 이러한 등용책은 널리 인재를 구할 것을 청하는 계사啓事로 집약된다. 이 글에서 그는 100가지 장점이 있어도 한 가지 허물이나 모자란 점 때문에 등용되지 않는 실상을 비판하고 관직의 유무, 천민 여부, 서얼 여부, 승적 여부를 떠나 인재를 뽑아 쓸 것을 계청했다. 이때 필요한 쓰임새에 따라 10가지 인재 등용책을 올렸는데, 요약하면 다음과 같다.

1. 재지才智와 식견, 사려가 있고 병법을 밝게 깨달아 장수의 임무를 감당할 수 있는 사람
1. 학술이 있고 시무를 알며, 자상하고 청렴 근신하여 재주가 수령을 감당할 만한 사람
1. 담력과 도량이 있고 언사를 잘하여 능히 사명을 받들고 외국에 가거나, 또 적중에 드나들며 동정을 정찰할 만한 사람
1. 집안에서 효제하여 한 고을의 모범이 되고, 강개하여 나라를 위해 목숨을 바칠 수 있으며 견디어 관직에 들어갈 수 있는 사람
1. 문장이 특출하여 사명을 잘하는 사람
1. 용력이 있고 활을 잘 쏘거나, 혹 칼과 창을 잘 쓰며, 혹 무거운 것을 짊어지고 빨리 달리며, 혹 담기가 있어서 적진에 오름을 두려워하지 않는 사람

1. 능히 농사에 힘쓸 줄 알아서 백성에게 밭 갈고 파종할 것을 권장하며, 조습燥濕의 마땅함을 분별하여 황무지를 개간해 둔전을 만들 수 있는 사람
1. 이재를 잘하여 혹 바닷물을 끓여서 소금을 만들거나 혹 산에 가서 무쇠를 주조하여 이것을 옮겨서 저것과 바꾸며, 변천하며 무역하여 상품이 되는 물건을 처분하고 팔아서 이익을 올려 쓰는 데 넉넉하게 할 수 있는 사람
1. 산수에 능통하여 회계를 잘 보며, 군대의 식량을 알맞게 처리하되 조금도 틀리지 않는 사람
1. 공교한 성격이 있어서 창과 칼을 만들거나, 혹 구워서 화약을 만들 줄 알며, 능히 조총과 크고 작은 포와 또 성을 지키는 데 쓰이는 기계를 만들 줄 아는 사람

위에서 제시한 등용책 가운데 가장 중시한 것은 역시 군사에 관한 항목이었다. 총 다섯 항목으로 전체의 절반을 차지할 만큼 임진왜란 때 군사는 매우 중요했다. 특히 유능한 장수는 군사적 기능만 잘 갖춘 것이 아니라 현재에 대한 분석과 미래에 대한 문제 대처도 할 줄 아는 재주와 지혜를 겸비한 인물이어야 했다. 그것은 옛 제도에 집착하는 것이 아니라 새로운 변화에 적응할 줄 아는 유능한 인재상을 의미했다. 그다음으로 중요한 것이 지방관의 문제였다. 민심이 조정을 떠나버린 상황에서 무엇보다 백성의 생활을 안정시켜 그 마음을 되돌릴 지방관이 필요했다.

류성룡의 인재 등용책에 의해 공적을 쌓은 인물로는 앞서 언급한 이순신, 권율이 대표적이며 이외에도 신충원辛忠元을 꼽을 수 있다. 그는 충주 사람으로 임진왜란 때 류성룡에 의해 발탁되어 조령 수문장을 지냈다.

> 내가 계사년(1593, 선조 26)에 남쪽의 진중을 왕래하면서 다시 조령의 형세를 보니, 관문을 설치하고 양변을 따라 복병하면 적을 방어할 수 있을 것 같았으나, 군읍에 씻은 듯이 사람이 없어서 어찌할 도리가 없는 것이 한스러웠다. 충주 사람 신충원이란 자가 전에 의병으로 조령에서 적병의 허리를 꺾어 목을 베고 노획한 군공으로 수문장이 되었는데, 조령의 도로를 하나같이 알고 있어 그곳에 가기를 청했다. 내가 조정에 아뢰어 보내면서 공명첩 수십 장을 주고 그로 하여금 사람을 모집해서 쌓게 했다. 드디어 응암鷹巖에다 성을 쌓고 문루를 세우게 하며, 유랑민을 모아 달천㺚川·장항麞項·수회촌水回村·안보安寶에 둔전屯田을 하여 도로를 소통시키라고 했다. 신충원이 모집한 이들 중에 공사천公私賤이 많았는데 관리 및 노예를 잃은 주인들의 비방이 자자했고, 신충원 또한 지나치고 거슬린 일이 없지 않았다. 이 때문에 끝내 죄를 얻어 금부에 잡혀 형을 100여 차례 받고 사면이 있어도 풀려나지를 못했다. 그러나 정유년(1597, 선조 30)에 왜적이 재차 움직였을 때 조령을 경유하지 않았고, 전라·충청도의 피란민들로 신충원을 찾아가 의지한 사람이 산중에 꽉 찼었다. 사람들은 '성을 설치한 공 때문'이라고 말했다.(『서애선생별집』 4, 잡저, 조령에 성을 쌓다)

신충원은 의병 출신이었지만 군공을 세워 수문장이 되었다. 조령의 험한 지세를 꿰뚫고 있던 터라 사람을 모집해 성을 쌓도록 했는데, 알려진 바와 같이 임진왜란 초기 신립이 조령을 방어선으로 설정하지 않은 것 때문에 왜군에게 한양까지의 진격을 쉽게 허용했다는 점을 감안하면, 당시 류성룡의 판단은 인재 등용뿐 아니라 전략 전술에도 능통했다고 할 수 있다. 신충원이 모집한 이들 가운데에는 공사 천민이 많아 주인들의 비방이 자자했다는 대목에서 당시 양반들이 얼마나 부수적인 사고방식을 지녔던가를 알 수 있다. 어쨌든 신충원이 조령에 성을

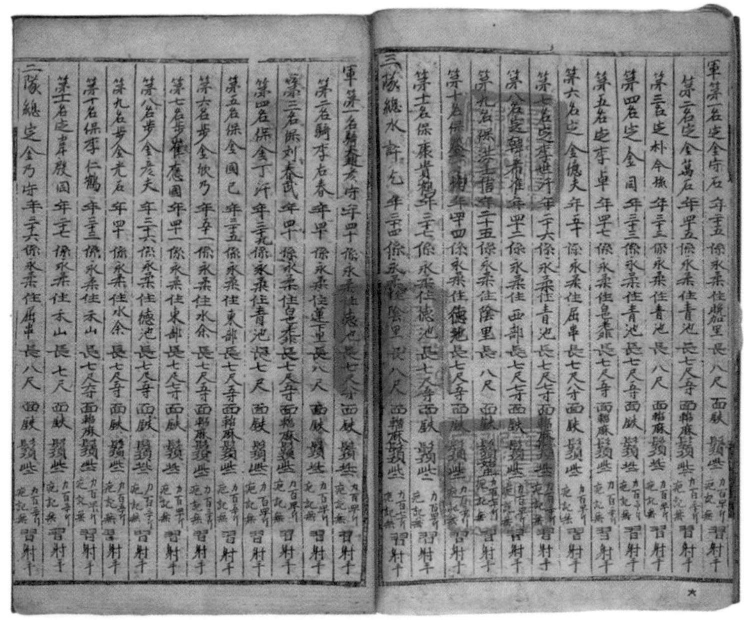

『진관관병용모책鎭管官兵容貌冊』, 40.2×27.2cm, 1596, 충효당. 평안도 안주진관의 군병 550여 명에 대한 신상명세서로, 류성룡에 의해 작성되었다. 군병의 이름, 용모, 신장, 근력 등을 일목요연하고 기록해두고 있어 임진왜란 당시 관군을 어떻게 관리했는가를 알 수 있다.

쌓은 덕분에 정유재란 때 이 지역은 거의 피해를 입지 않았다.

이밖에도 류성룡은 고공첩考功帖(공로를 적은 노트), 공명첩空名帖 등 임진왜란 때 조금이라도 왜군에 대항하는 데 공을 세운 자가 있으면 철저한 논공행상論功行賞을 펼쳤다. 이러한 정책은 당시 조정에 의해 광범위하게 시행되었던 듯하다. 아울러 광해군의 분조에서도 신분 출신을 가리지 않고 군공을 세운 이들에게는 논공행상을 해주었는데 "금군禁軍(왕궁 호위대)과 사족士族들은 수급 세 개를 베어오면 승급을 시키고, 일반 평민과 이미 차별 없이 승진이 허가된 서얼·잡류雜類 가운데 여러 과거에 응시했던 자들은 수급 네 개 혹은 다섯 개를 베어오면 관직을 허가하며, 아직 차별이 있는 서얼과 잡류의 과거를 치르는 자는 수급 다섯 개 또는 일곱 개를 베어오면 관직을 주고, 공노비와 사노비는 수급 일곱 개 또는 열 개를 베어오면 관직을 주도록 하라"(정탁, 『약포집』 「피란행록」 1592년 9월 8~15일)고 했다. 하지만 임진왜란 이후 이러한 인재 등용책은 모두 사라지고 만다.

류성룡의 인재 등용 배경

류성룡이 인재 등용책을 강하게 주장했던 이면에는 당시 조선에 대한 현실 인식이 밑바탕에 깔려 있었다. 이조판서와 병조판서를 역임하면서 주요 관리와 장수들의 면면을 모두 훑어볼 수 있었기 때문이기도 하지만, 여느 판서들과는 달리 짧은 재임 기간에도 관할 업무에 대한 정리를 꼼꼼히 했던 것이다. 『서애선생문집』 18, 발跋 '팔도군안八道軍案'에는 다음과 같은 기록이 있다. "내가 평일에 관직을 역임하면서 문관으로 오래 있었고 무관을 지낸 일은 극히 짧았다. 후에 판서가 되어서는 겨우 1개

월 있다가 전임되었다. 그때에 팔도의 군안을 작성했는데, 중앙 및 지방을 통틀어 여러 종류의 군사 수가 모두 35만여 명이었다. 난리 뒤에 모든 서적이 산실되어 하나도 남아 있지 않았으나, 이 군안이 우연히 남아 있었다. 거기에 이른바 현재 있다는 것은 바로 난리 후의 액수다. 지금 6, 7년 동안 소모하여 이렇게 되었다. 그러나 진실로 그 요령을 얻으면 적은 것은 걱정할 일이 아니나, 그것을 도모하지 않으니 그 또한 어찌할 수 없을 뿐이다." 짧은 기간에도 류성룡은 전체적인 현황 파악을 게을리하지 않았으니 개혁 방안을 내놓을 수 있었다. 이순신과 권율을 발탁할 수 있었던 배경에는 이러한 노력이 숨어 있었다.

이순신과 류성룡

이순신과 류성룡의 관계에 대해서는 류성룡이 한양에 올라와 있던 시기에 가까운 거리에 이순신의 집이 있었고, 류성룡은 이순신의 형

—— 충무공 장검, 보물 제326호, 현충사.

과 친구였기 때문에 어려서부터 잘 알고 지낸 사이였다는 게 거의 확실시되고 있다. 『징비록』에서 이순신이 뛰어난 무장이지만 후원을 받지 못해 미관말직에 머무르고 있었다고 한 것도 류성룡이 이미 이순신에 대해 잘 알고 있었음을 암시한다. 그런데 두 사람의 관계에 대해 흥미로운 기록이 하나 있다. 18세기에 규장각 교리를 지낸 성대중의 『청성잡기靑城雜記』에 이 둘의 첫 대면 기록이 나온다. 요약하자면, 류성룡이 홍문관 관리 시절 한강을 건너다가 배를 타느라 소란스러운 장면을 목도했는데, 어느 술 취한 이가 무인 한 사람에게 시비를 거는 것이었다. 무인은 강을 다 건널 때까지 아무런 반응도 보이지 않다가 배에서 내려도 계속 시비를 걸자 칼을 빼어 단칼에 목을 베고는 유유히 사라져버렸다. 류성룡은 그 사람이야말로 대장감이라며 감탄하고 기억하고 있다가 뒤에 군문에서 살펴보니 바로 이순신이었다는 것이다. 이 글에 따르면 류성룡과 이순신은 어려서부터 아는 사이는 아니었던 듯하다. 『청성잡기』가 인물·풍속에 대해 필자가 보고 들은 내용을 토대로 작성한 것이니만큼 전혀 신빙성이 없다고는 할 수 없다. 어쨌든 류성룡이 지닌 인재에 대한 혜안이 이순신으로 하여금 불세출의 영웅이 되도록 했던 것은 분명한 사실이다.

· 2절

군량을 조치하는 네 가지는 작미作米·수세收稅·모속募粟·무속貿粟 입니다

조세 공납의 폐단 해소와 군비 마련을 위한 조치

1592년 6월 평안도 곽산산성 아래.

정주에서 대가를 따라 용천으로 출발한 류성룡이 곽산산성 아래에 다다르자 종사관 홍종록에게 말했다. "길가의 창고가 모두 비었으니 명나라 군대가 온다고 해도 무얼 가지고 그들을 먹이겠는가? 이 근처에는 귀성만이 비축된 곡식이 넉넉하지만 또 들으니 관민이 모두 흩어져버렸다고 하므로 식량을 운반할 계책이 없다. 그대가 귀성에 오랫동안 있었으니 가서 품관과 아전을 불문하고 지역민들이 힘을 다하여 식량을 운반해 군량미가 부족하지 않게 하면 문제가 해결될 것이다." 이 말을 들은 홍종록은 바로 귀성으로 떠났다.(『징비록』)

한양이 함락되고 임진강 방어선이 무너진 뒤 선조와 조정 대신들은 평양성을 떠나 의주로 향했다. 그 사이 명나라에 원병을 요청해 조만간

「세곡운반선」, 유운홍, 종이에 채색, 96.0×40.0cm, 19세기, 국립중앙박물관.

명군이 올 예정이었지만, 문제는 명군을 먹일 군량미 마련이었다. 당시 조선에서 곡식을 온전히 보전할 수 있는 곳은 두 군데, 즉 이순신이 막아선 호남과 아직 왜군이 쳐들어오지 않은 서북 지방이었다. 이중 호남은 배로 식량을 운반해와야 했기에 명나라 원군이 들어올 서북 지방에서 군량미를 조달하는 것이 바람직했다. 선조가 평양성을 떠난 뒤로는 인심이 무너져 난민들이 창고로 쳐들어가 곡식을 약탈했는데 순안, 숙천, 안주, 영변, 박천 등의 창고가 다 털려 군량미를 조달할 방법이 없었다. 마침 이 지역을 지나던 류성룡은 홍종록에게 지시해 현안 해결에 나섰던 것이다.

전통시대의 전쟁은 군량에서 나왔다. 즉 넉넉한 군량을 보유하고 있는 나라가 승전국이 될 가능성이 높았다. 그런 까닭에 전쟁이 일어나면 제일 먼저 보급로를 확보 또는 차단하는 전략부터 세웠다. 조선 또한 응당 그래야 했지만, 전쟁 초기부터 혼란스러운 상황으로 인해 체계적인 군량미 조달은 거의 불가능했다. 군량은 직접적으로는 조선군을 위한 것이었지만 원군을 요청한 상황에서는 명군을 위한 것이기도 했다. 또한 군량이 나오는 곳은 모두 조선의 백성에게서였다. 백성이 안정되지 못하면 군량을 마련할 길은 요원했던 것이다. 류성룡은 일찍부터 이 점을 간파했다. 백성을 안정시키고 조세의 수취가 안정되어야만 전쟁에서 이길 수 있다는 논리를 펼친 것이다.

백성의 생업을 유지시키기 위한 대책들은 임진왜란 전부터 류성룡이 주장해온 것이었다. 그는 '비변잡록'에서 다음과 같이 말했다.

> 양향糧餉·군병軍兵·성지城池·기계器械 이 네 가지는 싸우고 지키는 데 크게 요긴한 것이다. 네 가지 중에서 또한 반드시 양식을 근본으로 삼으니, 이는 성인이 '차라리 군병을 제거할 수 있어도 양식은 버리지 못한다'는 뜻이다. 지금 양식이 곳곳에서 결핍되어 수천 명이 며칠 먹을

것도 갖추지 못했으니, 다른 것은 어느 겨를에 의논하겠는가. 옛날에 조충국趙充國이 금성황중金城湟中에 40만여 섬의 곡식을 두고도 오히려 부족할까 근심하여 군사를 남겨 둔전을 한 뒤에 비로소 서쪽 오랑캐西羌를 제압할 수 있었으니, 금일의 일이 한심스럽다 하겠다. 반드시 충분히 조치하여 양식을 많이 비축한 뒤에야 비로소 싸우고 지켜낼 계책을 말할 수 있을 것이다. 이상은 양식에 대한 일이다.(『서애선생별집』 4, 잡저)

당시 국가의 가장 큰 수입원은 전세田稅였다. 논밭에서 수확되는 곡물에 매겨진 세금인 전세는 토지 면적이 달라지지 않는 한 규모가 거의 일정한 국가 재정의 기반이었다. 그러나 전세만 가지고는 군사 1만 명도 지속적으로 확보하기 어려웠다. 2차 명나라 원군이 4만5000명이었음을 감안하면 당시 얼마나 많은 국가 재정이 필요했는가를 짐작할 수 있다. 이에 류성룡은 세금을 확보할 토지 증대를 위해 몇 가지 방안을 마련했는데, 그 목적은 국가에서 사용할 수 있는 공적인 토지를 확보하는 데 있었다. 방안의 첫째는 둔전을 설치하는 것이고, 둘째는 황무지 개간이었으며, 셋째는 목장의 농지화였고, 넷째는 개인용 토지를 국가용 토지로 전환하는 것이었다.

이 가운데 류성룡이 가장 선호했던 방법은 둔전의 설치였다. 둔전은 일정 지역에 주둔한 군대나 인근의 주민들이 여가로 농사짓는 농지를 뜻한다. 생산물은 군량이나 군비, 굶주린 백성을 구제하는 공적인 곳에 사용되기 때문에 일반 농지와는 성격을 달리했다.

신충원은 또 '승군과 산척山尺의 남아 있는 사람을 거느린 것이 오히려 100여 명이나 되고, 연풍 읍내와 서면西面 수회촌水廻村은 땅이 매우 기름지나 지금은 무인지경입니다. 파수 보는 군사로 둔전하여 농사를 지어서 군량을 만들고, 또 화약과 총포銃砲 등의 무기를 얻어서 밤낮으로 조련하면 두어 달 안에 정예군을 만들 수 있습니다'라고 했습니다. 신이 여러 번 불러들여 그의 말을 살펴보니, 넉넉히 시험 삼아 맡길 만합니다. 대개 오늘의 일은 사람마다 군사가 되고 곳곳마다 농사를 지으면 만일의 경우 거의 효과를 기대하니, 신충원 같은 사람을 때에 맞춰 내려보내서 그로 하여금 원하는 바에 따라 요충지를 지키게 하는 계책을 삼으소서. 또 들으니 충청감사 윤승훈尹承勳도 조령의 파수 보는 일을 묻고자 해서 신충원을 불렀다 합니다. 이런 뜻으로 아울러 윤승훈에게 글을 내려 그로 하여금 신충원이 말한 대로 종자와 소를 주어 농사짓는 밑천으로 삼아 연풍과 충주 사이에서 사람이 밥 짓는 연기가 끊어지지 않게 하소서. 비록 자기 혼자만의 힘으로는 큰 도둑을 막을 수 없으나, 대체로 적이 지나는 길만 막고 지키는 곡절을 이미 두루 답사하여 미리 정하면, 다른 군사가 합세하여 지켜서 쉽게 힘쓸 수 있습니다. 만일 조령의 길이 이미 차단된다면 적이 비록 황간·영동·금산의 사이로 나오더라도 우리 군사가 전력으로 지킬 경우 상류의 충주를 잃지 않을 것이며, 한강을 지키는 것도 쉬울 것입니다. 이는 이해가 뚜렷하여 밝게 드러나기에 감히 아룁니다.(『서애선생문집』 7, 계사, 충주 상류를 조치하고 아울러 조령에 둔전을 개설하자는 계)

신충원은 조령에서 군공을 세워 조령 수문장이 된 인물이다. 류성룡이 신임하는 사람이기도 했다. 백성의 안정과 군량미 조달을 위해 고심하던 류성룡은 신충원의 말을 듣고 바로 계청해 둔전을 설치하도록 했다. 아울러 황무지 개간은 수확의 절반씩을 관청과 농사지은 사람이 나누어 갖게 함으로써 국가나 농민 모두에게 이득이 되게 했다. 임진왜란 당시에는 주로 경기도와 황해도, 그 외 몇몇 섬에서 시행되었다. 또한 전란으로 폐허가 된 목장지 가운데 농사지을 만한 곳을 골라 농지로 바꾸고 식량 생산의 증대를 꾀했다. 마지막으로 위전位田의 소

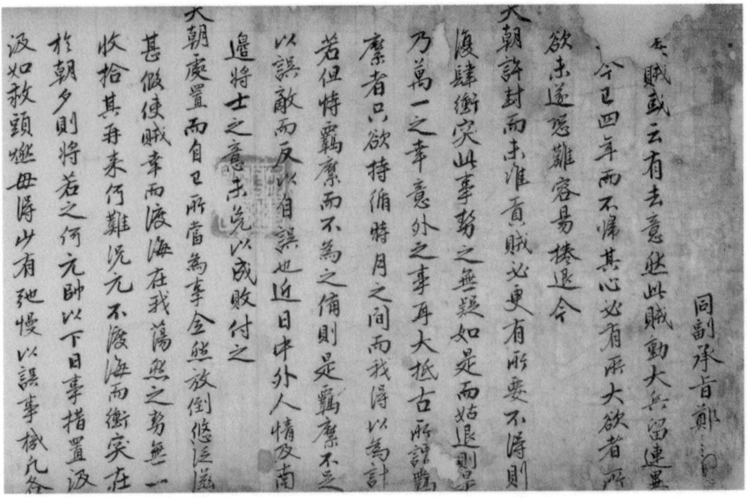
同副承旨鄭
兵賊或云有去意然此賊動大兵留連無
今已四年而不歸其心必有所大欲者存
欲未遂恐難容易捲退今
天朝許封而未准貢賊必更有所要不得則
復肆衝突此事勢之無疑如是而姑退則是
乃萬一之幸意外之事耳大抵古所謂羈
縻者只欲持循時月之間而我得以為計
若但恃羈縻而不為之備則是羈縻不足
以誤敵而反以自誤也近日中外人情及南
邊將士之意未免以成敗付之
天朝處置而自已所當為事全然放倒悠泛
甚似使賊幸而渡海在我蕩然之勢無一
收拾其再來何難況尤不渡海而衝突在
於朝夕則將若之何元帥以下日事措置汲
汲如救頭燃毋得少有弛慢以誤事機凡各

——「둔전검칙유지屯田檢飭有旨」, 46.0×330.0cm, 보물 제1564호, 1595, 현충사. 선조가 통제사 이순신에게 군량 확보와 백성 구휼 등 둔전의 중요성을 강조하고 적극 힘쓸 것을 당부하는 글을 내린 것이다. 특히 이순신이 종사관 정경달을 시켜 둔전을 맡게 한다는 내용의 장계에 대해 소출 등을 물어보며 둔전을 잘 관리해야 한다는 것이 주 내용이다.

속을 훈련도감으로 바꿔 다시 백성에게 주어 경작토록 한 것이다.(『서애선생문집』 7, 계사, 군병의 훈련을 청하는 계[갑오년 봄]) 위전은 각종 의례 비용을 마련하는 등의 용도로 쓰는 토지였지만 관리가 제대로 이뤄지지 않아 쓸모없어지거나 개인들이 불법으로 차지한 터였다. 서애는 이를 군사들의 식량 공급원으로 만들고자 했던 것이다.

이러한 노력에도 불구하고 전쟁으로 인해 무너진 조선의 경제 시스템은 쉽사리 복구되지 못했다. 특히 생존이 걸린 상황에서 백성에게는 눈앞의 곡식이 훨씬 더 중요했다. 류성룡이 가산에 있을 때 가산군사 심신겸이 류성룡에게 "가산군에는 곡식이 매우 많고 관청에도 흰쌀이 1000석 있습니다. 이 곡식을 명나라 병사의 군량미로 제공하려 했으나 불행히도 사태가 이 지경에 이르렀습니다. 만약 공께서 잠시 이곳에 머물러 사람들을 진정시켜주신다면 고을 사람들이 감히 함부로 움직이지 못할 것입니다"라고 청했지만, 임금의 명을 받지 않고 움직이지 않는 것을 불편해한 류성룡은 가산을 떠났고, 그 직후 가산의 창고는 난민들에게 약탈당하고 말았다.(『징비록』)

전쟁 내내 이런 일을 목도한 류성룡은 백성을 안정시키기 위한 방안을 여러모로 마련했다. 특히 군량미 가운데 남은 곡식으로 굶주린 백성을 구제할 것을 주청해 허락받기도 했다.

> 군량미의 남은 곡식으로 굶주린 백성을 구제할 것을 청하니 임금께서 허락하셨다. (…) 이때 명나라의 대군이 또 오게 되어 이들에게 제공할 군량미를 실은 배 여러 척이 남쪽에서 와서 강기슭에 정박해 있었지만 감히 군량미 이외의 용도로는 쓸 수 없었다. 마침 전라도 소모관 안민학이 곡식 1000석을 배로 보내왔기에 나는 기뻐하며 이 곡식으로 굶주린 백성을 구제하자고 즉시 건의했다. 그리하여 전 군수 남궁제를 감진관에 임명하여 솔잎을 가루로 만들어 솔잎 가루 10분에 쌀가루 1홉을 섞어 물에 타서 마시게 했다. 하지만 사람은 많고 곡식은 적었는지라 살아난 이는 얼마 되지 않았다.(『징비록』)

류성룡은 군량미를 비축하는 것이 군사들을 위한 일일 뿐만 아니라 빈민 구제를 위한 한 방편이 되리라 생각했던 것 같다. 『서애선생별집』 4, 잡저 '군량 저축으로 기민구제책을 적음'에서는 수나라의 의창제도를 언급하면서 기근을 구제할 것을 역설했다. 류성룡이 창안한 속오군제도를 활용해 수원에 시험 삼아 둔전을 시행해 부대마다 놀고 있는 넓은 논을 택해 열두 사람이 10두락을 농사짓게 하고 벼 800여 섬을 비축했다고 하며, 또 때마다 벼와 보리를 각각 10말씩 내게 해 마을에 저장하도록 했다고 한다. 그리고 가난한 백성이 그것을 먹기 원하면 이를 허락하고 이자를 받았다고 한다. 그리하여 유사시에는 군량으로 쓰고 보통 때에는 한발과 홍수의 재해를 대비케 해 수년 뒤에는 마을마다 곡식을 축적해 때아닌 경우의 수요에 대응할 수 있게 했던 것이다.

백성을 안정시키려면 갖은 폐단을 개혁해야 했다. 특히 방납의 폐단을 안고 있는 공납제도는 뿌리 깊은 비리의 온상이었다. 전쟁 시기에 접어들어서는 더더욱 심각한 문제를 일으켰다. 본디 공납이란 임금에게 지방의 토산물을 진상하는 뜻에서 마련된 제도였다. 그러나 시간이 흐르면서 토산물을 점검하는 관청에서는 개인이 진상하는 공납품을 받지 않고 방납업자들의 공납품만 인정해주니, 개인은 방납업자들에게 비싼 값에 공납품을 사서 납부해야 하는 폐단이 일었다. 이를 개혁한 것이 류성룡이 주창한 작미법作米法이었다.

작미법은 모든 공납을 쌀로 바꿔서 쌀로만 납부하고, 납부된 쌀로 필요한 공납품을 사서 쓰는 방식이었다. 그것도 과거에는 토지 보유량에 관계없이 납부하던 것을 토지 보유 면적에 비례해 납부하게 함으로써 부자는 많이, 가난한 사람은 적게 낼 수 있게 한 획기적인 조치였다. 기득권 세력의 반발이 있는 것은 당연했다. 방납을 통해 막대한 이득을 취하던 지방 아전과 방납업자 및 지방관들은 거세게 반대했고, 류성룡이 삭탈관직을 당한 뒤 모든 것을 원래대로 되돌려놓았다. 이후 류성룡의 개혁 정책을 모방한 몇몇 관리에 의해 이 제도가 시행되었지만 번번이 좌절되다가 1708년(숙종 34)에 가서야 대동법이라는 이름으로 전국적으로 시행되었다.

임진왜란과 같은 어려운 상황에서 안일한 조정이 취할 수 있는 정책은 한 가지였다. 즉 백성을 수탈해 필요한 물자를 조달하는 것이었다. 도세순의 『용사일기』 속 한 대목을 보자.

> 윤11월 6일, 찰방이 시골 마을 곳곳을 뒤져 곡식을 수색한다는 소문을 들었다. 집마다 곡식을 열 말 이상 쌓아놓은 것은 징발한다는 것이

었다. 마을 사람들이 급하게 곡식을 숨기는 것이 마치 왜적들이 쳐들어올 때와 다를 바가 없다는 것이다.(도세순, 『용사일기』 1593년 윤11월 6일)

효종 때 김육의 대동법 시행을 기념한 비석, 1659, 경기도 유형문화재. 류성룡의 개혁 정책은 뒤 시기에 가서야 대동법이란 이름으로 널리 시행되었다.

도세순은 1593년 당시 상주에 있는 집에 머물고 있었다. 그런데 찰방이 마을을 뒤져 곡식을 징발한다는 소식이 들려왔다. 당시에는 명나라 총병 유정이 상주와 가까운 대구 및 칠곡에 주둔하고 있었다. 따라서 이는 명군을 위해 군량미와 물품을 대기 위한 징발이었던 것으로 짐작된다. 즉 당시 국가는 흔히 필요한 물품은 강제로 징발하곤 했던 것이다.

류성룡의 정책이 빛을 발하는 것은 바로 이 대목에서다. 그의 정책은 결코 백성을 수탈하거나 강압적인 방법을 쓰지 않았다. 가장 먼저 그는 모속募粟의 방법을 택했다. 모속은 민간에서 곡식을 스스로 바치게 하는 것이다. 비교적 여유 있는 신분을 대상으로 스스로 곡식을 바치게 함으로써 국가 재정에 기여하는 한편, 모속을 한 이들을 대상으로 고공첩을 작성해 뒤에 논공행상이 가능하도록 해주었다. 그다음 방법으로 공명첩을 시행했다. 이는 말 그대로 이름이 비어 있는 임명장이다. 곡식을 바치면 첨사나 만호의 임명장을 내려주는 방식으로, 이때 부여하는 관직은 실직이 아닌 허직으로 일종의 명예직이었다.

사실 모속이나 공명첩은 전쟁 기간 동안만 시행되는 임시방편일 뿐이었다. 그러나 류성룡은 여기서 그치지 않고 무속貿粟의 방법도 택했다. 즉 무역으로 군량을 조달하는 것이었다. 무속에는 국내 무역과 대외 무역이 있었다. 국내 무역은 소금을 구워 다른 지역의 곡식과 바꾸는 방식으로 진행되었다. 소금은 전통시대에 없어서는 안 될 생활필수품으로, 소금을 굽는 사람을 염호라 했는데 이들 염호에 대한 수탈이 가혹해서 소금 생산도 저조했다. 특히 유력 신분들이 염전을 장악하고 관리인을 내려보내 염호에 대한 수탈을 자행했던 것이다. 류성룡은 "유력한 계층에서 내려보내는 관리인을 모두 없애고 해당 지방 수령에게 전적으로 책임을 지워 소금 생산을 맡게 하며, 다른 지방에서 쌀과 베

『경국대전』「호전戶典」. 조선시대 기본 법전인 『경국대전』에는 소금에 관한 세금이 언급되어 있다.

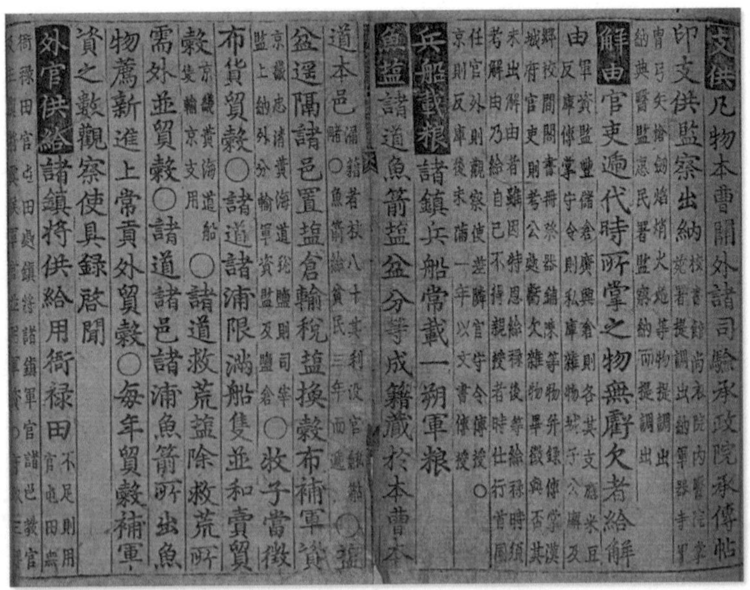
支供 凡物本曹關外諸司驗承政院承傳帖
印文供監察出納
解由 官吏遞代時所掌之物無虧欠者給解
由
兵船載粮 諸鎭兵船常載一朔軍粮
魚鹽 諸道魚箭鹽盆分等成籍藏於本曹本
道本邑
盆遐隔諸邑置鹽倉輸稅鹽換穀布補軍資
○救子當徵
布貨貿穀○諸道諸浦限滿船隻並和賣貿
穀 ○諸道救荒鹽除救荒所
需外並貿穀○諸道諸邑諸浦魚箭所出魚
物薦新進上常貢外貿穀○每年貿穀補軍
資之數觀察使具錄啓聞
外官供給 諸鎭將供給用衙祿田

를 가져와 소금과 바꾸게 하면 백성도 편리하고 이익도 많을 것"(『선조실록』 28년 12월 병진조)이라고 강조했다. 염호에 대해 생산량의 절반을 가질 수 있게 함으로써 소금 생산을 활발히 하고 곡식과 교환함으로써 국내 상업 또한 발전시켰던 것이다.

아울러 그는 국내 무역만으로는 한계가 있음을 깨달아 대외 무역을 중시했다. 『선조실록』 26년 12월 임자조를 보면 "요동 지방에 연달아 풍년이 들었으니 중강에서 시장을 열어 물자를 유통시키는게 온당할 것 같습니다. 공문을 보내 요동도사에게 요청하기를 바랍니다"라며 선조에게 청하는 내용이 나온다. 즉 전쟁으로 부족한 국내 물자를 외국과의 무역을 통해 조달할 수 있으리라 내다보았다.

> 압록강 중강진에 시장을 열었다. 그때 흉년이 날로 심하여 굶어 죽은 시체가 들에 가득했다. 공사 간에 축적한 것은 탕진되어 진휼하려 하나 별다른 방책이 없었다. 내가 청하여 요동에 자문을 보내 중강에 시장을 열어 무역을 하도록 하니, 중국에서도 우리나라의 기근이 심한 것을 알고 황제에게 아뢰어 허락했다. 이에 요동의 왼쪽 지방은 미곡이 많이 유출되므로 우리나라 평안도 백성이 먼저 그 이점을 취하고 경성의 백성 또한 뱃길로 서로 통하게 하니, 여기에 의지하여 수년 사이에 완전히 활기를 되찾은 자가 헤아릴 수 없을 정도였다. 대개 그때 우리 면포 한 필은 곧 피곡으로 한 말이 차지 않았다. 그런데 중강진에서는 쌀로 스무 말이 넘었으니, 그 이득은 은·구리·무쇠의 열 배나 되었다. 비로소 옛사람들이 통상은 흉년을 구제하는 정사에 중요한 일이라고 한 말에 참으로 까닭이 있음을 알게 되었다.(『서애선생문집』 16, 잡저, 중강진에 저자를 열다)

류성룡은 명나라와의 교역을 위해 중강진에 시장을 열 것을 주청해 허락받았다. 그 이유는 흉년으로 인해 구휼하려 해도 물자가 없기 때문이었다. 조선의 면포 한 필이 나라 안에서는 피곡으로 한 말도 되지 않지만, 중강진에서는 쌀로 20말이 넘었다고 하니 그 비용으로 구휼에 필요한 부분을 충당할 수 있었던 것이다. 이것이야말로 경제 원리를 터득한 정책이었다.

류성룡의 경제 개혁안들은 오로지 민심을 안정시키기고 국가 재정의 안정을 도모하기 위한 것이었다. 실제로 당시 백성은 왜군의 정책에 크게 경도되고 있었다.

> 동래 등지를 드나들면서 정탐하는 의성 사람 장후완이 와서 말하기를 '왜적이 우리나라 유민으로 사로잡힌 사람 1500여 명을 한데 모아서는 지난해에 농군으로 만들어 다섯 명에 소 한 마리씩을 주어, 그들로 하여금 동래와 부산 사이에서 농사짓도록 하고서는 추수한 것을 나누어 차지하고 있습니다' 하니 매우 놀랄 만한 일입니다. 또한 듣건대 섭 참장이 왜적의 진영으로부터 돌아와서 하는 말이 '김해 지역의 섬 안에 우리나라 사람이 수없이 많이 모여 살고 있으며, 명나라 장수를 보고서 봉공의 일이 이루어졌는지를 물었는데 그 가운데에는 왜적을 따라 바다를 건너가려는 사람도 있었습니다'라고 해 더욱 놀랄 만한 일입니다. 대저 백성이 정상적인 본성을 잃게 되면 편리한 곳만 따르게 되는데, 왜적이 이들을 여러 방법으로 유혹하고 어루꾀어서 자기들의 사용인으로 만들었습니다.(『근폭집』)

왜군이 조선을 침략한 이후 점령지였던 경상도 일대를 완전히 장악해서 통치한 것은 아니고 조선의 백성이 일반적인 생활을 영위할 수 있도록 한 사실은 잘 알려져 있다. 더욱이 농사를 지어서 생산한 것을 자기들과 나누어 가질 수 있도록 한 정책이 일반 백성에게는 크게 환영

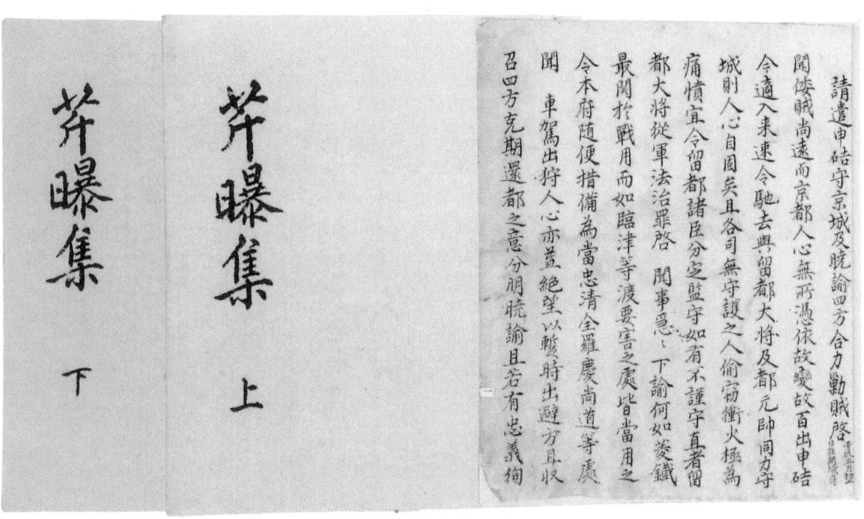

『근폭집』, 류성룡, 27.2×23.5cm, 보물 제160호, 유교문화박물관. 임진왜란 당시 류성룡이 국왕 선조에게 올린 차자와 계사를 편찬한 책이다.

받는 일이었던 것이 아닌가 싶다. 류성룡은 『근폭집』에서 “어리석은 백성으로서 타고난 정상적인 성품을 잃고 왜적에게 몸을 의탁하니, 능히 금지할 수도 없게 되었습니다. 왜적을 위해 농사를 지어 조세를 바치고 그 신역을 제공하고서도 부끄러워하지 않으며, 날이 가고 달이 가니 거의 그들과 동화되어 서로 원수라는 것을 잊게 되었습니다”라면서 부역하는 백성이 늘어나는 것을 걱정했다.

그러나 류성룡의 이러한 개혁 정책은 “전에 이익을 노리고 방납하던 무리가 백방으로 모의하고 파고들며, 식견이 모자라는 사대부도 그들과 합세 동조하니, 이 법은 다시 폐지되고 말았다.”(『서애선생문집』 14, 잡저, 공물을 쌀로 하자는 의논) 이에 따라 백성의 안정이 국가 재정의 안정이고, 국가 재정의 튼튼함이 국가 안보의 튼튼함을 견인한다는 그의 사고에서 나온 성과는 임진왜란 이후 철저하게 그 이전으로 되돌아갔다.

「선조 한글 교서」, 76.5×52.0cm, 보물 제951호, 개인. 의주에 피란가 있던 선조가 1593년 9월에 내린 교서다. 당시 포로가 되어 일본군에 협조하던 백성이 적지 않았는데, 선조가 이들을 회유하기 위해 한글로 교서를 내린 것이다.

류성룡의 작미법

류성룡의 개혁 정책 가운데 단연 돋보이는 것은 바로 작미법의 시행이다. 공납제도가 생긴 이래 온갖 비리의 온상이었던 공납제를 개혁하고, 이를 통해 백성의 민생을 안정시키며 국가 재정을 튼실히 해 부국강병을 꾀하고자 했던 그의 개혁은 방해 세력으로 인해 좌절되었다. 그가 올린 「공물을 쌀로 하자는 의논」에는 이 같은 방해 세력이 누구인지 구체적으로 적시되어 있다.

왜란이 일어난 이후로 나라의 경비는 바닥났고 군향이 나올 곳은 없으니 그 형세상 공물을 미곡으로 대납하지 않으면 경비를 충당하기 어렵습니다. 전에 각 관에서 징수하는 미곡은 민간에서 내는 것이 2말보다 몇 배가 되었는데도 반대 의견을 들어보지 못했습니다. 지금 호조에서 감하여 2말로 결정해 민간에서 내는 것이 다소 가벼워졌는데도 백성이 불편하다고 떠들어대는 것은 그 이유를 알 수 있습니다.

보통 때는 군읍에서 공물 전결田結을 제외하고 약간의 결수結數를 따로 뽑아내 '관중제역官中除役'이라 이름하여 관중에서 소용되는 잡물雜物은 모두 여기에서 충당했는데, 지금 전결 원수元數에 의거하여 모두 2말을 내어 국용國用으로 삼으니, 수령들은 여기에 간섭할 수 없습니다. 불편하다는 말은 이들 수령에게서 나온 것입니다.

공물 상납에는 가볍고 무거우며 힘들고 험한 구별이 있으니, 호우豪右들은 번번이 가볍고 헐한 것을 가려 바치고, 약한 빈민과 하호下戶들은 무겁고 힘겨운 것을 부담했던 것입니다. 이제 이런 구별 없이 일률적으로 받아들이자 숨기고 회피하거나 변통할 방도가 없어져 불편하다는 말이 이들 호우에게서 일어난 것입니다.

감영과 병영에 초하루마다 바치던 종이는 수가 꽤 많고, 이는 또한 응당 공사에 쓰이는 것으로 없을 수 없습니다. 그러나 애당초 상공常貢의 규정에 포함되지 않았는데 호조가 2말 중에 넣으니, 종이는 의지하고 변통할 길이 없기 때문에 이 불편하다는 말은 감사에게서 나온 것입니다. 한양 각사의 하급 관리가 지방의 공물을 분점分占하여 세습적 직업이 되었는데, 이들은 수십 배의 이익을 노립니다. 때문에 이전에도 공물을 본색本色으로 상납하는 사람은 열에 한둘이 못 되고 대개는 미포米布로 내는데, 이들 방납防納하는 사람의 손에 들어오면 백방으로 이익을 노리는 까닭에 백성은 날로 더 빈궁해집니다. 이제 이를 폐하고 모두 국용으로 삼으니, 이전에 방납했던 무리는 이익을 다 잃어버리므로, 이 불편하다는 말은 각사의 하급 관리에게서 나온 것입니다.(『서애선생문집』 14, 잡저, 공물을 쌀로 하자는 의논)

3절

국가의 일이 이 지경에 이른 것은 대개는 제승방략이 그르친 것입니다

제승방략 체제와 진관 체제 복구 등 전략 전술의 재정비

1591년 2월.

류성룡은 비변사에서 여러 사람과 방어 체계에 대해 논의했다. 그가 제승방략의 문제점을 들어 옛 진관제를 복구하기를 청해 그 논의가 각 도에 하달되었지만, 경상감사 김수가 제승방략이 시행된 지 오래되어 바꿀 수 없다고 하여 마침내 중지되었다.(『징비록』)

임진왜란의 전운이 무르익어가던 1591년 2월 류성룡은 조선의 방어 체계를 그대로 두어서는 전쟁에서 이길 수 없음을 감지하고, 국가 정책결정 기관인 비변사에서 방어 체계에 대한 논의를 끄집어냈다. 그는 을묘왜변 이후로 시행된 제승방략 제도가 적과 싸우기에는 문제가 많다는 점을 들어 그전에 시행되었던 진관의 법을 복구시킬 것을 주장했다. 류성룡이 주장한 제승방략의 문제점은 도내의 여러 읍을 나누어서는 각기 순변사·방어사·조방장·도원수 및 전라도의 병마절도사와 수군절도사에 소속시켜두었으나 실상은 서로 연락이 되지 않는 문제가 있고, 일단 위급한 일이 생기면 먼 곳과 가까운 곳이 반드시 함께 동요하며, 장군 없는 군대가 먼저 들판 가운데 모여 1000리 밖의 장군을 기다리다가 장군이 도착하기 전에 적군의 선봉이 이미 다가오면 병사들의 마음은 놀랍고 두려우니 이는 반드시 패하는 길이라는 것이다.

반면 진관의 법은 각 도의 군대가 모두 진관에 나뉘어 속하므로 무슨 일이 생기면 즉시 진관이 자신에게 속한 고을을 통솔해 물고기 비늘처럼 차례로 정돈하고 주장의 명령을 기다리게 하며, 만일 한 진이 군대가 적병을 막는 데 실패하더라도 다른 다섯 진이 차례로 엄중하고도 굳건히 지키니 한꺼번에 무너지는 지경에 이르지 않는다는 것이었다. 제승방략과 진관제를 굳이 비유하자면 대인 방어와 지역 방어 정도로 설명할 수 있을 듯하다. 대인 방어(제승방략)는 집중해서 막는 효과가 있지만 한번 실패하면 곧장 실점으로 이어지며, 지역 방어(진관제)는 지역별로 맡아서 방어하므로 앞 지역에서 뚫려도 뒤에서 다시 막을 수 있는 이점이 있다. 또한 진관제는 평시에 훈련을 시키고 유사시에는 소집해 인근 지역끼리 소통하고 중앙과 지방이 서로 이어져 있어서 불시의 변란에도 쉽게 무너지지 않는 장점이 있다고 했다.

경상감사 김수와 같은 인물이 제승방략 체제를 고집한 것은 명종 때의 을묘왜변 이후 전라도에서 시작된 제승방략이 익숙해서이기도 했지만, 그보다는 당시 조선군의 지휘 체계 때문이었다. 당시 제승방략 체제 하에서는 각 도의 군사들이 나뉘어 소속되어 있었다. 순찰사의 군사가 따로 있고, 병사·수사의 군사가 따로 있으며, 방어사·조방장·수령의 군사 모두 별도로 두었다. 그리하여 이들이 저마다 군사를 많이 차지하기 위해 다투어 군정은 문란해진 상태였다. 군사를 징발할 때마다 공문이 여러 곳에서 나와 어떤 것을 따라야 할지 알 수 없었던 것이다. 또한 각자의 군사를 가지고 명령을 내릴 때 이들 장수의 품계가 서로 같거나 비슷하다는 것도 문제가 되었다. 즉 장수들 간의 위계질서가 확립되어 있지 않아 복수의 장수가 서로 다른 명령을 내리는 사태가 벌어진 것이다.

임진왜란 초기에 왜군에게 속수무책으로 당할 수밖에 없었던 이유는 바로 이 제승방략 체제에 있었음을 지적한 기록을 보자.

> 왜적이 침범했다는 보고가 들어오자 문경 이하 여러 고을의 군사들이 먼저 대구에 모여 순변사를 기다렸다. 그러나 순변사가 미쳐 오지 않아서 드디어 적군을 바라보기만 하다가 싸워보지도 못하고 먼저 흩어졌다. 이일이 상주에 도착해서는 며칠을 두고 군사를 모집했으나 겨우 농민 수백 명밖에 모으지 못했다. 그래서 대패한 것이다.(『서애선생연보』 1, 1591년 신묘, 선생 50세)

즉 제승방략 체제 하에서 장수 없는 군사들이 대구에 모여 지휘관을 기다렸으나 지휘관보다 적군이 먼저 도착하는 바람에 겨뤄보지도 못한 채 흩어져버렸던 것이다. 이일이 나중에 상주에 도착해서 이를 수습하려 했지만, 결국 농민 수백 명밖에 모으지 못한 것이 패전의 원인이라고 밝히고 있다. 여기서 두 가지 문제가 생긴다. 하나는 군사를 모집했는데도 수백 명의 농민밖에 모이지 않았다는 것 즉 군사 동원 체계에 문제가 있는 것이고, 다른 하나는 모은 군사들이 농민이라는 것 즉 잘 훈련된 정예병사가 아니라는 점이다.

첫째 문제를 보자. 군사를 모집했는데도 적은 수밖에 모이지 않은 이유는 물론 전시 상황이라는 것도 하나의 이유겠지만, 그보다는 군적 자체가 허수라는 데서 비롯된 문제다. 일찍이 율곡 이이도 「만언봉사萬言封事」에서 이러한 점을 지적한 바 있다. "군졸들이 베필을 바쳐 군역을 면하고자 하면 장수는 이를 기쁘게 생각해서 그렇게 합니다. 능력이 없어 군역을 치르는 자에겐 견디지 못할 일을 시키고, 병사들을 괴롭힙니다. 장수에게 베필을 바치고 수자리 역을 면제받고 집에 있는 것을 부러워하며 그것을 본받으니 진과 보가 모두 비게 됩니다."

임진왜란 때에도 예외는 아니었다. 임진왜란 발발 2년 후 류성룡의 '시무를 올리는 차자'에 따르면, 평상시 복무할 수 있는 기병의 수는 2만3700명이고 보병의 수는 1만6200명으로 모두 4만여 명이나, 실제 평양 인근 순안의 총대장이 거느린 군사는 수천 명에 불과했다. 그나마 절반은 쓸모없는 병사이고, 도원수가 머물러 적힌 곳에도 민병 100, 200명이 고작이라고 했다. 즉 군인의 수가 장부에만 있는 허수였던 셈이다. 그 이유를 류성룡은 "부유한 자는 재물로 징집 면제를 도모하고, 건장한 자는 흩어져서 다른 곳으로 가버립니다. 결국 전장에 나가 싸울 능력이 있는 자는 모두 빠져나가고 가난한 백성이 그 수효를 채우고 있습니다. 그들도 경내를 빠져나가기 무섭게 도망쳐서 한 사람도 남는 자가 없습니다"라고 밝히고 있다.

둘째 문제는 조선의 군사 체제에 내재한 근본적인 한계에 있다. 당시 우리 군이 택했던 것은 기본적으로 병농일치제였다. 즉 농민들이 전시에 군사로 나섰다. 반면 일본은 병농분리제로서, 농민과 군사가 다르며 전문 군인을 두었던 것이다. 병농일치제 하에서는 군사 훈련을 전문적으로 수행하기 어렵다. 대부분의 시간을 생업을 유지하는 데 힘쓰기 때문이다. 그렇다면 농사를 쉬는 시기에는 군사 훈련을 받아야 하는데 그마저도 앞서 든 이유로 대부분 수행되지 않고 있었다. 그러니 전쟁이 일어나면 제대로 싸우기보다는 도망치는 데 급급한 군대가 될 수밖에 없는 구조였다. 따라서 조선에서 절실했던 것은 정예병사, 즉 전문적인 기술을 연마한 군인이었다.

더욱이 1592년 말부터 조선에 지원 온 명나라 원군은 평양성, 벽제관 전투를 치른 이후 직접적인 전투는 회피하면서 강화 교섭을 진행하며 군량을 축내고 있었다. 한양 수복을 눈앞에 두고 오히려 평양으로 후퇴한 명 원군은 군량이 부족하다며 조선의 대신들을 질책하면서 온갖 작폐를 저지르던 형편이었다. 조선 자체의 국방력이 취약했던 탓이다. 류성룡은 이 때문에 자주국방을 최우선 과제로 삼았다. 모든 문제는 우리에게 힘이 없기 때문에 벌어진 일임을 절실히 느꼈던 것이다.

이러한 두 가지 문제를 해결하기 위해 류성룡은 훈련도감과 속오군 제도의 시행을 주장하고 나섰다. 1593년 10월 훈련도감의 설치를 계청했다. 이듬해 2월 중앙군으로 훈련도감을 설치하고 한양의 방어 임무를 맡겼다. 그 자신은 훈련도감의 책임자인 도제조에 임명되어 신설되는 부대의 총책을 담당했다. 총병인 포수를 중심으로 하고, 궁병인 사수와 창검병인 살수의 세 부분으로 나누어 훈련하도록 했으며 정예병사 양성을 목표로 했다. 정예병사를 기르는 것이 목표였던 만큼 훈련시킬 수 있는 시스템과 교범이 필요했다. 즉 훈련 교본을 마련해야 했던 것이다. 이는 명나라 참장인 낙상지駱尙志의 도움을 받았다. 명나라 정예병인 절강병의 병서인 『기효신서紀效新書』를 도입해 이에 의거해서 훈련하도록 했다.

이 훈련도감은 구한말 신식 군대인 별기군이 창설될 때까지 조선의 중앙군으로서 기능했다. 훈련도감이 오래도록 조선의 중앙군으로 역할할 수 있었던 이유 중 하나는 하루에 쌀 2되를 지급한다는 규정 때문이었다. 이른바 직업군인 제도였던 셈이다. 이는 전쟁의 와중에 생계를 해결하려던 많은 백성으로부터 호응을 받았다.

상을 모시고 환도하여 훈련도감의 설치를 청했다.

이때는 전란을 치른 뒤인 데다 거듭 흉년이 들어 도적이 벌 떼처럼 일어나자, 선생이 도감을 설치해 군사를 훈련시켜 한양을 호위할 것을 청

『기효신서紀效新書』, 26.0×17.0cm, 조선 후기, 수원화성박물관. 1560년 명나라 절강의 참장이었던 척계광이 무기 제조법과 사용법, 훈련 방법과 진형, 신호법 등을 정리한 책이다.

했다. 상이 선생을 제조提調로 삼으니, 선생이 당속미唐粟米(중국에서 들어온 곡식) 1만 석을 방출하여 식량으로 분배할 것을 요청하고 사람을 모집하는데 날마다 백미 2승升을 주었다. 이에 응모자가 구름같이 모이자 건장한 사람 수천 명을 얻어서 조총과 창검의 기술을 가르쳤으며, 파총把摠과 초관哨官을 세워 통솔하게 하고 순번을 정해 숙직하게 했다. 상의 행차가 있을 때마다 이 군졸을 동원하여 호위하게 하니, 인심이 조금 안정되었다.(『서애선생연보』 1, 1593년 계사, 선생 52세)

중앙군인 훈련도감의 설치 운영과 아울러 지방군으로는 속오군束伍軍을 설치했다. 속오군이란 부대를 오伍로 묶는다는 의미다. 즉 사司-초哨-기旗-대隊-오伍의 조직 체계를 만들어 군사를 배치했던 것이다. 1사는 5초, 1초는 3기, 1기는 3대, 1대는 2오로 구성했다. 현대의 연대-대대-중대-소대-분대 체제를 떠올리면 쉽게 이해할 수 있다.

『훈국등록』, 32.9×24.6cm, 1881, 장서각. 1628년부터 훈련도감이 혁파되는 1881년까지 훈련도감에서 담당했던 업무와 관련 사항을 기록한 것이다. 숙위를 비롯한 모든 군사활동, 호궤 및 각종 시사試射, 인사 및 재정 관련, 군기 제조와 군인들의 생활상이 담겨 있다.

임진왜란 때 활약한 류성룡이 착용했던 투구(위)와 갑옷, 유교문화박물관.

속오군의 가장 큰 특징은 국민개병제였다. 즉 이제까지 군역에서 여러 명목으로 피했던 양반들도 종군을 시행하고, 부족한 군인의 수를 천민 여부를 가리지 않고 충군했던 것이다. 물론 역이나 관직에 종사하지 않는 양반을 대상으로 했지만, "출신, 양반, 서얼, 향리, 천민 논할 것 없이 실제 군사가 될 만한 사람은 모두 뽑아서 사목에 의거해 대오를 편성하고 가까운 동리에 거처하도록" 한 것으로 보아 거의 모든 양민이 그 대상이 되었다. 양반 종군이나 천민 충군은 기존 양반의 특권을 결정적으로 타파한 것이었기 때문에 양반들의 반발을 살 수밖에 없었다. 양반 종군의 경우 군역에서 면제되었던 양반의 특권을 박탈한 것이고, 천민 충군의 경우 양반의 사유재산 취급을 받는 노비를 군역에 종사시킴으로써 또 다른 재산의 박탈이었던 셈이다.

훈련도감과 속오군 제도를 뒷받침해주는 것은 진관제였다. 제승방략의 문제점은 앞서 설명한 바와 같지만, 류성룡의 진관제 구상은 좀 더 구체적인 것이었다.

> 무릇 한 도내에 진관법을 설치하여 크고 작은 군현의 형세가 서로 연결되지 않을 수 없게 하고, 또 한 읍내에는 별도로 그 지방 품관 가운데 깊은 계려計慮가 있고 스스로 자기 몸을 아껴 감히 범법하지 않을 자를 선택하며, 그로 하여금 각 면面에서 군사 뽑는 일을 주관하게 합니다. 그는 씩씩하고 약함에 따라 분류하고 가려 상·중·하 3등으로 만든 다음 수령이 친히 점호하고 사열하며, 또한 뽑힌 사람으로 하여금 그중에서 빠져나간 자 몇 명 이상을 고발하게 함으로써 효수해 보입니다. 초병한 사람에게 평상시에는 법을 설치해 훈련시키다가, 유사시에는 곧 그 사람으로 하여금 전쟁터로 인솔하게 합니다. 그런데 병졸들이 도망하고 흩어지거나 정밀하지 못한 폐단이 있을 때는 다 스스로 책임지도록 한다면 감히 마음을 다하지 않을 수 없고, 군정은 조금 맑아질 것입니다.

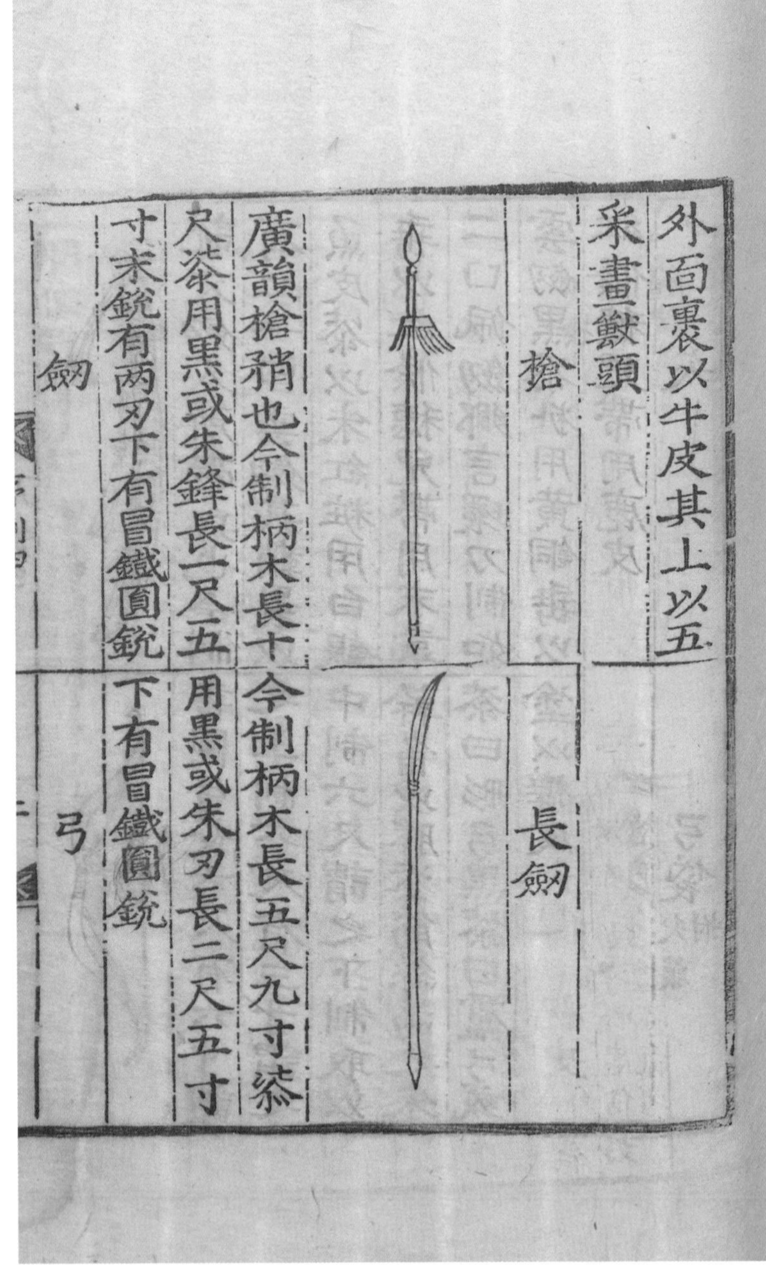
外面裹以牛皮其上以五采畫獸頭

槍

廣韻槍矟也今制柄木長十尺柒用黑或朱鋒長一尺五寸末鋭有兩刃下有冒鐵圓鋭

劒

長劒

今制柄木長五尺九寸柒用黑或朱刃長二尺五寸下有冒鐵圓鋭

弓

——— 『국조오례서례』에 그려진 창검, 규장각한국학연구원. 조선시대에 쓰였던 창과 검에 대해 알 수 있다.

그리고 상등 군졸로 하여금 차례대로 전쟁에 나가게 하고 중등과 하등 백성에게 군량을 자급하도록 하면 일이 모두 사전에 정해져서 때에 닥쳐 소동하는 폐단이 없고 서리가 농간하는 폐단도 없을 것이며, 실이나 노끈이 연결되듯이 질서가 정연하여 다시는 지난날처럼 두서가 없지는 않을 것입니다.(『서애선생문집』 5, 차자, 시무를 올리는 차자〔갑오년 4월〕)

즉 진관을 설치해 군현들이 서로 연결되게 하고, 지역마다 소모관을 두어 군사를 선발하며, 군사는 3등으로 구분하여 수령의 관할 하에 두도록 했다. 또한 등급별로 전쟁 시 역할을 부여하게 되면 적절한 사전 역할 분담이 이뤄지고 폐단이 없어지리라는 것이었다.

제도적인 개편과 아울러 류성룡이 추진한 것은 군 기강의 확립이었다. 그는 도체찰사로 군사 업무를 총괄하면서 우방어사 김경로 등 지휘관들의 방만한 근무 태도를 목도하고는 이를 시정하기 위해 "요사이 기율이 엄하지 않아 여러 장수가 스스로 자만에 빠지고 명령이 시행되고 있지 못합니다. 그래서 국가의 사무가 무너지는 것이 모두 여기에 그 원인이 있으니 이러한 장수들은 빨리 법에 따라 처벌해 군정을 엄숙히 해야 합니다"(『선조실록』 26년 1월 정축)라고 건의하기도 했다. 기강의 확립은 명령 계통의 정비와 밀접한 관련이 있다. 그런 까닭에 류성룡은 자신의 훈련도감 제조 직책을 면하고 병조가 군사에 관한 모든 일을 책임지도록 건의하기도 했다.

그러나 군사에 있어서 무엇보다 중요한 일은 군사 훈련이었다. 『기효신서』의 도입을 통해 훈련도감의 군사를 훈련시키는 일을 시작했지만, 그것은 직업군인인 중앙군에 해당되는 것이었으므로 지방군인 속오군의 훈련은 더 시급했다.

지금 지극히 중요하고 급한 일은 병사들을 훈련시키는 것보다 더한 것

> 이 없습니다. 병사들이 만약 훈련되어 있지 않다면 비록 그 숫자가 100만 명이 있더라도 양을 몰아 호랑이를 공격하는 것과 같으니 막지 못할 것이 명확합니다.(『서애선생문집』 7, 계사, 군병의 훈련을 청하는 계)

류성룡의 군사 훈련에 대한 강력한 주장은 모두 정예병사가 필요하다는 그의 판단에서 비롯었다. 실제 임진왜란에서 정예병이 없는 조선군은 계속 불리할 수밖에 없을 것이었다. 그래서 그는 병사들을 훈련시키는 일을 쇠붙이를 단련시키는 것과 같이 100번 정도 단련하지 않으면 사용할 수 없다는 논리를 펴 군사 훈련의 정교화를 도모했다. 이러한 바탕에서 정예병으로서의 가능성이 있는 자라면 천민이나 그 어떤 신분에도 구애받지 않고 군사 능력을 키울 수 있도록 발탁했던 것이다.

정예병사 구상의 하이라이트는 한양 상비군 1만 명 양병 주장이었다. 1만 명의 훈련도감 정예병을 한양 수비군으로 양성하려는 계획 아래 구체적인 비용 마련책 등을 제시하고 있다.

> 경성에서 사방의 날래고 용감한 군사를 모집하는 데에 역시 사족·서얼·공천·사천·유역有役·무역無役을 막론하고 다만 그 용력 있는 자 1만 명을 얻어

조총, 길이 137cm,
조선 후기, 육군박물관.

서 오영五營으로 나누고 영마다 2000명씩을 법에 따라 조련시킨다면 경성 안에 항상 1만 명의 정병이 있어 근본이 튼튼해지므로 중요한 위치에 웅거하여 가벼운 적을 방어하는 형세를 얻을 것입니다. 대개 1만 명이 1년 먹을 양식은 4만4000석이고, 설령 다시 수천 석을 방출해서 날마다 1인당 3승씩을 주어 가속까지 보호하게 하더라도 역시 부족할 우려가 없습니다. 그리고 남은 곡식 수만 석은 특별히 군자로 저축해 군사를 먹일 수용需用으로 삼고 호조의 경비에 관할시키지 않는다면 3년 뒤에는 저축해놓은 것이 의당 다섯 곱절이 되어 군량으로도 이루 다 쓸 수 없을 것입니다. 진실로 식량이 넉넉하고 군사가 강하면 무엇인들 이루지 못하며, 어떤 적인들 염려하겠습니까. 만 명의 군사도 역시 두 번으로 나누어 영마다 항상 1000명을 남겨두고 그 5000명은 경기 지방의 비옥하고 한가히 비어 있는 땅으로 옮겨서 농기구, 농우, 종자 등을 대폭 갖추고 둔전을 구획하여 농사를 짓게 하소서. 마치 조조曹操가 허하許下에다 둔전하던 법과 같이 하여 자신이 그 절반을 먹고 관에서 그 절반을 징수하게 한다면 식량을 뒷받침하는 길이 날마다 넓어지고 군대에 응모할 자가 서로 잇달아서 구름처럼 모여들 것입니다.(『서애선생문집』 5, 차자, 시무를 올리는 차자〔갑오년 4월〕)

류성룡의 전략 전술에 대한 구상은 그의 「전수기의戰守機宜 10조」(『서애선생문집』 7, 잡저)에 잘 나타나 있다. 총 5000자가 넘는 장문의 글로서, 임진왜란을 겪으면서 보고 들은 것을 토대로 조선군이 개선해야 할 10가지 사항을 정리한 것이다. 1. 척후斥候 2. 장단長短 3. 속오束伍 4. 약속約束 5. 중호重壕 6. 설책設柵 7. 수탄守灘 8. 수성守城 9. 질사迭射 10. 통론형세統論形勢가 그것이다.

먼저 척후는 적군의 동정을 정찰하는 일이다. 왜군은 척후를 잘해 조선군의 움직임을 정확하게 파악했던 반면, 상주에서의 이일이나 충주에서 신립의 패전은 모두 척후를 무시한 탓에 벌어진 일이었다. 이일은 적군이 이미 경계 안으로 들어왔다는 보고를 받고도 거짓 보고라며 척후의 목을 베었고, 신립은 적이 조령을 넘었다는 보고를 받았을 때 사람을 미혹시킨다며 척후를 죽였다. 장단은 적군과 아군의 장단점을 비교하는 것인데, 우리 장점으로 적의 단점을 공격하고 적의 장점으로 우리 단점을 공격하지 못하게 하는 것이다. 적의 전략, 전술, 무기 등에 관한 정보를 입수하고 연구해야만 가능한 일이었다. 전란 초기 조총의 위력을 무시한 대가로 큰 피해를 입었던 것이 장단을 소홀히 한 결과의 커다란 예다.

속오는 군의 조직 체계 구성을 뜻한다. 앞서 언급했듯이 사–초–기–대–오로 위계적인 조직 체계를 정비하고 군사를 구성해 짜임새와 위계를 갖춘 명령 계통과 작전 수행을 할 수 있도록 하는 것이었다. 류성룡이 속오군 제도를 도입한 이후 조선에서는 지속적으로 군을 재편성했다. 약속은 명령을 분명히 내리고 그 명령을 잘 따르는 것이다. 명에 살고 명에 죽는다는 현대 군대의 모토는 임진왜란 당시에도 적용되는 사항이었다. 장수의 명령이 분명하지 못해 군사들이 명령을 어기면 이는 장수의 죄이고, 장수의 명령이 분명한데도 군사들이 명령을 지키지 않으면 이는 군사들의 죄다. “오늘날 장수들이 적군과 싸울 때 명령이 없는 상태에서 전진한다. 어느 부대가 앞인지 뒤인지, 복병인지 후속 부대인지 알지 못한다. 분명하게 명령을 내리는 사람이 없다”는 그의 지적은 당시 조선군 지휘 체계의 난맥상을 드러내고 있다.

중호는 해자를 겹쳐서 설치하는 것이다. 류성룡은 군사제도뿐 아니라 방어시설에도 관심이 많아 그의 문집에는 ‘성곽설’과 같은 논의가 실려 있을 정도다. 산성이 많은 조선의 지형에서 해자는 잘 사용하지 않는 시설이었지만 평지성의 경우 방어를 위해 반드시 필요했다. 설책은 군영의 보루가 되는 울타리를 세우는 것이다. 흙이나 돌로 쌓은 성

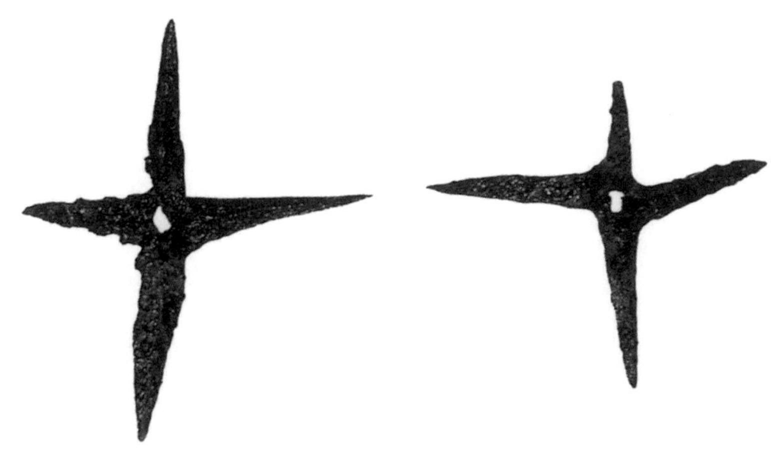

마름쇠, 높이 7.0~8.0cm, 조선시대, 국립경주박물관.

보다 힘은 적게 들지만, 잘 세우면 훌륭한 방어시설이 된다. 수탄은 얕은 여울을 방어하는 방법인데 마름쇠를 사용할 것을 권장하고 있다. 평양 대동강 방어 때 마름쇠를 충분히 설치했더라면 왜군이 얕은 여울을 걸어서 건너는 일은 없었을 것이라 판단하고 있다.

수성은 성을 잘 지키는 것이다. 왜군을 만나 매번 패하는 이유는 성의 구조가 잘못되었기 때문이라는 것이다. 새롭게 옹성을 쌓을 여유나 여력도 없지만, 포를 사용하면 성의 결함을 보완할 수 있으므로 포를 성의 주요한 곳에 설치해 적들을 방어할 계책을 제시한다. 질사는 화살을 교대로 쏘는 것을 의미한다. 왜군의 조총이 한 번 쏘고 다음번에 쏠 때까지 시간이 많이 걸리는 점 때문에 도요토미 히데요시가 개발한 것이 3열 교대법이었다. 즉 1열이 쏘고 뒤로 빠지면 2열이 다음 번을 쏘고, 3열이 그다음 번에 쏜 뒤 다시 1열이 총알을 재장전해 쏘는 방식이다. 질사는 이러한 방법으로 계속해서 화살을 쏠 수 있도록 군사의 열을 배치하는 것이다. 마지막 통론형세는 형세를 거시적인 안목에서 바라보는 것이다. 적의 강약, 우리에 대한 정보, 적의 전략 전술에 대한 이해 등을 바탕으로 장기적인 입장에서 대책을 강구해야 한다는 것이다.

10가지 핵심 사항 외에도 류성룡은 틈만 나면 군사적인 문제를 거론해 국방 시스템을 바로잡을 것을 강조했다. 예를 들어 조령의 지형지세를 활용한 조선군의 전략 부재에 대해 통탄하면서 이를 잘 활용할 것을 주장하기도 했다.

신립이 충주에 진입하니 충청도 군현의 병사 8000여 명이 모여들었다. 신립은 조령을 지키려 했지만 이일의 패전 소식을 듣고는 낙담하여 충주로 돌아왔다. 한편으로 이일과 변기 등을 불러 함께 충주에 오게 했는데, 험한 곳을 버리고 지키지 않았으며 명령이 번잡하고 소란스러웠으니 이 모습을 본 사람들은 모두 신립이 패할 것을 알았다. (…) 아아! 원통하도다. 나중에 들으니 적은 상주로 나와서도 여전히 험한 지형을 지나는 것을 꺼렸다고 한다. 문경현 남쪽 10여 리에 고모성이라 하는 옛 성이 있다. 경상좌도와 경상우도가 만나는 곳으로 양쪽 골짜기가 한데 묶은 듯 좁게 붙어 있으며, 가운데로 큰 강이 흐르고 길이 그 아래로 나 있다. 적은 이곳을 지키는 병사가 있을 것을 걱정하여 사람을 시켜 여러 차례 탐색했다. 그러고는 병사가 없음을 알고서는 노래하고 춤추며 지나갔다고 한다.(『징비록』)

또한 지형을 잘 살려서 방어에 적합한 성을 쌓아야 함에도 불구하고 그 대신 많은 사람이 수용될 수 있는 성을 쌓은 것이 패배의 원인이라는 축성에 대한 분석을 내놓기도 했다.

전라도와 경상도 두 남쪽 지역에서는 성을 쌓을 때 지형을 살리는 대신 넓고 크게 만들어 많은 사람을 수용하는 데 힘썼다. 진주성은 원래 험

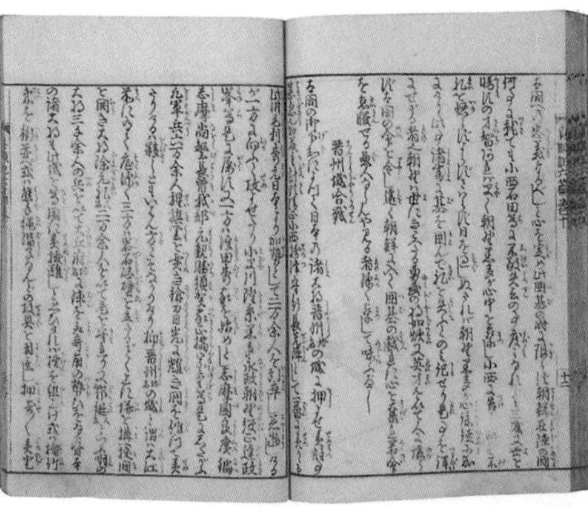

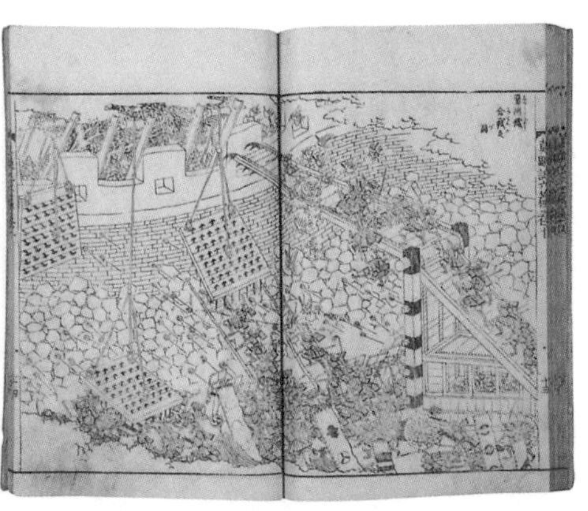

『회본태합기』, 22.5×16.0cm, 국립진주박물관. 도요토미 히데요시의 일대기를 그림과 글로 담은 것인데, 임진왜란의 주요 장면들이 묘사되어 있다. 진주성 전투(위 왼쪽), 일본군이 진주성 공략하는 장면(위 오른쪽), 진주성 공격에 사용했던 일본군의 귀갑차(아래 왼쪽), 남강에 투신하는 김천일과 최경회(아래 오른쪽).

「진주지도」, 종이에 채색, 80.0×122.0cm, 19세기 중반, 규장각한국학연구원.
진주성의 모습이 보인다.

飛鳳山
水晶峰
儀鳳樓
君子亭
場基
本府
新北門
東將臺
南江
虹橋

한 지형에 자리하여 수비가 가능했지만, 이때에 이르러 성이 좁다면서 동쪽 아래의 평지에 옮겨 지었다. 그 뒤에 왜적이 이곳을 통하여 성에 들어왔으니 끝내 성을 지키지 못했다. 성은 원래 견고하고 작은 것이 귀한 법인데 성이 넓지 않다고 걱정했으니 이 또한 당시의 논의가 그러했던 것이다. 국방 정책의 근본, 장군을 선택하는 핵심, 군대의 조직과 훈련 방법에 이르기까지 백 가지 가운데 한 가지도 올바른 것이 없었기 때문에 패하기에 이른 것이다.(『징비록』)

이처럼 류성룡은 군사 문제에 대해서도 다양한 방책을 내놓았다. 이는 오로지 자주국방을 위한 개혁 정책들이었다. 철저한 현실 인식에 기반한 해결책이기도 했다. 실제로 진관제 복구를 주장한 1591년에는 그의 주장이 받아들여지지 않다가 1594년에 이르러 임진왜란을 직접 겪은 뒤에야 다시 그의 주장을 받아들여 진관제가 시행되었다는 사실이 시사하는 바는 크다. 이외에도 전략 전술에 있어서 선봉 부대의 도입 등 당시로서는 혁신적인 방책들을 내놓았다.

5장

/

화의를 주장하여 나라를 그르친다

1절

조선은 없다

대동강을 경계로 서북은 명, 동남은 일본

명과 왜의 강화 교섭과 그 내용

1592년 9월 초.

평양성 북쪽 산에서 일본군의 고니시 유키나가와 명의 심유경沈惟敬이 회담을 가졌다. 고니시는 조선 출병이 명에 대한 '구봉求封(책봉을 구함)과 통공通貢(조공을 통하게 하는 것)'에 있다고 주장했다. 심유경이 평양은 조선의 영역이라고는 하나 중국上國의 지경이니 물러가서 중국 조정의 명을 기다리라고 했다.(『선조수정실록』 25년 9월 1일) 고니시는 심유경에게 '천조天朝에서 다행히 진군하지 않고 가만있으면 우리도 오래지 않아 꼭 돌아갈 것이오. 대동강으로 경계를 삼아서 평양 서쪽은 모두 조선에 속하게 될 것이오'라고 했다.(『명사』 「조선열전」)

일본군 제1군의 고니시 유키나가는 조선에 도착하자마자 부산진의 정발이나 동래부의 송상현에게 '가도입명'을 요구했다. 그러나 정발과 송상현 모두 그 요구를 거절하고 항전 끝에 순절했다. 고니시는 동래에서 사로잡은 울산군수 이언함에게 서신을 주어 강화의 뜻을 전하게 했으나 이언함은 사로잡혔다는 것으로 죄를 받을까 두려워 이를 조정에 알리지 않았다. 1592년 4월 17일 고니시는 상주 전투에서 승리한 뒤 진중에서 포로로 잡은 왜학통사 경응순을 다시 조선 조정에 보내 화친을 청했다. 이에 조정에서는 이덕형과 경응순을 함께 보내 이 교섭으로 일본군의 침략 이유를 알고 교섭에 응하는 동안 군사의 진격을 지연시키고자 했다. 그러나 충주가 함락되면서 이덕형은 약속한 날짜인 28일에 충주에서 고니시를 만날 수 없어 돌아왔고, 상황을 알아보러 갔던 경응순은 가토에게 살해되고 말았다.(『선조수정실록』 25년 4월 14일, 『징비록』)

이덕형과 고니시의 회담이 성사된 것은 그로부터 두 달이 흐른 1592년 6월 9일이었다. 대동강 강상에서 이덕형과 겐소가 만났는데, 겐소는 여전히 요동으로 갈 길을 열어달라고 요구했으며, 지금까지 조선이 이에 응하지 않아 전쟁이 계속되었다며 전쟁 책임을 조선에 전가시켰다. 이에 이덕형은 절강을 통해 명으로 갈 수 있는데도 불구하고 조선을 침략한 것은 우리를 멸망시키려는 의도라며 반박했고, 명은 조선에게 아버지와 같기 때문에 명으로 가는 길은 죽어도 열어줄 수 없다고 했다.(『선조실록』 25년 6월 9일, 『징비록』) 결국 6월 9일의 강화 협상은 결렬되었고, 고니시 측은 11일 다시 이덕형에 서계를 보내 강화 협상 재개를 촉구했다. 이 서계에서는 유독 조선의 남쪽 지역을 일본군이 점령하고 있음을 강조하고 있다. 강화 협상 내내 '가도입명'을 요구해 전쟁의 책임을 조선 측에 떠넘기려 한 데서 이들에게 다른 저의가 있음을 의심하게 된다.

일본의 의도가 드러난 것은 명군과 일본군이 강화 협상에 들어가면서부터였다. 명군이 조선으로 진주하게 되자 명군은 일본군의 상황을 알아야 했고, 일본군은 명군의 진격을 막아야 했다. 그 필요에 따라 마련된 협상 자리가, 조명연합군이 평양성에서 패전하고 난 지 한 달 뒤인 1592년 9월 초 고니시와 심유경의 평양성 북쪽에서의 강화 협상이다. 이때에도 고니시 측은 구봉과 통공을 언급해 가도입명의 주장을 이어가는 듯 보였다. 그러나 심유경이 명의 영토에 일본군이 있다고 주장하면서 철수할 것을 종용하자 고니시는 대동강을 경계로 평양 서쪽은 조선 땅이라고 반박했다. 즉 고니시 측은 대동강을 경계로 동쪽이 명의 땅이라면, 서쪽은 일본군이 점령한 조선 땅 곧 일본 땅임을 주장한 것이다. 협상은 결론을 내지 못한 채 심유경이 명에 가서 알리는 데 필요한 50일 동안의 휴전만을 약속했다. 그러나 이 기간에도 일본군의 침략은 계속되었던 반면 조선군은 명군이 휴전 약속을 들어 제지하는 바람에 일본군과 싸울 수 없었다.(『징비록』)

50일 뒤인 1592년 11월 심유경과 고니시의 강화 협상은 다시 진행되었다. 심유경은 가토에게 포로로 잡힌 임해군과 순화군을 비롯한 조선 포로의 송환, 조선 영토의 복귀를 제안했다. 반면 고니시는 다시 한번 봉공과 더불어 평양성은 중국上國에 양여하고 대동강 동쪽의 땅은 일본이 주장하겠다고 했다.(『선조실록』 25년 12월 3일) 이 협상에 대해 경략 송응창은 조선 조정에 자문을 보내 "타국의 위급함을 이용해 그 땅을 탈취하는 일은 없을 것"이라면서 안심시키고, 심유경의 이간질에 속지 말 것을 경계했다.(『선조실록』 25년 12월 17일)

명군의 이러한 태도는 벽제관 전투에서 패하면서 다시 바뀌어 심유경과 고니시가 재협상에 나서게 되었다. 1593년 3월 15일 고니시와 심유경은 용산에서 만났는데, 명은 조선 영토의 복귀 및 두 왕자와 포로들의 송환, 히데요시의 사과를 전제로 한 책봉을 제시했다. 한편 일본은 명에서 일본에 강화사를 보내고 명군이 요동으로 철수한다면, 조선의 두 왕자를 송환하고 한양에서 철수하겠다고 약속했다. 양측 모두의

철병을 요구한 이 협상은 어느 정도 진전을 이뤄 3월 25일 송응창은 서일관과 사세용을 강화사로 일본군에 파견했고, 일본은 4월 20일 한양에서 철수했다. 일본군은 5월 15일까지 밀양으로 철수했으며, 명군은 8월 요동으로 물러났다.

전쟁 초기에는 일본에서 조선으로 강화 사절을 보내기도 했지만 명군이 진주한 뒤에는 조선을 배제한 채 일본군과 명군 사이에서만 강화 협상이 진행되었다. 그런 까닭에 조선은 명과 일본 사이에 오간 협상 내용을 알 수 없었다. 11월에 이뤄진 협상은 12월이 되어서야 윤근수를 통해 알려졌고, 3월의 협상은 한양 철수라는 중대한 사안을 다뤘음에도 불구하고 4월 1일이 되어서야 알게 된 터였다. 3월 상순 안주에서 이여송과 회담하면서 선조는 명이 일본과 강화할 의사가 있다는 사실을 알게 되었다. 이에 선조는 조선 조정에서는 강화를 논의하지 못하게 하고, 이여송와 송영창을 찾아다니면서 강화가 아니라 전투로 한양을 수복할 것을 주장했다. 선조는 왜란이 무력으로 종식되어야 한다는 생각을 했던 것이다.

이에 명군은 조선의 강경한 태도가 장애가 된다고 판단해 강화 협상에서 조선을 철저하게 소외시켰다. 또한 철수하는 일본군을 공격하지 않는 협상 내용으로 인해 조명연합군은 일본군에 반격할 좋은 기회를 놓쳤을 뿐 아니라, 심지어 강화를 반대하고 일본군을 공격하도록 했다는 이유로 류성룡과 김명원 등이 명군에게 치욕을 당하는 일이 일어나기도 했다.(『징비록』)

조선 할지론割地論은 고시니와 심유경 사이의 협상에서 언급된 사안이지만, 이 문제가 그들 사이에서만 거론된 것은 아니었다. 1593년 2월 명은 풍중영馮仲纓을 보내 가토 기요마사와의 협상을 시도했는데, 가토 역시 조선의 영토 할양을 협상 조건으로 제시했다. 명은 영토 할양 외에도 봉공안을 제시한 고니시를 협상 대상으로 삼았지만, 가토와 고니시 모두 영토 할양을 협상 조건으로 내걸었고, 일본 측의 최종 협상안인 도요토미 히데요시의 7개 조 교섭안(1. 명황녀明皇女의 납비納妃 2. 감합무역의 재개 3. 명·일 대신의 서사誓詞 교환 4. 조선 4도의 할양 5. 조선 왕자 인질 요구 6. 조선 두 왕자의 송환 7. 조선 대신의 서사) 가운데 조선 할지가 있었다는 데에서 일본이 출병한 저의를 파악할 수 있다. 일본이 조선의 할지를 주장할 때 명 역시 조선에 대한 또 다른 할지를 논하고 있었다.

1593년 윤11월.

선조는 류성룡을 불러 윤근수가 요동에서 돌아오면서 올린 글에 대해 물었다. 류성룡은 글의 내용이 흉참할 뿐만 아니라 '땅을 베어 남에게 주려고까지 한다는 말은 차마 볼 수가 없습니다'라고 아뢰었다. 이에 선조는 이미 예상한 일이었다고 말해 선위할 뜻을 알렸다.(『선조실록』 25년 윤11월 12일)

1593년 윤11월 명에서는 행인사 행인 사헌司憲이 사신으로 왔다. 사헌은 영접하러 나온 류성룡에게 자신이 한양에 도착하면 새로운 조치가 있을 것이라 말하고 이튿날 명은 더 이상 조선을 도울 수 없다는 칙령을 전했다.

계사년 4월, 왜적이 한양을 떠나 남쪽으로 도망갔다. 그해 10월에 왕의 행차가 해주에서 한양으로 돌아오니, 공사의 건물들은 거의 부서지고 담벽만이 남았다. 11월경에 명나라 정부에서 행인사 행인 사헌을 보내왔다. 이보다 앞서 중국 조정에서는 우리나라가 진흥하지 못하여 끝내 적에게 빼앗길까 염려하여 논란이 매우 많았다. 급사중 위학증魏學曾이라는 자가 주본을 올려 우리나라의 문제를 조치하면서 심지어 나라를 분할하거나 임금을 바꾸자고 주장했다. (…) 내가 그 주본을 보니 우리 나라를 저속하게 비방한 말이 많았는데 대개는 조선이 왜군을 방어하지 못하고 중국에까지 걱정을 끼치니, 당연히 그 나라를 두세 개로 나누어 왜적을 막아낼 수 있는 사람에게 맡기어 그로 하여금 조치하도록 하고, 중국의 번폐국으로 삼자는 것이었다.(『서애선생문집』 52세)

사헌이 조선에 가져온 명나라의 칙령에 숨은 뜻은 '분할역치分割易置'였다. 즉 나라를 나누고 임금을 바꾼다는 이 주장은 조선의 복구에 대해 의구심을 품고 있던 명나라 관료 사이에서 오갔던 말인데, 명 병부의 급사중 위학증이 주본을 올리면서 명 조정에서도 주요 논의 사안이 되었다. 위학증은 "조선이 제대로 왜적을 막지 못해 이미 중국에 걱정을 끼쳤으니, 마땅히 그 나라를 둘이나 셋으로 나눈 뒤 능히 왜를 방어하는 자에게 주어 중국의 울타리로 삼자"고 주장했다. 이에 병부상서 석성은 위학증의 주장이 불가하다면서, 사헌에게 칙령을 받들고 가 선유하게 하고 조선의 사정을 살피자고 했다. 이에 사헌이 조선에 사신으로 왔던 것이다.

사헌은 그전에 파견된 명나라 사신과는 달리 강압적이었다. 그가 선조를 만나면서 선조보다 윗자리에 앉자 남면을 하고 앉고 선조가 북면을 하게 되었는데, 그것은 선조를 마치 자기 신하 다루듯이 한 것이다. 그만큼 명나라에서 조선을 괄시했던 것이다. 조선에서는 이미 요동을 다녀온 윤근수를 통해 명 조정에서 분할역치가 논의되고 있다는 정황을 파악했었다. 경략 송응창은 윤근수 편에 위학증의 주본을 선조에게 보냈다. 선조는 이 주본을 보고 나서 류성룡을 부른 뒤 선위하겠다는 뜻을 밝혔다. 이에 류성룡은 명나라 조정이 망령된 논란에 흔들리지 않을 거라며 왕을 위로했다. 그러나 사헌이 사신으로 와서 칙령을 전하자 선조는 사헌에게 선위하겠다는 뜻을 전했다. 그날 류성룡은 백관을 거느리고 나아가 사헌에게, 선조가 지성으로 명나라를 섬긴 사실과 왜란을 극복하기 위해 싸우며 지킨 모든 조치를 언급했다. 그 요지는 "조선의 불행은 명을 치려는 왜적의 요구를 들어주지 않다가 당한 것"이었다. 총병 척금戚金도 류성룡의 간곡한 뜻을 알고 도와주어 분할역치를 전하기 위해 온 사헌은 뜻을 거두었다. 사헌도 납득하고 조선을 떠나면서 "류성룡의 남다른 굳은 충성심과 독실한 인의는 중국의 문무백관과 장수들이 모두 기뻐해서 칭송하지 않는 이가 없다. 왕은 참으로 현명한 재상을 얻었다" 하고는 돌아갔다. 류성룡의 충절이 선조와 조선의 위기를 넘기게 했던 것이다.

그러나 명에서는 다시 조선에 대한 조치 문제가 대두되었다. 분할역치가 여의치 않다면, 직할통치를 해야 한다는 것이었다. 그것은 명나라의 막대한 원조비용을 조선이 제대로 보전해주지 못한 책임을 묻는 차원에서 나온 논의였다. 직할통치론은 1594년 8월 명 병부 우시랑 손광孫鑛이 경략으로 임명되면서 주장한 것으로, 과거 원나라의 예에 따라 조선에 정동행성을 설치하고 명에서 순무巡撫를 파견하여 조선 신료들을 모두 행성에 소속시켜 관리하게 하며 조세징수권을 갖도록 하자는 등의 주장이다. 이러한 명나라의 책략에 대해서 선조는 우리 힘이 약한 상태에서 어쩔 수 없다 했지만, 류성룡은 강력히 반대했다.

정유재란이 일어난 뒤 조선에 온 경리 양호의 행동은 다분히 직할통치를 염두에 둔 것이었다. 선조는 경리 양호를 비호했지만, 류성룡은 양호의 행동이 조선을 무시하는 듯하다고 생각했던 것이다. 양호도 그런 류성룡을 좋게 여기지 않고 언어가 불손했다고 한다. 훗날 정응태가 양호를 탄핵해 양호가 파직·소환당했을 때 선조를 비롯한 조정 대신들은 양호를 변명해주기 위해 명나라에 진주사陳奏使를 파견하는 등에 관한 논의를 했다. 이때 진주사로 처음 거론된 사람이 바로 류성룡이었다. 그러나 진주사로 가는 것을 거절했고, 결국 이 문제가 류성룡이 조정과 영영 이별하게 되는 탄핵의 수순을 밟게 했던 것이다.

2절

선생이 배운 것이 단지 화친을 주장하여 국사를 그르치는 네 글자뿐입니까

주화오국 논의 및 전쟁 책임론

1597년 8월 23일 조정.

정유재란이 일어나자 임금은 중전 일행을 피란시키려 했다. 양사에서 극력 반대하니 '대신들 중에서도 가속을 먼저 내보낸 자(류성룡을 지칭)가 있는데 임금이 대신보다 못한 것인가?' 하며 분노했다. 대사헌 이헌국이 대신들의 가속이 있는 곳을 일일이 아뢰자, 그제야 오해인 것을 알고 임금이 류성룡에게 깊이 사과한다는 뜻을 전했다.(『서애선생연보』 56세)

명나라와 왜의 강화 교섭이 양측 사신들의 농간에 의한 사기극이었음이 밝혀져 최종 결렬되자 왜는 다시 조선을 쳐들어왔다. 정유재란의 발발이었다. 임진왜란이 일어난 뒤 그래도 많은 부분이 개선되고 복구되면서 임진년처럼 당하지는 않았지만, 왜군 또한 총력전을 펼쳤기 때문에 조선은 또 한 번 위태로운 처지에 놓였다. 1597년 8월 초에는 호남과 호서 모두 붕괴되어 경기도를 방어하는 일이 다급해졌다. 임진년에는 적들이 한양 가까이까지 쳐들어온다는 소식을 듣고 대신의 대부분이 자신들의 가솔을 북쪽으로 피신시켰었다. 한편 정유년에는 사정이 좀 달랐던 것 같다. 위의 기사에서 보듯이 대사헌에서 대신들의 가속이 있는 곳을 모두 아뢰었다는 정세로 판단컨대 대부분 피란을 가지 않은 상태였던 것이다.

그런데 류성룡은 왜 가솔을 미리 피란시켰다는 오해를 받았을까? 『서애선생연보』에 의하면 이는 류성룡을 시기한 누군가가 당시 명나라 제독 마귀麻貴에게 순찰 나간 류성룡이 가속과 같이 나갔다고 모함한 것이 그대로 보고서에 기록되었다고 한다. 이것이 바로 류성룡이 처한 상황이었다. 정유재란이 일어나 국가가 다급해진 터에 붕당으로 갈라진 대신들은 상대방의 조그마한 트집이라도 잡으려고 혈안이 되어 있었다. 이런 상황이 지속되자 명나라 원군으로 왔던 경리 양호楊鎬의 문제를 둘러싸고 그 불똥이 류성룡에게 튀어 큰 문제가 된다.

명나라 경리 양호의 문제란 정유재란 때 조선에 명의 동정군 경리로 파견되었던 양호를 둘러싸고 일어난 일을 말한다. 왜군은 총 14만 명의 병력으로 정유재란을 일으키며 전라도 구례, 남원, 전주로 진격해 왔다. 그동안 분군법의 변화와 지휘 체계의 강화 등 국방 시스템을 정비한 조선도 당하고만 있지는 않았고 곳곳에서 격전을 치르며 싸웠다. 명나라에서도 신속히 6만 명 규모의 원군을 파견했는데 이때 경략 형개邢玠, 경리 양호, 제독 마귀가 임명되었다. 명나라 원군은 9월 초 직산에서 왜군을 크게 이겼고 중순에는 이순신이 명량에서 왜 수군을 크게 무찔렀다. 이 두 전투로 인해 왜군은 전의를 상실하고 울산, 순천, 사천, 고성, 김해 등지로 분산해 농성에 들어갔다.

조명연합군은 이 기세를 몰아 12월 23일 울산 도산성에서 큰 전투

『황화사후록皇華伺候錄』, 종이에 채색, 47.1×28.4cm, 1600, 국립중앙박물관. 1598년 조선에 파견된 명나라 경리 양호·만세덕 등을 영접하는 영접도감의 관리들이 함께 근무한 것을 기념하기 위해 만든 계첩인데, 이 장면은 사신을 접대하는 모습이다.

公兵少當後及賊退戰氛息見我舟屹然無恙皆大驚爭來賀自是軍聲復大
振夫自李鎰中砬敗後官軍及義軍遇賊輒奔潰無敢略齟齬其鋒者及 天
子遣大兵來救大震殲次第復三都然後我軍稍稍犄角之如延安幸州之捷
雖一時稱雋然皆藉天兵威重僅能嬰城拒守得全未有獨當一面鏖戰全勝

如公之爲者也故賊屯湖嶺六七年不敢蹈西海一步地南原既陷賊勢尤張
而猶狼顧不得逞者繄公是賴至若露梁之戰大戰而又大勝臨陣殞命卒以
身殉國公死而賊亦退其後朝廷論平賊功以公爲元勳追賜宣武功臣號
贈官至左議政立忠愍祠於露梁以祀之公諱舜臣字汝諧牙山人公平居循
循雅飭如儒士及其臨難討賊決策出奇雖古名將不能過而忠義奮發有可

以貫日月而感鬼神者是以所在克捷威懾鄰敵義動中國若公者乃古所謂
真將軍可屬大事者非專以一時取勝爲可貴也其行己之素方用兵之大略
國史及他銘述備矣不佞少過鳴梁覩公戰地慨然太息彷徨久之想見其爲
人余南人立石於其地使來謁銘義不敢辭遂略敍其舊聞系之以詞詞曰
鳴梁口兮隘而來 海潮感兮汩而峡 兵因地兮利出奇 藐羣醜兮勢莫

支 士卒奮兮鼓方震 戕殲賊兮蕩餘燼 惟將軍兮勇義俱 挽海道兮
海無虞 怒濤擊兮蛟鯨趍 觀戰地兮想英顏 靈皇皇兮赫海隈 呵星
辰兮走風雷 海不渴兮石不泐 昭壯烈兮耀無極
崇禎後乙丑三月 日書 嘉善大夫行全羅右道水
軍節度使朴新胄 戊辰三月 日立 監役出身韓時達

統制使忠武李公鳴梁大捷碑

有明朝鮮國統制使　贈諡忠武公鳴梁大捷碑

資憲大夫禮曹判書兼弘文館大提學藝文館大提學知經筵春秋館成均館義禁府事李敏敍 撰

輔國崇祿大夫行判敦寧府事李正英 書

崇政大夫行知敦寧府事兼知經筵事同知春秋館事弘文館提學五衛都摠府都摠管金萬重 篆

萬曆二十五年丁酉九月統制使李公統舟師進駐於珍島之碧波亭下大破日本賊於鳴梁之口賊由是大衄不敢窺海右逼湖圻其明年賊遂罷兵歸世謂中興戰功公爲第一而鳴梁之戰最奇云蓋公初以全羅左水使聞賊至慷慨誓衆進兵於嶺南界中邀擊沿海賊初戰於玉浦再戰於唐浦復戰於固城之唐項浦皆以小擊衆殺賊無筭卒乃大捷於閑山威震海隅乃進拜統制使悉總三道舟師仍屯閑山數歲賊亦不敢復掠海路至是賊再擧大至懲前之敗蓄憾專力欲衝海道直上時公方被誣逮　命以白衣從元帥[illegible]復授舊職於是元均已代公大出兵迎賊軍遂陷盡喪其舟師器械蓄積而閑山已陷矣顧公乘喪敗之後無兵可戰间關走海上稍收亡卒得戰艦十餘艘遂進扼鳴梁賊至者樓櫓蔽海公督諸將進舡當海之隘口連艫下碇截中流待賊鳴梁地迫隘潮方盛水益悍賊從上流乘潮擣之勢若山壓士卒無生意公意氣益勵乘機奮擊將士皆殊死戰舡出入如飛砲火四起海水盡沸賊舡焚燒撞碎沈溺死者不可勝數賊遂大敗遁去始戰方酣巨濟縣令安衛少却公立舡頭

「명량대첩비」, 탁본, 181.0×292.0cm, 17세기, 수원박물관.

『회본태합기』에 실린 명량해전의 장면.

를 벌였다. 한 달 넘는 기간 동안 맞서 싸웠지만 당시 총사령관 경리 양호는 도산성을 함락시키지 못한 채 철수하고 말았다. 다시 소강상태로 접어든 전황 속에서 1598년 6월 양호는 명나라 과도관 정응태丁應泰에 의해 울산성 패전을 제대로 보고하지 않았다는 이유로 탄핵을 당했다. 선조와 조선 조정에서는 양호를 변명하고자 노력했지만 곧 파면되었으며 8월에 명나라로 소환되었다. 그런 양호를 변호하고자 조선에서는 진주사陳奏使(진정을 올리기 위해 가는 사신)를 파견하려 했다. 당시 이 직책에 최초로 지목된 사람이 바로 류성룡이었다. 그러나 그의 입장은 명확했다. 양호의 탄핵은 중국 내부의 문제일 뿐 조선이 개입할 사안은 아니라는 것이었다.

사실 이 일에 조선 조정이 개입하면서 문제는 더 커졌다. 최초에 양호가 탄핵당했을 때에도 조선에서 사신을 보내 양호를 변호하면서 조선에 더 머물게 해달라는 요청을 했다가 오히려 양호가 소환을 당했다. 진주사 역시 류성룡이 아닌 좌의정 이원익이 가게 되었다. 그런데 이원익이 명나라 조정에 가서 "정응태가 양호를 무고했으니, 양호를 다시 조선으로 부임시켜달라"고 한 주장이 도리어 역효과를 냈다. 그 내용을 들은 정응태는 양호뿐 아니라 조선을 본격적으로 무고했던 것이다. 즉 첫째 조선이 양호와 부화뇌동해서 명나라 조정을 속이고 있다는 것, 둘째 조선이 왜를 끌어들여 요동을 침범하고 탈취해서 조선의 옛 강토를 회복하려 한다는 것, 셋째 조선 임금이 감히 조祖나 종宗 칭호를 사용해서 큰 죄를 짓고 있다는 것이었다.

조선으로서는 기가 막힐 노릇이었다. 이 말을 전해 들은 선조는 9월 23일 명나라 황제의 처분을 기다린다며 정사를 돌보지 않은 채 거적을 깔고 대죄했다. 8월 18일 도요토미 히데요시의 죽음으로 왜군을 섬멸할 수 있는 좋은 시기, 그리고 9월 명나라 군대의 총공세가 예정되어 있는 상황에서 어이없게도 외국 장수를 변호하는 일로 국내 정치가 마비되었던 것이다. 이런 가운데 조정의 대신들은 아무런 결정을 내리지 못한 채 우왕좌왕했다. 이때 상황은 엉뚱한 방향으로 흘러갔다.

지평 이이첨李爾瞻이 아뢰기를 '지금 이 변무辨誣의 일은 잠시라도 늦출 수가 없습니다. 그런데 묘당에서 처음에는 한산 재신閑散宰臣으로 그 일에 관한 사신을 주의注擬했고 그러다가 성교聖敎를 받고는 외지에 있는 대신을 불러서 보내려 했습니다. 한양에 있는 대신이 한두 사람이 아닌데, 이런 큰 변고를 당해 가지 못할 사람이 누구이기에 간사하게 피할 길을 꾀하여 시일을 지연시키기를 마치 예例에 따라 연경에 가는 것과 같이 한단 말입니까. 군부君父를 위하여 악명惡名을 깨끗이 씻는 일을 정말 이렇게 늦추고 소홀히 해야 하겠습니까. 한양에 있는 대신으로 오늘 안에 발송시키소서' 하였다.(『선조실록』 31년 9월 24일)

변무의 일이란 조선이 왜와 내통하지 않았다는 것, 그리고 조선 임금의 명칭에 조와 종이 들어가는 것에 대한 변명이었다. 대북파의 실세였던 이이첨은 류성룡이 변무의 일에 자청해서 가지 않고 외지에 있는 대신을 불러 내보내려 한다며 탄핵 사유를 밝혔다. 이때부터 류성룡에 대한 대북파의 총공세가 시작되었다. 국가가 아무런 역할도 못 하고 있는 상황에서 그것이 그리 시급한 일이었을까.

상소 가운데의 말을 신이 자세하게 듣지 못했으나, 이따금 들려오는 한두 구절이 과연 그 말과 같다면 신의 죄상은 만 번 죽더라도 오히려 가볍습니다. 그러니 신이 대신의 자리에 앉아 있을 수 없을 뿐만 아니라 지금 이 봉사奉使의 직책도 어찌 이런 사람을 시켜서 할 수 있겠습니까. 듣건대 소 가운데에 또한 '충정忠正한 사람으로 하여금 차출하여 보내야 한다'고 했다는데, 이는 실로 공의입니다. 지금 명나라의 장사將士와 군졸 및 아문의 여러 관원이 성안에 가득 퍼져 있으니 (…) 또한 눈 깜짝할 사이에 중국에 알립니다. 옛날부터 사신 가는 사람이 현명한가의 여부에 국가의 경중이 달려 있습니다. 지금 대신을 특별히 보내온 나라의 막대한 일을 해명하려는데 도리어 충정하지 못하고 죄악이 낭자하여 국내에서 가장 천하게 버림받은 사람을 차출하여 보낸다면 그 어찌 황제를 감동시키기 바랄 수 있겠으며, 신 또한 무슨 낯으로 중국 조정의 사대부들을 만나 곡직을 논변하겠습니까.(『서애선생문집』 5, 차자, 사직차자[무술년 9월])

류성룡은 상대편의 이러한 주장을 공론이라 여기며 이를 중시하는 태도를 보였다. 그가 올린 사직차자는 대북파의 주장이 사실이 아님을 분명히 밝히면서도, 공론에 의거해 사신으로 갈 사람을 임명해야 하니 명망 있는 인물로 택해줄 것을 요청하고 있다. 탄핵당하는 와중에도 국가의 중요 임무를 띠어야 할 인물 선발에 대해 염려했던 것이다. 그러나 반대파의 공격은 점점 더 거세졌다. 처음에는 진주사를 거절한 데 대한 탄핵이었으나, 날이 갈수록 그 수위가 높아져 이제는 왜와의 강화를 주장한 주화매국인으로 몰아갔다.

> 왜적과 같은 하늘 아래에서 살 수 없는 것은 어린아이들도 모두 아는 일인데 성룡은 대신으로서 맨 먼저 화친을 주장하고 호택이 나왔을 때 기미책을 힘써 주장해 드디어 심유경과 표리가 되었습니다. (…) 오직 화친을 주장하는 한 가지 생각만이 마음속에 가득 차 있었기에 직무를 담당한 지 6~7년 동안 그가 경영하고 조처한 것이 대부분 유명무실했고, 다만 문자나 짓는 것으로 그날그날의 책임을 때웠으며 남의 말에 관심을 두지 않고 멋대로 고집을 부려 하는 일마다 정치를 해치는 짓만 했습니다.(『선조실록』 31년 11월 16일)

사신 가기를 거절한 일에서 비롯해 이제는 왜와의 강화를 주장한 매국노 취급을 받았다. 특히 임진왜란 초기부터 왜와의 강화에서 주요 역할을 해왔던 심유경과 표리가 되었다는 주장은 류성룡으로서는 견디기 어려운 모욕이었을 것이다. 제독 이여송이 벽제관 전투에서 패전한 뒤 강화를 위해 왜에 대한 공격을 차일피일 미루면서 평양까지 후퇴했을 당시 왜 진영으로 가는 명 황제의 기패에 대해 예를 갖출 수 없다며 끝까지 강화를 거부했던 그가 왜와 강화를 주선한 주화파로 취급받았던 것이다. 그런데 대북파의 류성룡 공격은 상당한 효과를 거두었던 것 같다.

전 정正 조목趙穆도 퇴계의 제자로서 그 문하에서 학행이 높았다. 일찍이 성룡에게 편지를 보내 말하기를 '선생이 평소 배운 것이 단지 주화오국主和誤國(화친을 주장하여 국사를 그르치다) 네 글자뿐입니까? 나는 당신이 성현의 글을 알면서 이런 데 이를 줄은 생각하지 못했습니다' 하니, 성룡이 심히 유감을 품었다. 큰 절도가 이러하니 문장의 작은 기예야 무슨 취할 것이 있겠는가.(『선조실록』 30년 10월 16일)

퇴계 이황 문하의 같은 제자이자 남인에 속했던 월천 조목도 류성룡이 주화오국을 했다고 믿었던 것이다. 류성룡에 대한 공격은 더 나아가 그가 임진왜란 기간 내내 정승으로 있으면서 했던 모든 개혁 정책에 대한 공격으로 내달렸다.

사간원이 아뢰기를 '풍원부원군 류성룡은 간사한 자질에다 간교한 지혜로 명성과 벼슬을 도둑질하여 사람을 해쳐도 사람들이 알지 못하고 세상을 속여도 세상이 깨닫지 못했으니, 이것이 그 평생의 심술입니다. 정권을 잡은 이래로 붕당을 결성해 국사를 그르치고 사사로이 행하여 백성을 괴롭힌 죄가 한두 가지가 아닙니다. (…) 마침내 사류士類와 갈라지게 되었습니다. 자기 뜻에 거슬리는 자는 원수처럼 배척하고 자기에게 아첨하는 자는 진출進出이 남보다 늦을까 염려하니 불량한 무리가 그림자처럼 성룡의 문에 붙어 조정을 시끄럽게 하고 사론士論을 분열시켜 남북의 설說이 또 세상에 떠돌고 있는데, 이는 실로 성룡이 그 시초를 만든 것입니다. (…) 오직 화친을 주장하는 한 가지 생각만이 마음속에 가득 차 있었으므로 지무를 담당한 지 6~7년 동안 그가 경영하고 조처한 것이 대부분 유명무실했고, 다만 문자나 짓는 것으로 그날그

> 날의 책임을 때웠으며, 남의 말에 관심을 두지 않고 멋대로 고집을 부려 하는 일마다 정치를 해치는 짓만 했습니다. 훈련도감을 맡거나 군문軍門을 체찰하면서도 속오작미의 법과 선봉 차관選鋒差官의 설을 주장해 폐단을 만들고 이를 빙자해 자신의 이익만 도모하며, 불같은 호령으로 절도 없이 징수해 끝내 백성으로 하여금 도탄에 빠지게 하고 촌락이 텅 비게 했으며, 피해가 가축에까지 미쳐 모든 존재가 하나도 안주하지 못하게 했습니다. 이리하여 원망은 위로 돌아가게 하고 이권利權은 전적으로 자기에게 돌렸으니, 성룡은 어쩌면 그렇게도 자기를 위하는 계책에는 성실하고 국가를 위하는 계책에는 성실하지 못하단 말입니까. 관작을 멋대로 남발하여 선심을 쓰고 은혜를 갚기도 했으며 자기 심복들을 내외에 포진시켰습니다. 각 진의 여러 장수와 크고 작은 군읍에는 반드시 친척 중에서 친한 자를 임명해 보냈고, 참하관을 승진시켜줄 때는 자격이 수령을 감당할 만하다고 했지만 반은 시골의 친한 사람들이었으며, 서례庶隷의 미천한 자를 발탁할 때는 둔전 지키는 관리를 설치한다고 했으나 거의 모두가 자신에게 아첨하는 추한 무리였습니다. 뇌물과 선물 꾸러미가 남모르게 오가니 비루한 일은 말을 하자면 지극히 추할 뿐입니다' 하였다.(『선조실록』 31년 11월 16일)

1598년 11월 사간원에서 올린 류성룡에 대한 탄핵 상소는 그의 죄상을 크게 세 가지로 구분했다. 첫째는 자신의 뜻을 따르는 자들을 중심으로 당파를 지어 남인과 북인을 만들어냈으므로 당쟁을 야기한 원흉이라는 것이고, 둘째는 왜군을 섬멸하려는 경리 양호와 대립하면서 왜와의 강화를 주장해 중국으로 하여금 왜와 조선이 내통한다는 의심을 받게 했다는 것이며, 셋째는 임진왜란 중 그가 시행한 모든 개혁 정책이 자신의 이익을 도모하는 것일 뿐 국가를 위한 계책은 하나도 없다는 것이었다.

이 세 가지는 모두 북인, 그중에서도 대북파가 만들어낸 이야기였다. 첫째 동인이 남인과 북인으로 갈라서게 된 것은 1591년 서인 정철이 건저의로 파직당하면서 서인에 대해 강경한 입장을 보인 북인과 상대적으로 온건한 입장을 보인 남인으로 갈라진 것이었다. 이는 정여립 역모 사건(기축옥사) 때 서인들이 무고한 동인 대다수를 숙청했던 데 대한 보복의 수위로 갈라서게 된 것이었다. 따라서 온건한 입장이었던 남인의 영수 류성룡에 대해 북인들이 곱게 볼 리가 없었으며, 이에 남인-북인 분당의 책임을 류성룡에게 돌렸던 것이다.

둘째 왜와의 강화를 주장해 주화오국했다는 것에 대해서는 위에서 언급한 대로다. 셋째 류성룡의 개혁 정책에 대한 비판은 대다수 양반의 입장을 대변한 것이었다. 속오작미를 비난한 것은 작미법으로 인해 그동안 이득을 얻어오던 아전, 수령, 중앙 관리들 입장에서 비판한 것이고, 진관법 복구를 계기로 지방에 장수들을 임명할 때와 서얼이나 노비 등 천민을 발탁한 것에 대해서는 조선 건국 이래 지켜오던 양반의 기득권과 유교적 질서를 파괴한 데 대해 비난한 것이었다. 친족을 등용하는 족벌주의자, 군정을 책임지는 도체찰사를 지내면서 부정 축재를 일삼은 부정부패의 원흉으로 지목되었던 것이다. 이처럼 어이없는 비난을 받아야 했던 류성룡의 심정은 참으로 참담한 것이었다.

신은 조정에 서서 일한 지 30여 년 동안 한 가지 일도 국가에 보답하지 못한 데다 말로에 정작 '간奸'이란 글자를 얻어 평생토록 해온 일을 다 버리게 되어 성상의 지우知遇의 은혜를 배반하고, 군부가 길러주신 덕택을 저버렸음을 오히려 무엇으로 말씀드리겠습니까. 어제 저물 무렵에 어떤 의정부 아전이 신을 공박하는 유생들의 상소를 복사해와 보이는데, 말을 하자니 입이 더럽고, 보자니 눈이 휘둥그레집니다. 비록 다른 사람이 읽는다고 하더라도 이미 그 한심함을 이기지 못하는데, 하물며

신은 몸소 당했으니 그 부끄럽고 두근거리며 황공함이 또한 마땅히 어떠하겠습니까. 상소에서 논란한 바는 한 가지 일에 대하여 한 가지 일의 옳고 그름을 논했을 뿐만 아니라 신이 전에 저지른 잘못을 드러내어 폐부를 공박하고 신의 죄목을 수백천 마디의 말로 늘어놓으니, 옛적의 노기盧杞와 이임보李林甫의 죄악도 이보다 지나치지는 않았을 것입니다. (…) 이 상소가 한번 나오자 관학館學의 사론이라는 명분으로 조정과 사방에 전파되어 중국의 사대부의 이목에까지 이르러 씻을 수가 없으니, 바로 신은 가는 곳마다 간인이 되지 않을 수 없게 되었습니다.(『서애선생문집』 5, 사직차자[무술년 10월 5일])

조정 대신들이 올린 상소가 이제는 성균관 유생들의 상소로까지 번지자 류성룡은 더 이상 견디기가 어려웠던 것 같다. 그는 이때부터 두 달에 걸쳐 선조와 파직 공방을 벌였다. 하루가 멀다 하고 파직 상소를 올리면 선조는 이에 대해 "허락하지 않는다"고 한마디로 거절하는 진기한 풍경이 2개월 동안 지속되었던 것이다. 물론 이 사이에 대북파의 류성룡 탄핵 상소도 계속해서 올라왔다. 그런데 위의 사직차자에서도 보듯이 류성룡은 구구절절한 변명을 하지 않았다. 오히려 유생과 사림들의 공론에 간신으로 찍힌 자신이 관직에 계속 머무르는 것은 조정의 일에 방해가 된다는 게 그의 입장이었다. 특히 그는 "공론은 국가의 기강"이므로 공론에 따라 본인의 관직을 삭탈해줄 것을 여러 차례 요청했다.

영의정 이원익이 중국에서 돌아와 상차하였다. "성룡이 10년 동안 정사를 보필하면서 한 가지 도움도 없었다는 것으로 죄를 주면 그도 무슨 말을 하겠습니까. 그런데 지금 '널리 사당을 심고 임금의 권세를 참람하게 사용하여 뇌물이 집에 가득하며, 간사 탐욕하여 기강을 어지럽혔다'

> 는 등의 말로 공격하여 낭자한 죄악이 한두 가지가 아니니, 비록 옛날에 크게 간사하고 교활하여 군부를 우롱하고 나라를 전복한 자도 이보다 더할 수 없습니다. 아, 이것이 어찌 정확한 논의라 하겠습니까. 강화를 주장했다는 한 가지 일로 그를 비난하는 것은 그 논의가 진실로 정당하지만 그간의 곡절 역시 상당히 서로 부합하지 않는 것이 있습니다. 신이 일찍이 보건대 성룡은 청렴 개결한 것으로 자처했으니 우국하는 한 가지 정성만은 실로 본받을 만합니다."(『선조수정실록』 32년 1월 1일)

정권을 장악한 대북파의 대부분이 류성룡을 탄핵하는 입장에 서 있음에도 불구하고 영의정 이원익은 중국에 사신으로 다녀오자마자 류성룡을 비호하는 글을 올렸다. 류성룡이 지난 10년간 정사에 도움이 전혀 없었던 것은 아니며, 오히려 사사로운 당파를 만들고 뇌물을 축적했다는 부당한 모함으로 공격당하니 그를 보호해주어야 한다는 주장이었다. 백사 이항복도 거처를 전농리로 옮긴 류성룡을 찾아와 위로하고 돌아갔다.

이러한 노력에도 불구하고 류성룡은 파직되었다. 그의 파직은 이미 예고되어 있었다. 그 이유는 정응태 무고 사건과 주화오국에 있었다. 정응태 무고 사건 때 류성룡은 양호를 비호하러 중국에 가야 할 진주사의 임무를 거절했다. 그것은 류성룡의 입장에서 해서는 안 될 일이었다. 중국 내부의 일에 조선이 끼어듦으로써 일은 더 꼬여만 갔다. 당시 중국에서는 왜와의 강화 교섭을 하면서 분할역치론이나 직할통치론과 같은 주장이 나오고 있던 터였다. 또한 주화오국의 경우에도 왜와의 강화에 강경론을 펼치던 류성룡이 왜 나중에 강화를 받아들여야 했는지를 알아야 한다. 왜와의 강화 주체는 명이었다. 조선은 철저히 배제되어 있었다. 그렇기 때문에 명의 강화 요구를 받아들일 수밖에 없었던 것이다.

——「이원익 영정」, 82.5×156.0cm, 충현박물관.

당시 명나라 참장 호택이 가져온 공문에는 "지금 군량미도 다시 운반할 수 없고 병사도 다시 쓸 수 없는데, 마침 왜놈이 우리 위력을 두려워하여 항복을 청하고 봉공을 애걸했다. 우리 조정이 진실로 저들의 봉공을 허락하여 외신이 되는 것을 용납함으로써 왜인들이 모두 바다 건너 돌아가 다시 너희를 침략하지 못하게 함으로써 난리를 끝내고 병사들을 쉬게 할 것이니 이는 너희 나라를 위해서 멀리 내다보는 계책이다. 지금 너희 나라는 식량이 다하여 인민이 서로 잡아먹고 있는 지경인데 또다시 무얼 믿고 군대를 요청하는가? (…) 왜 빨리 스스로 계책을 세우지 않는가?"(『징비록』)라고 하여 왜와의 강화를 강요하고 있었다. 그러나 3개월이 지나도록 이에 대한 조선의 의견은 결정되지 않았다.

류성룡은 이러한 명나라의 입장에 대해 기본적으로 왜와의 강화가 불가하다는 입장이었다. 그는 "저들을 위하여 우리가 봉공을 요청하는 것은 의리로 보아도 절대로 할 수 없는 일입니다. 다만 최근의 상황을 상세히 갖추어 보고하여 명나라 조정의 처분에 따라야 하겠습니다"(『징비록』)라며 우리가 직접 왜와 강화하기 위해 명나라에 요청하는 것은 있을 수 없는 일이지만, 최근의 상황에 대해 보고하고 명나라 조정에서 결정하는 대로 따라야 한다는 입장을 밝혔다. 이를 선조에게 허락받아 진주사 허욱을 명나라로 보냈던 것이다. 결국 류성룡이 직접 강화를 주장한 적은 없었다. 다만 형세를 보아 명나라의 입장을 들어줄 수밖에 없는 조선의 처지를 반영한 것이었다.

1598년 11월 19일. 류성룡은 한 달 이상 체임되어 있다가 영의정에서 파직되었다. 그리고 바로 그날 이순신이 노량해전에서 전사했다. 임진왜란의 두 영웅이 같은 날 한 명은 조정에서 퇴출되고 다른 한 명은 전사한 것이다. 역사의 아이러니가 아닐 수 없다. 류성룡의 파직에 대해 서인들이 쓴 『선조수정실록』에는 다음과 같이 기록되어 있다.

상고하건대, 성룡은 평소 무거운 신망을 지고 여러 해 동안 나라를 보필하여 군소배의 미움을 크게 받았다. 처음에는 사행使行을 자청하지 않은 것으로 죄안罪案을 삼더니 이내 기회를 틈타 근거 없는 말과 이치에 닿지 않는 비방을 마음대로 얽어 마침내는 여러 차례 듣다보니 의심하는 지경에 이르렀으므로, 슬픈 일이다. 당시 양사의 여러 신하 가운데 어찌 한두 명의 지식인이 없었겠는가만 군소배의 유혹과 위협을 받아 같은 말로 헐뜯어 배척하기에 힘을 다했으니, 더욱 애석하다. 이 논의는 대개 이경전李慶全·남이공南以恭의 무리가 몰래 주장하고 문홍도文弘道와 이이첨이 앞장선 것이라고 한다.(『선조수정실록』 31년 11월 1일)

양호楊鎬(?~1629)

양호는 임진왜란 때 조선에 경리로 파병된 명나라 말기의 사대부다. 중국 하남성 출신으로 1597년 정유재란 때 조선에 경리로 파병되어 총독 형개, 총병 마귀 등과 함께 참전했다. 제1차 울산성 전투에서는 크게 패했으나 이를 승리로 보고했다가 파면되었다. 1619년 후금의 누르하치가 명나라를 침략하자 다시 등용되어 요동으로 파병되었으나 싸얼후 싸움薩爾滸之戰에서 크게 패해 그 책임을 지고 처형당했다.

양호는 조선을 거의 직할통치하다시피 했다. 내정간섭은 물론 병권과 주요 행정권도 모두 그들이 가져갔다. 그는 한양에 오자마자 경리아문經理衙門을 설치하고 병권부터 장악했다. 그리고 선조와 대등한 위치에서 신료를 접견하기도 했다. 또한 선조를 자신의 출병 때 대동하고자 하는 등 무소불위의 권력을 행사했다. 이러한 그를 조선 조정에서는 자신들을 가장 잘 이해해주는 사람으로 파악했고,

그가 파면되어 귀국할 때 선조는 홍제원까지 전송 나와 눈물을 흘리기도 했다고 한다. 그러나 그가 조선에 끼친 영향은 조선에 있을 때가 아니라 파면되어 귀국하면서부터였다.

•
•

『조선왕조실록』에 실린 류성룡에 대한 평가들

그의 성품이 원래 총명하고 지혜로우며 문장에 능했으므로 일찍부터 지우知遇를 입어 높은 관직을 역임했다. 기축년에 입상入相하여 좌상 정철에게 아첨하며 빌붙어, 최영경의 원통함을 알고도 정철의 뜻을 거스를까 두려워하여 한마디 말도 하지 않은 채 구원하지 않았으므로 공론이 그를 배척했다. 또 조정에서 일본에 통신사를 보낼 때, 류성룡이 그 의논을 적극 주장하여 황윤길 등 3인을 보낼 것을 청했는데, 끝내 성과 없이 헛되이 돌아왔다. 계사년에 다시 입상해서는 조정의 권세를 한 손에 잡고 위복威福을 마음대로 행사하여 유홍이나 정탁 등 다른 정승들은 팔짱을 낀 채 그의 명을 따르기만 했다. 온 조정의 부끄러움을 모르고 이익을 탐하는 무리가 모두 그의 조종을 받아 나아와 (…) 자기와 다른 의견을 가진 인사들을 배격하여 기필코 제거하기를 힘썼다. 위세를 조성하여 동인을 다시 나누어 남북의 붕당을 만들게 했다. 그리하여 조정으로 하여금 안정되지 못하게 하고 국시國是가 정해지지 않게 했으니, 그 단서를 연 죄를 이루 다 말할 수 없다. 더구나 전적으로 화의를 주장하여 국가의 대사를 무너뜨림으로써 만고에 죄를 얻었다. 대개 류성룡의 사람됨이 강팍하고 제멋대로 하며 남의 말을 무시하고 방자히 굴며 거리낌이 없었기 때문에 이렇듯 실각당한 것이다.(『선조실록』 32년 6월 9일)

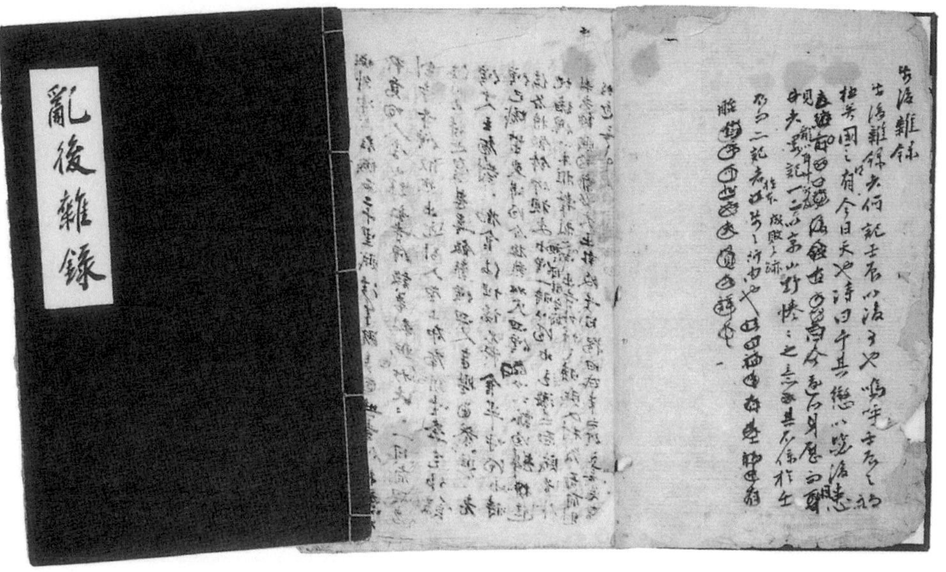

――― 『난후잡록』, 류성룡, 37.3×26.0cm, 보물 제160호, 유교문화박물관.

임진년과 정유년 사이에는 군신이 들판에서 자고 백성이 고생을 했으며 두 능이 욕을 당하고 종사가 불에 탔으니 하늘까지 닿는 원수는 영원토록 반드시 갚아야 하는데도 계획이 굳세지 못하고 국시가 정해지지 않아서 화의를 극력 주장하며 통신하여 적에게 잘 보이기를 구함으로써 원수를 잊고 부끄러움을 참게 한 죄가 천고에 한을 끼치게 했다. 이로 말미암아 의사들이 분개하고 언자들이 말을 했다. 부제학 김우옹이 신구하는 상소 가운데 '성룡은 역시 얻기 어려운 인물입니다만 재보의 기국이 부족하고 대신의 풍력이 없다'고 했으니 이것이 정확한 논의다.(『선조실록』 40년 5월 13일)

일찍이 임진년의 일을 추기하여 이름하기를 '징비록'이라 했는데 세상에 유행했다. 그러나 식자들은 자기만 내세우고 남의 공은 덮어버렸다고 하여 이를 기롱했다. 이산해가 그 아들 경전과 함께 오래도록 폐척되어 있으면서 성룡을 원망하여 제거하려고 꾀했다. 그 결과 무술년에 주화하여 나라를 그르치고 변무의 사행을 피했다는 이유로 탄핵을 받아 떠나게 되었는데 향리에 있은 지 10년 만에 죽으니 나이가 66세였다.(『선조수정실록』 40년 5월 1일)

3절

이정에 훈공을 새기고 능연각에 초상을 그리라

공신 녹훈과 류성룡의 거절, 그리고 징비록

1604년 8월 6일.

류성룡이 상소를 올려 공신록에서 이름을 삭제해줄 것을 청했다. "생각건대 신이 일찍이 대신의 지위에 있으면서 관직을 문란케 하고 나라를 그르친 죄는 있어도 공이 없는데 다시 훈적勳籍에 들어 성조聖朝의 수치가 되니, 신은 여기에 주야로 부끄럽고 두려워서 더욱더 말할 바를 모르겠습니다. 바라옵건대 성명聖明께서는 신의 간절한 애원을 밝게 살펴 훈적 가운데서 신의 이름을 삭제하여 신이 조금이나마 분수에 편안하도록 해주신다면 매우 다행하겠습니다."(『서애선생연보』 63세)

임진왜란이 끝난 지 5년 뒤인 1604년 조정에서는 왜란 극복을 위해 노력한 신하들에게 공신을 봉했다. 공신은 개국이나 반정, 반란 진압에

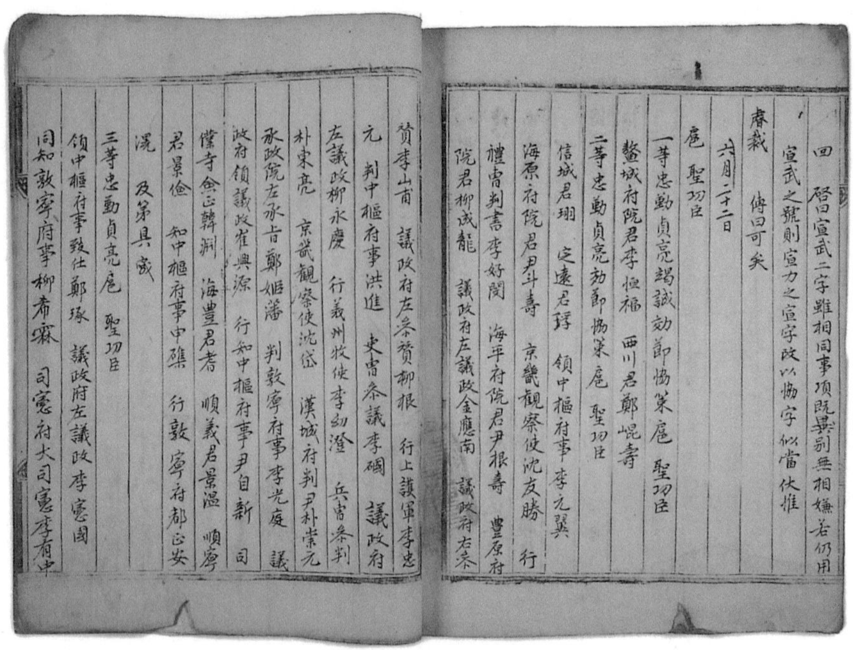
回 啓曰宣武二字雖相同事項既異別無相嫌若仍用
宣武之號則宣力之宣字改以協字似當伏惟
睿裁 傳曰可矣
六月二十二日
扈聖功臣
一等忠勤貞亮竭誠効節協策扈聖功臣
鰲城府院君李恒福 西川君鄭崐壽
二等忠勤貞亮効節協策扈聖功臣
信城君珝 定遠君琈 領中樞府事李元翼
海原府院君尹斗壽 京畿觀察使沈友勝 行
禮曹判書李好閔 海平府院君尹根壽 豊原府
院君柳成龍 議政府左議政金應南 議政府右參
贊李山甫 議政府左參贊柳根 行上護軍李忠
元 判中樞府事洪進 吏曹參議李碣 議政府
左議政柳永慶 行義州牧使李幼澄 兵曹參判
朴東亮 京畿觀察使沈岱 漢城府判尹朴崇元
承政院左承旨鄭姬藩 判敦寧府事李光庭 議
政府領議政崔興源 行知中樞府事尹自新 司
僕寺僉正韓澗 海豊君耆 順義君景溫 順寧
君景儉 知中樞府事申磼 行敦寧府都正安
滉 及第具宬
三等忠勤貞亮扈聖功臣
領中樞府事致仕鄭琢 議政府左議政李憲國
同知敦寧府事柳希霖 司憲府大司憲李有中

『호성선무청난삼공신도감의궤』, 40.4×33.6cm, 1605, 규장각한국학연구원. 1601년 3월에서 1604년 10월까지 호성공신·선무공신·청난공신을 녹훈하는 과정을 정리한 의궤다.

공을 세운 이들에게 내려주는 칭호와 관직이었다. 공신 반포는 1604년 6월 25일에 있었다. 특이한 것은 임진왜란 극복에 크게 3개의 공신이 있었는데, 여기에는 이몽학의 난을 평정한 데 공을 세운 신하들도 포함되었다는 점이다. 이때의 공신 반포는 매우 대대적인 것이라 그 대상도 아주 많았다. 호성공신 86명, 선무공신 18명, 청난공신 5명 등 총 109명이었다. 그 명단을 정리해보면 아래와 같다.

호성공신扈聖功臣

1등: 이항복李恒福·정곤수鄭崑壽

2등: 신성군信城君 이후李珝·정원군定遠君 이부李琈·이원익李元翼·윤두수尹斗壽·심우승沈友勝·이호민李好閔·윤근수尹根壽·류성룡柳成龍·김응남金應南·이산보李山甫·유근柳根·이충원李忠元·홍진洪進·이곽

李礵 · 유영경柳永慶 · 이유징李幼澄 · 박동량朴東亮 · 심대沈岱 · 박숭원朴崇元 · 정희번鄭姬藩 · 이광정李光庭 · 최흥원崔興源 · 심충겸沈忠謙 · 윤자신尹自新 · 한연韓淵 · 해풍군海豐君 이기李耆 · 순의군順義君 이경온李景溫 · 순녕군順寧君 이경검李景儉 · 신잡申磼 · 안황安滉 · 구성具宬

3등: 정탁鄭琢 · 이헌국李憲國 · 유희림柳希霖 · 이유중李有中 · 임발영任發英 · 기효복奇孝福 · 최응숙崔應淑 · 최빈崔賓 · 여정방呂定邦 · 이응순李應順 · 절신정節愼正 이수곤李壽崑 · 송강宋康 · 고희高曦 · 강곤姜綑 · 내시內侍 김기문金起文 · 내시 최언준崔彦俊 · 내시 민희건閔希蹇 · 의관醫官 허준許浚 · 이연록李延祿 · 이마理馬 김응수金應壽 · 이마 오치운吳致雲 · 내시 김봉金鳳 · 내시 김양보金良輔 · 내시 안언봉安彦鳳 · 내시 박충경朴忠敬 · 내시 임우林祐 · 내시 김응창金應昌 · 내시 정한기鄭漢璣 · 내시 박춘성朴春成 · 내시 김예정金禮禎 · 내시 김수원金秀源 · 내시 신응서申應瑞 · 내시 신대용辛大容 · 내시 김새신金璽信 · 내시 조구수趙龜壽 · 의관 이공기李公沂 · 내시 양자검梁子儉 · 내시 백응범白應範 · 내시 최윤영崔潤榮 · 내시 김준영金俊榮 · 내시 정대길鄭大吉 · 내시 김계한金繼韓 · 내시 박몽주朴夢周 · 이사공李士恭 · 유조생柳肇生 · 양순민楊舜民 · 경종지慶宗智 · 내수사 별좌內需司別坐 최세준崔世俊 · 사알司謁 홍택洪澤 · 이마 전용全龍 · 이마 이춘국李春國 · 이마 오연吳連 · 이마 이희령李希齡

선무공신宣武功臣

1등: 이순신李舜臣 · 권율權慄 · 원균元均

2등: 신점申點 · 권응수權應銖 · 김시민金時敏 · 이정암李廷馣 · 이억기李億祺

3등: 정기원鄭期遠 · 권협權悏 · 유충원柳忠瑗 · 고언백高彦伯 · 이광악李光岳 · 조경趙儆 · 권준權俊 · 이순신李純信 · 기효근奇孝謹 · 이운룡李雲龍

尹斗壽 沈友勝 李好閔
尹根壽 柳成龍 金應南
李山甫 柳根 李忠元
洪進 李碅 柳永慶
李幼澄 朴東亮 沈岱
朴崇元 鄭姬藩 李光庭
崔興源 沈忠謙 尹自新
韓淵 耆 景溫
景儉 申碟 安滉
具宬

三等.
鄭琢 李憲國 柳希霖
李有中 任發英 奇孝福
崔應淑 崔賓 呂定邦
宋康 高曦 李應順
壽崑 姜絪 金起文
崔彦俊 閔希騫 許浚
李延祿 金應壽 吳致雲
金鳳 金良輔 安彦鳳
朴忠敬 林祐 金應昌
鄭漢璣 朴春成 金禮禎
金秀源 申應瑞 辛大容
金璽信 趙龜壽 李公沂
梁子儉 白應範 崔潤榮
金俊榮 鄭大吉 金繼韓
朴夢周 李士恭 柳聲生
楊舜民 慶宗智 崔世俊
洪澤 全龍 李春國
吳連 李希齡

萬曆

日

청난공신清難功臣

1등: 홍가신洪可臣

2등: 박명현朴名賢 · 최호崔湖

3등: 신경행辛景行 · 임득의林得義

호성공신은 한양에서 의주까지 시종 임금의 거가를 호종한 신하들로 3등급으로 나누었다. 그 1등은 충근정량갈성효절협책 호성공신忠勤貞亮竭誠效節策力扈聖功臣이라 하고, 2등은 충근정량효절협책 호성공신忠勤貞亮効節協策扈聖功臣이라 했으며, 3등은 충근정량 호성공신忠勤貞亮扈聖功臣이라 하고 각각 작위를 내리며 군으로 봉했다. 선무공신은 왜적과 싸운 장수나 후방에서 군사나 양곡을 지원한 신하, 그리고 명나라에 군사와 양곡을 주청한 사신들로 3등급으로 나누었다. 그 1등은 효충장의적의협력 선무공신效忠仗義迪毅協力宣武功臣, 2등은 효충장의협력 선무공신效忠仗義協力宣武功臣, 3등은 효충장의 선무공신效忠仗義宣武功臣이라 하고 각

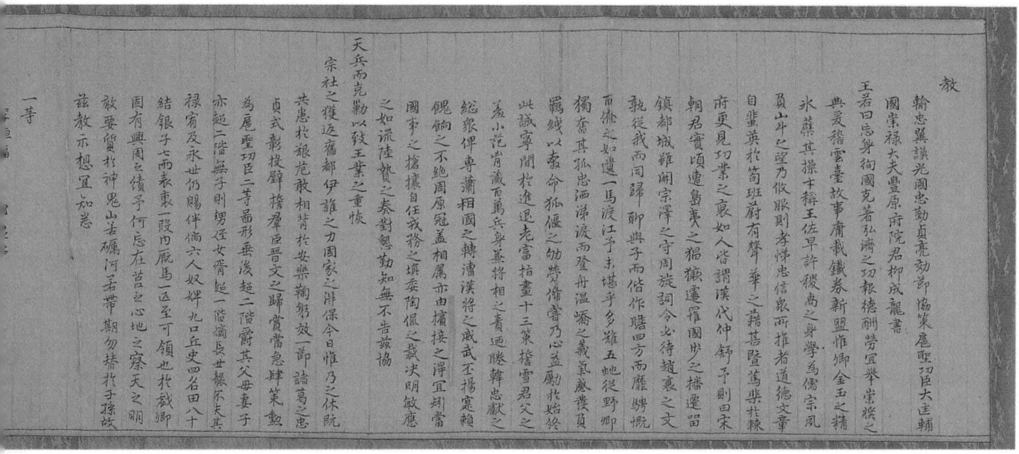

―― 「이충원 호성공신교서」, 비단에 채색, 165.3×90.0cm, 1604, 전주 이씨 완양부원군 종택. 호성공신 86명 중 한 명이다.

각 작위를 내리며 군으로 봉했다. 청난공신은 이몽학의 난을 토벌하여 평정한 신하들로 그 1등은 분충출기합모적의 청난공신奮忠出氣合謀迪毅淸難功臣, 2등은 분충출기적의 청난공신奮忠出氣迪毅淸難功臣이라 했으며 3등은 분충출기 청난공신奮忠出氣淸難功臣이라 했으며 각각 작위를 내리고 군으로 봉했다.

이러한 공신 책봉에 대해서는 의외로 비난도 많았던 듯하다. 『선조실록』의 공신 책봉 기사에 달린 사관의 논평이 그러하다.

> 국가가 임진년의 왜변을 만나 종묘사직이 전복되고 임금의 가마가 파천했으며 선왕들의 묘가 화를 입었고 생령들이 해독을 받았으니, 말하기에도 참혹한 일이다. 다행히 황제의 은혜 멀리 미침을 힘입어 팔도가 다시 새로워졌으니, 임금의 도리에 있어 논공행상하여 공로에 보답하는 특전을 그만둘 수 없을 것 같다. 그러나 호종신扈從臣을 80여 명이나 녹훈했고 그 가운데 중관中官이 24명이며 미천한 복례僕隷가 20여 명이나

營於洋前百萬游魂俄染血於波上督戎旂而
罙入協
天將而前驅立盾避丸陳璘嘆其制變奎甲冒火李金
服其出奇待看狂摽於扶桑坐銷祲於黑蜃何
意神歸於箕尾遽隕星於黃龍哭卿之淚當徹
泉哀卿之懷常疚念魁台增秩俾慰其明靈香
火翔祠觀盡其酬荅迨茲定封之日追昇表功
之章鼎彝勒名冠稱公而攄獅丹青繪像首諒
贒而紀庸裂三壤之胙茅蹐一等之元祀恩綸
渙冊錫備乎寵褫土田鐵券丹書宥及乎子孫
蒴裔傳萬葉而毋替誓百代而勿忘肆策勳為
宣武功臣一等超三階爵其父母妻子亦超三
階無子則甥姪女壻超二階嫡長世襲不失其
祿宥及永世仍賜奴婢十三口田一百五十結
銀子十兩表裏一段內廐馬一匹至可領也於
戲礪山帶河從阻馬血之同歃雲臺烟閣儼覲
燕頷之若生蓋立偉績者報必隆而享厚賜
者勞必大惟卿精爽服我寵靈故茲教示想
宜知悉

一等
李舜臣 權慄
元均

二等
申點 權應銖
金時敏 李廷馣
李億祺

三等
鄭期遠 權悏
柳思瑗 高彦伯
李光岳 趙儆
權俊 李純信
奇孝謹 李雲龍

萬曆 年 月 日

되었으니, 또한 외람한 일이 아니겠는가. 이몽학의 난에 이르러서는 주군州郡에서 불러 모은 도적 떼에 지나지 않는 것이니, 그것을 토평한 것이 어찌 공이 될 수 있는 일이겠는가. (…) 아, 김응남은 신묘년에 부경赴京했을 적에 정신廷臣들의 의논을 극력 변론하여 실제 상황을 들어 주문奏聞함으로써 마침내 황상皇上이 감림監臨하게 했으니, 그의 공이 진실로 크다. 그리고 신점은 중국에 있다가 국가가 병화를 당했다는 말을 듣고서 7일 동안이나 먹지도 않고 울면서 구원병을 보내줄 것을 주청했으니, 중국군이 나오게 된 것은 과연 누구의 공이겠는가. 정곤수는 구원병을 주청하고 군량을 주청한 공로가 있으며, 이호민은 사명辭命을 전담한 공로가 있고, 이순신·원균·권율은 혈전血戰한 공이 있었다. 그리고 당시 삼공三公은 조금이나마 대책을 결단한 일이 있었으니 부득이 하다면 이들 몇 사람만 녹훈했어야 했다.

사관이 지적한 바는 첫째 호종공신을 지나치게 많이 책정했다는 점, 둘째 신분이 낮은 중관이나 천민이 절반이나 포함되어 있다는 점, 셋째 이몽학을 평정한 것이 과연 공신의 반열에 오를 정도의 공이었는가

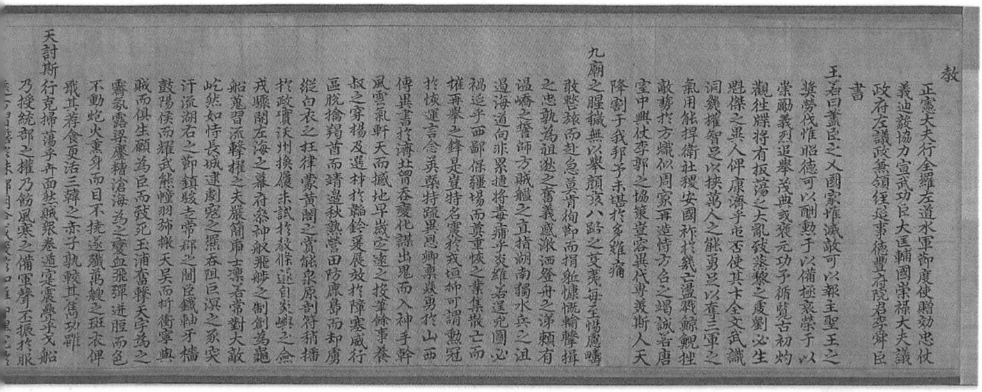

「이순신 선무공신교서」, 39.0×287.8cm, 보물 제1564-1호, 1604, 현충사.

하는 점 등이다. 사관의 견해로는 김응남, 신점, 정곤수, 이호민과 같이 명나라에 사신으로 가서 명 조정을 설득한 공로나 사신의 공로가 있는 사람들과 이순신·원균·권율과 같이 전공을 세운 사람들, 그리고 의정부 삼정승 정도가 공신으로 적당하다는 것이다.

과도한 공신 책봉 여부를 떠나 사실 선조는 호성공신에 더 많은 비중을 두고 있다. 이는 숫자에서도 그렇고 책봉된 공신들을 봐도 그렇다. 절반 정도를 중관과 미천한 신분에까지도 공신을 준 것으로 미루어 임금의 피란을 처음부터 끝까지 호종했다는 사실을 중시한 것이다. 그러나 논공행상으로 따질 때 중요한 것은 전공이 있거나 전쟁에 음양으로 지원한 인물들, 즉 선무공신일 것이다. 직접적으로 전투해서 전공을 세운 이순신과 원균·권율과 같은 인물들은 물론이고, 군량미 조달을 책임져야 했던 관찰사와 명나라의 지원을 받기 위해 진력했던 대신들이 그 으뜸이 될 것이다. 더욱이 이몽학의 난과 관련해서 청난공신으로 책봉받은 이들은 기실 임진왜란의 극복과는 거리가 먼 사람들이었다. 이는 왕을 바꿔보자는 시도였기에 선조가 이몽학의 난을 대하는 감정은 남달랐을 것이라 생각된다.

공신 책봉에 대한 논란은 몇 년을 끌었다. 선조가 공신 명부를 작성하라고 명령을 내린 것은 1601년이었다. 처음 기구를 설치해 신료와 장사들의 등급을 매겨서 공신 명부, 즉 훈적勳籍을 작성해 그 이듬해에 책봉하려 했으나, 삼사에서 잘못 기록된 사람들을 도태시킬 것을 잇달아 청했던 까닭에 여러 해를 끌게 되었다. 우리에게 오성과 한음으로 잘 알려진 이덕형과 같은 이는 공신 명부에 들었다가 끝내 삭제되었다. 이덕형은 임진왜란 초기부터 명나라와 왜를 오가며 외교활동에 적극적인 노력을 기울였던 인물이다. 적진을 오가며 전쟁의 확산을 막으려 했고, 뒤에는 명나라 사신들에 대한 접대로 수고했던 터라 처음부터 어가를 호종하지 못했다. 때문에 당연히 호성공신에 낄 수 없었지만 그의 노력은 선무공신에 충분히 들 만한 것이었다.

이덕형도 처음에는 공훈 명단에 기록되었다. 그러나 사람들의 말이 있어 본인이 사양해 가부를 결정하지 못하고 지연되어온 것이다. 대간이 올린 글에 대신 가운데 마땅히 삭제되어야 할 사람이 조정의 논의라 핑계 대고 그대로 유지하고 있다는 말이 있는데, 이는 이덕형을 지칭한 것이다. 이에 이덕형이 권간으로 지목된 사람으로서 마땅히 훈적에서 삭제될 것을 청했고, 선조도 처음에는 사직하지 말라고 했으나 끝내 공신 대상에서 제외시켰던 것이다. 『선조수정실록』의 다음과 같은 사론은 이러한 공신 책봉의 문제점을 잘 드러내고 있다.

> 덕형이 임진년에 시종 호종하지 못한 것은 국명으로 적진을 드나들고 뒤에는 중국 장수를 접대하느라 몸소 시석矢石을 무릅쓴 것이 또한 여러 해였기 때문이다. 그가 힘을 다해 수고한 것이 여러 신하 가운데 으뜸인데도 끝내 훈봉勳封되지 못했다. 의논하는 사람들이 '덕형이 호성공신에는 끼지 못했으나 선무宣武한 공으로 논한다면 다른 사람에게 뒤지지 않는다' 하니, 이것이 정론이다.(『선조수정실록』 37년 3월 1일)

공신에 책봉된 이들은 그에 따른 포상을 받았다. 포상의 내용은 각각 다르지만, 우선 공신으로서 응당 받아야 할 포상으로서 초상화를 그려 후세에 전하도록 했다. 또한 관작과 품계를 몇 자급 승진시키고, 부모와 처자도 자급을 올리게 했다. 당사자에게 아들이 없으면 조카나 사위의 자급을 올리도록 했다. 적장자에게 녹봉을 세습케 하고 대대로 영원히 적장嫡長은 세습케 해 녹봉을 잃지 않게 할 것이며 대대로 사면을 받게 했다. 아울러 부상으로 국가에서 내리는 병졸 약간 명, 노비 약간 명, 행차를 인도하는 노비 약간 명, 토지 150결, 은자 10냥, 왕실에서 기르는 말을 하사했다. 자급의 수와 부상의 세부적인 숫자는 공신의 종류와 등급에 따라 차등을 두었다.(『선조실록』 37년 10월 29일) 따라서 공신에 녹훈된다는 것은 관작의 승진은 물론 경제적인 이익까지 취할 수 있는, 신하로서는 매우 경사스러운 일이었다.

그러나 류성룡은 이러한 공신 녹훈을 사양했다. 1604년 8월 6일 류성룡은 공신록에서 이름을 삭제해줄 것을 청하는 상소를 올렸다. 그 내용은 그가 대신의 지위에 있으면서 관직을 문란케 하고 나라를 그르친 죄가 있는데 다시 공신록에 이름을 올리면 조정의 수치가 된다는 것이었다. 이는 자신을 탄핵하고 조정에서 내쫓았던 조정 신료들에 대한 일갈이기도 했다. 아울러 선조에 대한 반발이기도 했다. 선조는 이 말을 듣지 않고 9월에 충훈부에서 초상화를 그리기 위해 화가를 하회 마을까지 보냈으나, 류성룡이 훈적을 사퇴했다고 사절하여 돌려보냈던 데에서도 알 수 있다.

이미 류성룡에 대한 복권은 1599년 선조에 의해 이뤄졌다. 6월에 류성룡의 직첩을 돌려주었던 것이다. 이에 대해 반대파에서는 다시 연일 직첩을 돌려준 것을 두고 논박했으나, 선조는 오히려 "사안을 논박하는 것이 실정을 지나치게 넘어 본인도 승복할 수 없고, 곁의 사람들도 승복 못 하는 것이다. (…) 지금 류모가 왜적의 지령을 받아 몰래 통모하고 가족을 보전한 일이 있는가. (…) 지난번에 공론에 따라 삭직했으나, 이미 세월이 많이 지났으니 어찌 복직할 수 없단 말인가" 하고는 따르지 않았던 것이다. 아울러 1602년에는 청백리에 선정되었다. 당시 영의정 이항복은 류성룡이 벼슬을 하면서 치부했다는 누명만은 벗겨야 하기 때문에 청백리에 선정했다고 했다.

이후에도 1604년 10월 28일 궁궐에서 있었던 공신 회맹연에도 초대를 받았지만 참석하지 않았고, 1605년 3월에는 정1품의 봉조하奉朝賀(전직 관리를 예우하기 위해 일정한 녹봉을 받게 만든 벼슬)의 녹이 내려졌는데 이마저 사양했다. 이에 대해 선조는 매우 섭섭해한 듯하다.

> 경은 원훈 대신으로서 황야에 물러가 살기 때문에 본도에 명하여 봉급을 주게 한 것은 실로 녹봉을 계속 주려는 뜻에서 나왔는데, 지금 또 그를 사양하니 내가 매우 섭섭하다. 훈구를 우대하는 일은 예에도 이와 같이 해야 마땅한데, 어찌 아무 일 없이 녹을 받는다고 사양하여 조가朝家의 좋은 뜻을 따르지 않는가. 경은 안심하고 사양하지 말라.(『서애선생연보』 64세)

류성룡은 나아갈 때와 물러날 때를 잘 아는 인물이었다. 당시 대북파의 집권으로 인해 당파 간의 대립과 갈등이 극심했고, 임진왜란도 거의 마무리되어가던 즈음이라 이를 물러날 시기로 파악했다. 이후 조정에서 어떠한 부름이 있어도 응하지 않았다. 대신 그동안 있었던 일들을 기록으로 남기는 작업에 몰두했다. 『징비록』은 그렇게 탄생했다. 정확히 어느 기간 동안 집필했는지는 알려져 있지 않지만, 대체로 낙향한 1599년부터 1604년 사이에 완성된 것으로 보인다. '지난날의 일을 징계하여 뒤에 환난이 없도록 한다'는 『시경詩經』의 말을 제목으로 짓고, 임진왜란이라는 초유의 국난을 치른 경험을 상세히 기록했다. 거기에 『근폭집芹曝集』『진사록辰巳錄』『군문등록軍門謄錄』『녹후잡록錄後雜錄』 등을 지어 보충했다. 그것이 류성룡이 조선에 남긴 마지막 공헌이었다.

1607년 5월 7일. 66세를 일기로 류성룡은 파란만장한 일생을 마쳤다. 그는 마지막 가는 길에서까지 선조에게 유소遺疏를 남겼다.

> 옛사람은 죽게 되면 유표遺表를 남겨서 신자臣子의 의리를 폈는데, 지금 신은 병들어 정신이 어둡고 아득해서 별로 할 말도 없습니다. 다만 생각건대 국가의 대란이 조금 풀리긴 했지만 남아 있는 걱정이 아직 많으니, 하루아침에 난리가 다시 일어나서 끝없는 욕심이 그치지 않으면 어떻게 장래까지 무사하리라고 보증하겠습니까. 바라옵건대 성명께서는 깊이 생각하고 길이 헤아려 덕을 닦고 정사를 세움으로써 근본을 확립하고 공평하게 들으며 아울러 관찰해서 여러 신하의 뜻을 다 이해하소서. 백성을 기르고 어진 사람을 등용하며 군정軍政을 밝게 닦고 삼가 훌륭한 장수를 선택하여 일을 맡겨 성공을 책임지도록 하소서. 신이 말씀드리고 싶은 것은 오직 이것뿐입니다.(『서애선생연보』 66세)

죽어가면서도 임진왜란이 극복되고 있지만 전후 처리 문제가 있으므로 경솔히 행동하지 말고 신중하고도 깊이 생각해야 한다고 하며, 중심을 잡아 공평하게 들어서 일을 처리해야 혼란이 없어진다는 것이었다. 또한 군사와 국방, 민생, 인재의 등용 등에 대해서 다시 한번 당부를 하고 있다. 자신이 했던 개혁 정치의 내용을 선조로 하여금 되돌아볼 것을 청하고 있는 것이다. 선조 또한 류성룡의 죽음을 깊이 애석해했다. 류성룡의 부음을 듣고 특별히 조문하라는 명을 내리고 동부승지를 보내 조문하게 했으며, 3일 동안 조시朝市를 정지했다. 『서애선생연보』에 따르면 3일간의 조시 정지를 상인들이 알아서 하루 더 연장했다고 한다. 『선조실록』에 실린 사관의 논평에서 "상이 더욱 중히 여겨 일찍이 말하기를 '내가 류모柳某의 학식과 기상을 보면 모르는 사이에 심복心服할 때가 많다'고 하여 선조가 류성룡에게 얼마나 의지했는지를 알 수 있게 해준다.

선조뿐 아니라 일반 백성도 슬퍼했다. 아래의 기록은 류성룡이 펼친 정책들이 백성에게 얼마나 큰 영향을 주었는지를 잘 보여준다.

3일 동안 조시를 정지했다.
사신은 논한다. 도성 각 상점의 백성이 빠짐없이 묵사동墨寺洞에 모여 조곡弔哭했는데 그 숫자가 1000여 명에 이르렀다. 묵사동에는 류성룡이 살던 집의 터가 남아 있었다. 각 아문의 늙은 아전 30여 명도 와서 곡했다. 시민과 서리 등이 본가가 청빈하여 상을 치르지 못할 것이라 하여 포布를 모아 부의했다. 성안 백성이 곡한 일은 오직 이이와 유몽학이 죽었을 때에만 있었는데, 이이의 상은 한양에서 있었고, 유몽학은 장령掌令으로 있었을 때 시방市坊의 적폐積弊를 개혁하기를 아뢰어 백성에게 은혜가 있었기 때문이다. 그러나 이번에는 그 사람이 조정에서 발자취가 끊어졌고 상喪이 천 리 밖에 있었는데도 온 성안 사람이 빈집에서 회곡했으니, 시사가 날로 잘못되어가고 민생이 날로 피폐해지는데도 지금 수상首相된 자가 모두 전 사람만 못하기 때문에 이렇게 추모하기에 이른 것이 어찌 아니겠는가. 지금의 백성 역시 불쌍하다.(『선조실록』 40년 5월 13일)

참고문헌

『선조실록』『선조수정실록』『국조보감』『재조번방지』『난중잡록』

국사편찬위원회 편, 『역주 중국정사조선전 4』, 신서원, 1990
기타지마 만지, 『도요토미 히데요시의 조선 침략』, 김유성 옮김, 경인문화사, 2008
김당택, 『한국 대외교류의 역사』, 일조각, 2009
김성일, 민족문화추진위원회 편, 『국역 학봉집』, 한국학술정보, 2009
김시덕, 『그림이 된 임진왜란 – 근세 일본 고문헌의 삽화로 보는 7년 전쟁』, 학고재, 2014
김한규, 『천하국가』, 소나무, 2005
김호종, 『서애 유성룡 연구』, 새누리, 1994
______, 「서애 유성룡의 학문과 학통」, 『역사교육론집』 31호, 2003
______, 『서애 유성룡의 생각과 삶』, 한국국학진흥원, 2006
동북아역사재단 편, 『임진왜란과 동아시아세계의 변동』, 경인문화사, 2010
루이스 프로이스, 『임진란의 기록–루이스 프로이스가 본 임진왜란』, 정성화·양윤선 옮김, 살림, 2008
류성룡, 민족문화추진위원회 편, 『국역 서애 류성룡 문집』, 한국학술정보, 2006
______, 『교감·해설 징비록』, 김시덕 옮김, 아카넷, 2013
류영하, 『서애 류성룡선생 소전』, 풍산류씨대종회, 2014
박경희, 『연표와 사진으로 보는 일본사』, 일빛, 1998

박준호, 『풀어쓴 징비록 류성룡의 재구성』, 동아시아. 2009
박희봉, 『교과서가 말하지 않은 임진왜란 이야기』, 논형, 2014
손승철, 『해동제국기의 세계』, 경인문화사, 2008
송복, 『임진왜란과 류성룡 조선은 왜 망하였나』, 일곡문화재단, 2011
______, 『류성룡, 나라를 다시 만들 때가 되었나이다』, 시루, 2014
아미노 요시히코, 『일본 사회의 역사(하)』, 남기학 옮김, 소화, 2001
안쩐, 『천추흥망: 명나라 – 대항해의 선구자』, 정근희 옮김, 따뜻한손, 2010
요시노 마코토, 『동아시아 속의 한일 2천년사』, 한철호 옮김, 책과함께, 2005
이경순·정두희 편, 『임진왜란, 동아시아 삼국전쟁』, 휴머니스트, 2007
이계황, 「임진왜란과 강화교섭 – 쓰시마 번과 고니시 유키나가를 중심으로」, 『동북아 문화연구』 34호, 2013
이성무, 『류성룡의 학술과 경륜』, 태학사, 2008
이완범, 「임진왜란의 국제정치학 – 일본의 조선분할요구와 명의 대조선 종주권 확보의 대립, 1592~1596」, 『정신문화연구』 2002년 겨울호(통권 89호)
이한우, 『조선의 숨은 왕』, 해냄, 2010
일본사학회, 『아틀라스 일본사』, 사계절, 2011
최영희 외, 『한국사 29–조선중기의 외침과 그 대응』, 국사편찬위원회, 1995
한국교원대학교 역사교육과, 『아틀라스 한국사』, 사계절, 2004
한일관계사학회 편, 『1590년 통신사행과 귀국보고 재조명』, 경인문화사, 2013

조선왕조실록, http://sillok.history.go.kr/ (국사편찬위원회)
한국고전종합DB (서애집), http://db.itkc.or.kr/ (한국고전번역원)
스토리테마파크 (전란일기), http://story.ugyo.net (한국국학진흥원)
창작자를 위한 역사문화포털 컬처링, http://culturing.kr/ (한국콘텐츠진흥원)
한국역사정보통합시스템, http://www.koreanhistory.or.kr/ (국사편찬위원회)

찾아보기

ㄴ

ㄷ

ㄹ

ㅁ

ㅂ

ㅅ

ㅇ

ㅈ

ㅊ

ㅌ

ㅍ

ㅎ

징비록, 못 다한 이야기

1판 1쇄 2015년 3월 16일
1판 2쇄 2015년 4월 7일

지은이 KBS 징비록 제작팀 최희수 조경란
펴낸이 강성민
편집 이은혜 박민수 이두루 곽우정
편집보조 이정미 차소영
마케팅 정민호 이연실 정현민 지문희 김주원
온라인 마케팅 김희숙 김상만 한수진 이천희
독자모니터링 황치영

펴낸곳 (주)글항아리 | 출판등록 2009년 1월 19일 제406-2009-000002호

주소 413-120 경기도 파주시 회동길 210
전자우편 bookpot@hanmail.net
전화번호 031-955-8891(마케팅) 031-955-8897(편집부)
팩스 031-955-2557

ISBN 978-89-6735-188-5 03900

글항아리는 (주)문학동네의 계열사입니다.

이 도서의 국립중앙도서관 출판예정도서목록(CIP)은 서지정보유통지원시스템 홈페이지(http://seoji.nl.go.kr)와 국가자료공동목록시스템(http://www.nl.go.kr/kolisnet)에서 이용하실 수 있습니다. (CIP제어번호 : CIP2015006107)